인문교양총서 30

개정증보판
사고와 언어 그리고 과학과 창의성

김 노 주

저자 **김노주**__경북대학교 인문대학 영어영문학과 교수

저자는 경북대학교 영어교육학과를 졸업한 뒤 서울대학교 영어영문학과에서 의미론으로 첫 번째 석사학위를 받았으며 미국 Brown 대학교 언어 및 인지 과학학과에서 음운론으로 두 번째 석사학위를 받았다. 미국 오하이오 주립대학교 언어학과에서 음운론으로 박사학위를 마친 후 1997년부터 경북대학교 영어영문학과에 근무하고 있다. 음운론에서 성조, 강세, 운율구 정의, 성조와 분절음의 상호관계, 성조와 음절의 상호관계, 모음의 장단, 차용어 음운론 등을 연구하였으며 의미/통사론에서 어휘와 구, 명제의 역할, 관사(구), 시제 및 법조동사, 문장성분 이동의 원리 등을 연구하였다. 저서로는 독일 VDM Verlag Dr. Müller GmbH & Co에서 출판된 『Tone and Prosodic Phrasing in North Kyungsang Korean』과 『사고와 언어 그리고 과학과 창의성』(2015, 역락)이 있고, 논문으로는 「영어 시제의 기본 기능과 문장 내에서의 의미 실현」(신영어영문학, 2025)를 포함해서 40여 편이 있다.

그밖에 2·28민주운동과 관련해서 국문을 영문으로 번역한 번역서 2권, 편저 1권, 보고서 2편, 감수 2권이 있다.

경북대 인문교양총서 ㉚

개정증보판

사고와 언어 그리고 과학과 창의성

개정증보판 1쇄 인쇄 2025년 4월 30일
개정증보판 1쇄 발행 2025년 5월 15일

지은이 김노주
기 획 경북대학교 인문대학
펴낸이 이대현
편 집 이태곤 권분옥 임애정 강윤경
디자인 안혜진 최선주 강보민
마케팅 박태훈 우훈희

펴낸곳 도서출판 역락
주 소 서울시 서초구 동광로 46길 6-6 문창빌딩 2층
전 화 02-3409-2060(편집), 2058(마케팅)
팩 스 02-3409-2059
등 록 1999년 4월 19일 제303-2002-000014호
전자우편 youkrack@hanmail.net
홈페이지 www.youkrackbooks.com

ISBN 979-11-7396-093-2 04700
     978-89-5556-896-7 04080 세트

* 책값은 뒤표지에 있습니다.
* 파본은 구입처에서 교환해 드립니다.

인문교양총서 030

개정증보판
사고와 언어 그리고 과학과 창의성

김노주 지음

역락

개정증보판 서문

책의 초판을 펴내고 십 년이 지났다. 초판을 중심으로 경북대학교 영어영문학과 내에 개설된 전공 강의인 '사고와 언어 그리고 과학과 창의성'을 매년 한 번씩, 대학원 융합전공학과인 인문카운슬링학과에서 '사고와 언어 1·2'를 매 학기 강의해 왔다. 초판에서 잘못된 부분, 빠진 부분, 연결이 매끄럽지 못한 부분은 보충 자료와 구두 강의로 메우면서 이끌어왔다. 다행히도 역락출판사에서 개정증보판을 낼 기회를 주셔서 그 동안의 연구 및 강의, 생각 및 경험을 통해 깨우친 것을 반영하여 부족한 부분을 채울 수 있게 되었다.

초판과는 다섯 가지 측면에서 큰 차이가 있다. 첫째, 2.2장에서 '무엇'을 생각하는지를 밝혔다. 우리는 이름이 없는 어떤 것에는 이름을 지어 개체화하고, 개체는 그 속성을, 개체 간에는 그 관계를 생각한다. 이전의 다른 연구들은 이점을 분명하게 정의하지 않았고 막연하게 생각의 중요성만 강조해 왔다.

둘째, 초판에 거의 다루지 않았던 '사고와 언어의 관계'를 2장에서 논의하였다. 사고와 언어의 관계에 관한 주된 연구서인 Sapir(1929), Whorf(1956), Piaget(1950, 1967), Chomsky(1957, 1959,

1965, 1986, 1990), Vygotsky(1962)와 Wittgenstein(1922)의 견해를 비교하고 장단점을 밝혔으며 이 책의 견해도 밝혔다.

    셋째, 4.5장 '개체란 무엇인가?'에서 '개체'의 정의를 수정·보완하였다. '개체'(entities)는 삼라만상의 모든 것 중에서 '이름이 붙여진 것'이다. '이름 명'(名)이라는 자구(字句)에 현혹되어 명사 또는 명사구만이 이름을 나타낸다고 생각해서는 안 된다. 모든 용어가 개체의 이름이며 개체에는 크게 세 종류가 있다. 명사나 명사구로 이름이 붙여진 '대상들'(objects), 형용사, 자동사, 부사 그리고 보어로 쓰인 명사구로 이름이 붙여진 '속성들'(properties), 그리고 타동사로 이름이 붙여진 '관계들'(relationships)이 있다. 대상들과 속성들 속에도 각각 세 종류가 있음을 알게 될 것이다. 이 책을 이해하는 데 개체 개념을 바르게 이해하는 것이 매우 중요하므로 4.5장에 각별한 주의를 쏟아 주길 바란다.

    넷째, 과학은 주어진 분야에서 새로운 것(대상, 속성, 관계)을 찾아 이름을 지어 개체화하고, 개체의 이름인 용어를 정리하는 작업이다. 용어 정리하기에서는 Frege(1892)의 '의의와 지시'가 중요한 역할을 한다. 과학을 하는 방법을 여섯 가지 방법에서 세 가지로 압축·정리했다.

    마지막으로 초판 4.6장 '창의성과 창의성을 기르는 방법들'을 독립적인 5장으로 독립시켰고 창의성을 기르는 방법들을 다섯 가지에서 아홉 가지로 확대·발전시켰다. 처음 세 가지는 과학을 하는 방법과 직접 연결되어 있으며, 나머지 여섯 가지는 그것과 간접적으로 관련되어 있다. ① 비사실적 사고(창의, 상상 및 공상)의 중요성 인정하기, ② 자신이 사용하는 용어 정리하기, ③ 의의(意義, sense)만 지닌 용어 정리하기, ④ 기초에 충실하기, ⑤ 교수와 학생에 대한 바른 관(觀) 갖기, ⑥ 진리 탐구에 대한 바른 관(觀) 갖기, ⑦ 소극적 깨달음이 아닌 적극적 깨달음을 얻기 위해 노력하기, ⑧ 끊임없이 생각하고 세상에 알리기, 끝으로 ⑨ 메타 자아 활용하기가 이 책이 권장하는 아홉 가지이다.

필자가 정의해 본 '진리'(眞理)는 '정해진 정(靜)적인 상태(狀態)가 아니라 우리가 사실이라고 믿는 그 어떤 것을 찾아가는 과정'이다. 따라서 시간이 지나면 본 개정증보판에서도 부족한 부분이 생겨날 것이다. 독자들의 질책을 겸허히 받아들이고 저자의 생각이 변해서 재개정증보판을 낼 수 있기를 바란다.

필자는 1966년 3월 2일 어머니 손을 잡고 영천댐 수몰지구 속에 있던, 이미 오래전에 폐교되고만 자양초등학교에 입학했다. 그리고 60년째 학교에 다니고 있다. 군대도 육군 예비역사관, 일명 석사 장교 5기로 영천 3사관학교에서 장교 훈련을 받았으므로 단 하루도 학교를 떠난 적이 없다.

여러 학교에서 공부했고 여러 학교에서 강의했다. 이 여정에서 은혜를 베풀어 주신 분들께 감사드리며, 경진여자중학교(현 복현중학교)의 최경자 교장 선생님, 경북대학교의 노동일 교수님과 경북대 철학과의 고(故) 신오현 교수님, 서울대학교의 고(故) 김한곤 교수님과 조준학 교수님, 오하이오 주립대학교의 David Odden 교수님과 Elizabeth Hume 교수님께는 이 자리를 빌려 특별히 감사드린다. 이분들께 부끄럽지 않은 책이 되길 바란다.

본 개정증보판을 내는 데 도움을 준 영어영문학과 Robert William Jones Jr. 교수, 손일권 교수, 장종득 교수, 김희진 교수, 김동현 교수, 오동석 교수, 문성민 교수, 영어영문학과 BK21 우민재 교수, 황규진 선생님, 교정을 도와준 박고은 박사, 석사과정 이지훈, 서민정, 고빛나, 강채원, 이예슬, 대학원 인문카운슬링학과 김미진, 문주, 이현화 선생님께 고마움을 전한다.

이 책은 저의 형님 김경주(金景周)님께 헌정합니다.

2025년 2월 10일
저자 김 노주

초판 서문

'창의성' 함양이 시대의 화두가 되고 있다. 그러나 '창의성' 혹은 '창의성이 있다'라는 말의 의미가 무엇인지, 그리고 어떻게 해야 창의성을 기를 수 있는지에 대해서는 구체적인 언급을 회피한 채 막연하게 혹은 맹목적으로 창의성을 강조하고 있다. 이러한 상황에서 창의성 함양 교육이 제대로 될 리가 없다.

이유와 원리를 무시한 채 선생님들은 지식 붓기에 여념이 없고 학생들은 지식 쌓기에 밤낮을 설치고 있다. 그래서 몇 문제를 더 맞힌 학생과 그렇지 않은 학생들의 운명은 갈라지고 전자들은 소위 일류대 출신이라는 프리미엄을 평생 양어깨에 견장으로 붙이고 살지만, 후자들은 일류대 출신이 아니라는 주홍 글자를 목에 걸고 살아야 한다.

이 책은 '사고', '언어', '과학', 그리고 '창의성'에 관한 비트겐슈타인과 필자의 생각을 쉽게 풀어쓴 교양서인데 '사고', '언어', '과학', 그리고 '창의성'이라는 것들이 별개의 개념들이 아니라 거의 같은 개념들임을 보여줄 것이다. 그리고 '창의성'

혹은 '창의성이 있다'라는 말의 의미가 무엇인지 구체적으로 제시할 것이다. 별도의 배경지식 없는 독자들도 이 책의 내용을 잘 이해할 수 있게 풀어 쓸 것이다. 그러나 쉽게 속독할 수 있는 내용은 아니며 내용을 제대로 이해하기 위해서는 한 문장 한 문장을 정독할 필요가 있을 것이다. 인내심을 발휘하여 이 책을 끝까지 읽은 독자들은 누구나 이미 자기 자신이 창의성이 넘치는 학자 내지는 과학자가 되어 있는 희열을 맛보게 될 것이며 아르키메데스가 '유레카!'(eureka!)를 외쳤던 그 순간을 맞이하게 될 것이다.

어릴 적에 살았던 집 뒷산 기슭에는 동네에서 제일 큰 감나무가 있었다. 감꽃이 떨어질 때는 감꽃을 실에 꿰어 목에 걸기도 했고 감나무 뿌리 근처에서 열심히 살아가는 개미, 공벌레, 그리고 자벌레 등과 놀았다. 초등 4학년까지 시골에서 보낸 10년간의 세월은 시시각각 변하는 풀빛, 햇볕, 그리고 바람과 친해지는 기회였다. 그리고 도시(대구, 서울, 미국 프로비던스 및 콜럼버스)로 옮겨 교육받았다. 도시에서의 학교 교육은 다양한 지식을 내게 주었을지라도 창의성을 기르는 데는 큰 도움이 되지 않았다. 오히려 어릴 때부터 길렀던 버릇, 즉 자연을 보고 생각하고 대화하는 것이 더 큰 도움이 되었다.

이 책의 4장에서 밝힌 '창의성을 기르는 방법들', 즉 ① 교수와 학생에 대한 바른 관(觀)을 가지고, ② 진리 탐구에 관한 바른 관을 가지며, ③ 소극적 깨달음을 넘어 적극적 깨달음을 얻기 위해 매진하고, ④ 사용하고 있는 용어를 평소에 정리하는 습관을 기르며, 마지막으로 ⑤ 끊임없이 '왜?'라는 의문을 던져 보라는 권장 사항들의 대부분은 자연 속에서 얻어진 것임을 밝힌다.

책의 교정을 도와 준 경북대학교 영어영문학과 유광미 선생님, 그리고 박사과정 노승현 군과 학부 이정욱 군에게 감사를 드린다.

이 책은 저의 어머니 김순례(金順禮)님께 헌정합니다.

2015년 7월 31일

저자 김 노주

차례

개정증보판 서문 _ 4
초판 서문 _ 8

1. 들어가기 • 15

2. 사고와 언어 : 무엇을, 어디에서? • 23

   2.1. 의식과 사고   23
   2.2. '무엇'을 사고하는가?   27
   2.3. '어디'에서 사고하는가?   32
   2.4. '무엇'을 말하는가?   40
   2.5. '어디'에서 말하는가?   51
       2.5.1. 좌뇌와 우뇌의 보완적 역할   51
       2.5.2. 브로카 영역   55
       2.5.3. 베르니케 영역   60
       2.5.4. 궁속   68
       2.5.5. 각회   70
       2.5.6. 기타 관련 부분들   73
   2.6. **사고와 언어의 관계**   77
       2.6.1. Vygotsky 이전의 연구들   78
       2.6.2. Vygotsky의 연구   80
      2.6.2.1. Vygotsky의 언어와 사고의 발전 단계 81
      2.6.2.2. Vygotsky의 언어와 사고의 관계   90
       2.6.3. Wittgenstein의 사고와 언어의 관계   91
       2.6.4. 사고와 언어의 관계 : 결론   96

3. 사고와 언어 : 어떻게, 그래서? • 98

3.1. '어떻게' 사고하고 말하는가? 98
- 3.1.1. 프로세스로서의 사고와 언어 98
- 3.1.2. 사고와 언어의 전략 104
  - 3.1.2.1. 목적 설정 105
  - 3.1.2.2. 계획 세우기 106
  - 3.1.2.3. 실행 순서 결정 108
  - 3.1.2.4. 실행 결과 감독 109
  - 3.1.2.5. 해로운 간섭 억제 기능 110
  - 3.1.2.6. 의식 전환 기능 112
  - 3.1.2.7. 실행 명령 전달 114

3.2. 'ㄱ'자 발음기관의 진화 115

3.3. 듣기와 말하기의 신비 134
- 3.3.1. 듣기의 신비 134
- 3.3.2. 말하기의 신비 142

3.4. 그래서 인간은 어떻게 되었는가? 148
- 3.4.1. 자아와 메타 자아를 찾아서 149
- 3.4.2. 사고, 언어 사용의 기초 제공 152
- 3.4.3. 과학, 문학과 예술, 자선과 종교를 가능하게 155

4. 과학과 과학을 하는 방법 • 158

   4.1. 세상, 사고 및 명제   159
   4.2. 명제와 언어   170
   4.3. 언어와 과학   177
   4.4. 과학의 역할   181
   4.5. 개체란 무엇인가?   186
   4.6. 과학을 하는 방법   196

5. 창의성과 창의성을 기르는 방법들 • 210

   5.1. 창의, 상상 및 공상력 키우기   211
   5.2. 용어 정리하기   214
   5.3. 의의의 집 살리기   218
   5.4. 기초에 충실하기   222
   5.5. 교수와 학생에 대한 바른 관(觀) 갖기   227
   5.6. 진리 탐구에 대한 바른 관(觀) 갖기   228
   5.7. 적극적 깨달음을 얻기 위해 노력하기   229
   5.8. 끊임없이 생각하고 세상에 알리기   231
   5.9. 메타 자아 활용하기   234

6. 과학과 창의성의 한 예로서의 언어학 · 237

- 6.1. 언어의 중요성 　　　　　　　　　　　237
- 6.2. 언어학은 무엇인가? 　　　　　　　　　244
- 6.3. 언어학은 과학인가? 　　　　　　　　　249
- 6.4. 개체들의 속성을 바르게 정의하기 　　　250
  - 6.4.1. 문제 제기 　　　　　　　　　　　251
  - 6.4.2. 어휘와 구 　　　　　　　　　　　253
  - 6.4.3. 고유 명사구와 보통 명사구 　　　257
  - 6.4.4. 보통 명사가 명사구가 되는 의식 　267
  - 6.4.5. 정관사 및 부정관사의 기본 기능 　271
  - 6.4.6. 고유 명사구에 관사가 없는 이유 　279
  - 6.4.7. 보통 명사구의 고유 명사구화 　　284

7. 맺음말 · 296

참고문헌 / 301
저자 색인 / 309
학술용어 색인 / 313

1. 들어가기

　이 책은 '사고'와 '언어'에 관한 Vygotsky(1962), Wittgenstein(1922) 그리고 필자의 생각을, '과학'과 '과학을 하는 방법'에 관한 Frege(1892), Wittgenstein과 필자의 생각을, 마지막으로 창의성과 창의성을 기르는 방법들에 대한 필자의 생각을 쉽게 풀어쓴 교양서이다. 이 책을 쓰는 목적은 인간을 인간답게 만들어 주는 기본적인 문제들에 대해 생각해 보고 세상을 더 창의적이고 현명하게 살아갈 수 있게 하는 데 있다.

　우리는 익숙하고 일상적인 것, 가령 공기의 존재와 중요성을 잊고 있듯이 '사고', '언어', '과학' 및 '창의성' 그 자체와 '사고와 언어의 관계', '언어와 과학의 관계', '과학과 창의성의 관계', 그리고 '창의성과 창의성을 기르는 방법들'을 소홀히 하며 살고 있다.

　이 책은 '사고', '언어', '과학', 그리고 '창의성'이 별개의 개념들이 아니라 거의 같은 개념들임을 보여줄 것이다. 따라서 이 책을 끝까지 읽은 독자들은 누구나 이미 자기 자신이 철학자요, 언어학자요, 그리고 과학자가 되어 있음을 깨닫게 될 것이다.

이러한 기본적인 문제들을 독자들에게 이해시키고자 하는 것이 이 책을 쓰는 목적이지만 언어학, 철학, 그리고 과학에 대해 특별한 배경지식이 없어도 이 책의 내용을 충분히 이해할 수 있게 풀어 쓸 것이다. 그러나 쉽게 읽어 내릴 내용은 아니기에 '사고', '언어', '과학' 및 '창의성'이 과연 무엇이고 이것이 왜 소중한가를 절감하길 원하는 분들은 한 단어 한 단어를 정독해 주길 바란다.

2장은 인간이 무엇을, 어디에서 생각하고 말하는지를 이야기하고 있다. 사고와 언어의 역할은 거의 같으며 사고와 언어는 이름이 없는 어떤 것에는 이름을 지어 개체화하고, 개체는 그 속성을, 개체 간에는 그 관계를 정의한다는 결론에 도달한다.

인간은 전전두엽의 발달로 1차 의식뿐만 아니라 고차 의식을 갖추게 되었고, 고차 의식의 발달로 추상적인, 즉 비(非)현재적이고 비(非)현장적인 사고를 할 수 있게 되었다. 그리고 뇌의 각 부분에 발달한 언어 센터들의 진화로 생각을 언어로 표현하고 표현된 언어를 이해할 수 있게 되었다.

초판에서 거의 다루지 않았던 '생각과 언어의 관계'를 2.6장에서 자세하게 논의하였다. 생각과 언어의 관계에 관한 주된 연구서인 Sapir(1929), Whorf(1956), Piaget(1950, 1967), Chomsky(1957,

1959, 1965, 1986, 1990), Vygotsky(1962)와 Wittgenstein(1922)의 견해를 비교하며 장단점을 밝혔고 이 책의 견해도 밝혔다.

인간은 전전두엽피질들과 언어 센터들의 발달로 인해 생각과 말을 할 수 있는 소프트웨어를 갖춘 셈이다. 하지만 아직도 사고를 언어로 표현하기 위해서는 이것을 표현할 수 있는 하드웨어, 즉 오케스트라의 악기에 비교될 수 있는 발음기관의 발달이 필요한데 이것은 3장에서 다룰 것이다.

3장 '사고와 언어 : 어떻게, 그래서?'는 인간이 어떻게 생각하고 말하는가를 다루고 있다. 그리고 그 결과 인류는 어떻게 되었는지를 살펴볼 것이다.

우선 사고와 언어를 정(靜)적인 상태가 아닌 프로세스로 보았으며 생각하고 말하는 데 어떤 전략들이 동원되는지를 살펴볼 것이다. 그리고 현생인류로 진화하는 과정에서 'ㄱ'자 발음기관을 진화시켜 인간 언어에 쓰이는 다양한 종류의 분절음들을 발화할 수 있게 되는 과정도 살펴볼 것이다. 'ㄱ'자 발음기관의 진화는 브라운 대학교 Lieberman(1989) 교수의 독보적인 연구 결과임을 밝힌다.

언어의 사용, 이것은 전전두엽피질들의 발달, 언어 센터들의 발달, 그리고 'ㄱ'자 발음기관의 발달이라는 3각 공조가 이뤄낸 결과물이다. 마침내 호모 사피엔스(homo sapiens : 슬기로운/지혜로운/생각하는 인간)로 불리던 인류가 호모 로쿠엔스(homo loquens : 말하는 인간)가 된 것인데 Baars & Gage(2007 : 321)에 따르면 인류가 이 단계에 도달한 것은 진화 역사에서 최대 300만 년 전 혹은 최소 10만 년 전에 일어난 일이라고 한다.

이러한 진화를 통해 인간이 추상적 사고를 할 수 있게 되었고 그 결과 자아와 메타 자아를 갖게 되었다. 이것은 어휘를 포함한 언어 사용으로 이어졌다. 추상적 사고와 언어 사용을 통해 과학 또는 학문을 할 수 있게 되었고 문학과 예술을 창작하며 자선을 베풀고 종교를 가질 수 있게 되었다. 실로 인간을 인간답게 만들어 주는 모든 것을 할 수 있게 된 것이다.

4장 '과학과 과학을 하는 방법'에는 첫째, 세상, 사고 및 명제의 관계, 둘째, 명제와 언어의 관계, 셋째, 언어와 과학의 관계, 넷째, 과학의 역할, 다섯째, 개체가 무엇인가를 정의하고 끝으로 과학을 하는 세 가지 방법을 제시한다.

특히, 4.5장 '개체란 무엇인가?'에서 '개체'의 정의를 수정·보완하였고 4.6장에서 과학을 하는 방법을 여섯 가지에서 세 가지로 압축하였다.

'개체'(entities)는 삼라만상의 모든 것 중에서 '이름이 붙여진 모든 것'이다. '이름 명'(名)이라는 자구(字句)에 현혹되어 명사 또는 명사구만이 이름을 나타낸다고 생각하면 안 된다. 모든 용어가 개체의 이름이다.

개체에는 크게 세 종류가 있다. 명사나 명사구로 이름이 붙여진 '대상들'(objects), 형용사, 자동사, 부사 및 보어로 쓰인 명사구로 이름이 붙여진 '속성들'(properties), 그리고 타동사로 이름이 붙여진 '관계들'(relationships)이 있다. 가령 '책'(book)은 대상의 이름이며, 자동사 '달리다'(run), 형용사 '빨간'(red), 부사 '빠른'(fast)은 속성의 이름이고, '사랑하다'(love)는 관계의 이름이다. 나아가서 대상들과 속성들 속에도 각각 세 종류가 있는데 이에 대해서는 4.5장을 참조하길 바란다.

과학을 하는 방법에는 첫째, 새로운 것(대상, 속성, 관계)을 찾아 이름을 지어 개체화하기, 둘째, 의의뿐만 아니라 지시물이 있는 개체(대상, 속성, 관계)의 속성을 더 바르게 정의하기, 그리고 셋째, 지시물 없이 의의만 있는 개체(대상, 속성, 관계)의 이름을 찾아 정리하기가 있다.

첫 번째 것은 새로운 것을 찾아 이름을 지어 개체화하는 작업인데 이것은 우리의 인식 세계를 확장하는 일이다. 두 번째와 세 번째는 개체의 이름인 용어를 정리하는 작업인데 우리의 인식 세계를 맑게 하는 작업이다. 용어 정리하기에서는 Frege(1892)의 '의의와 지시'(=Sinn und Bedeutung, Sense and Reference)가 중요한 역할을 한다. 이러한 작업(이름 짓기와 용어 정리하기)을 통해 인류는 만물의 영장으로 계속 성장·발전할 것이다.

5장 '창의성과 창의성을 기르는 방법들'에서는 창의성을 기르는 아홉 가지 방법을 제시하고 있다. 이것들은 필자의 사유와 경험을 통해 찾은 방법들인데 처음 세 가지는 과학을 하는 방법과 직접 연결되어 있으며, 나머지 여섯 가지는 그것과 간접적으로 관련되어 있다.

첫 번째는 '비사실적 사고(창의, 상상 및 공상)의 중요성 인정하기'이다. 어제의 공상이 오늘은 상상이 되며, 오늘의 상상이 내일은 창의가 되어 실제로 존재하는 것이 될 수도 있다. 비사실적 사고(창의, 상상 및 공상)의 계발은 과학을 하는 첫 번째 방법인 '새로운 것을 찾아 이름을 지어 개체화하는 작업'에 직접적인 도움을 줄 것이다.

두 번째와 세 번째는 자신이 사용하는 용어 정리하기이다. 우선 의의뿐만 아니라 지시물이 있는 개체(대상, 속성, 관계)의 속성을 더 바르게 정의하고, 나아가서 지시물 없이 의의만 있는 개체(대상, 속성, 관계)의 이름도 찾아 정리할 필요가 있다. 이 두 가지는 과학을 하는 두 번째와 세 번째 방법인 용어 정리하기에 도움을 줄 것이다.

그리고 네 번째부터 아홉 번째까지는 과학을 잘 할 수 있는 방법 전반에 도움을 주는 것이다. 넷째, 기초에 충실하기, 다섯째, 교수와 학생에 대한 바른 관(觀) 갖기, 여섯째, 진리 탐구에 대한 바른 관 갖기, 일곱째, 소극적 깨달음이 아닌 적극적 깨달음을 얻기 위해 노력하기, 여덟째, 끊임없이 생각하고 세상에 알리기, 마지막으로, 메타 자아 활용하기가 있다.

6장 '과학과 창의성의 한 예로서의 언어학'에서는 필자가 전공하고 있는 언어학을 과학의 한 예로서 보여주고 있다. 우선 언어의 중요성과 언어학이 무엇인지를 간략하게 지적하고 있다. 인문과학의 한 분야인 언어학을 과학으로 보는 이유는 언어학사를 통해 일어난 유의미한 업적들이 대부분, 혹은 모두 4장에서 제시한 세 가지 과학을 하는 행위의 결과물이기 때문이다.

이 책에서는 과학을 하는 두 번째 방법인 의의뿐만 아니라 지시물이 있는 개체(대상, 속성, 관계)의 속성을 더 바르게 정의하기의 예시만을 6.4장에 제시할 것이다. 나머지 예들을 포함한 더 많은 것들은 필자가 준비 중인 『언어학, 개체의 속성과 관계의 미학』에서 보여줄 것이다.

영어 명사, 명사구, 보통 명사, 보통 명사구, 고유 명사, 고유 명사구, 부정관사 및 정관사에 관한 기존의 연구들이 기본 개념들을 소홀히 다뤄 문제를 푸는 게 아니라, 없는 문제를 되레 문제로 만들어 학교 교육에 혼란을 초래하고 있다.

위에 열거한 용어들을 투명하게 정의하고 나면 영어 관사 및 명사(구)에 관련된 문제들이 저절로 풀리는 것을 목격하게 될 것이다. 해가 뜨면 안개가 스스로 걷히는 것과 같은 이치인데 6장의 이야기는 필자가 25년 이상 경북대학교 영어영문학과에서 [영문법1](= English Grammar 1)을 강의해 온 것의 일부분(3주 9시간 강의 분량)이다.

7장 맺음말에서는 '사실'과 '사실들의 집합'인 '진리'에 관한 필자의 생각을 피력하고 독자들에게 생각할 거리를 제공한다.

결론적으로 이 책은 사고, 언어, 과학, 그리고 창의성의 본질은 같으며, 그것은 새로운 것을 찾아 이름 짓는 것과 기존의 용어를 정리하는 작업이다. 이러한 작업에 뛰어난 것이 결국 공부나 연구 또는 과학을 잘하는 방법이며 인류의 생존을 보장하는 길임을 보여줄 것이다.

2. 사고와 언어 : 무엇을, 어디에서?

인간은 이 세상의 많은 생명체 중의 한 종(種)이면서도 이 세상의 다른 피조물을 지배하는 종, 즉 만물의 영장(靈長)이다. 수많은 피조물 중에서도 인간이 이렇게 영장이 될 수 있었던 이유는 무엇인가? 그것은 생명체 중에서 인간만이 지니게 된 특성 때문이며, 그 특성은 '생각할 수 있는 능력'과 '말할 수 있는 능력'이다.

본 장에서는 첫째, 무엇을, 어디에서 생각하고, 둘째, 무엇을, 어디에서 말하며, 셋째, 생각과 말은 어떤 관계인지를 밝힐 것이다.

2.1. 의식과 사고

박문호(2008 : 15)에 따르면 뇌 과학에서 '마음'과 '의식'은 동의어다. 마음은 우리가 일상생활에서 쓰는 순수 우리말이며, 의식은 마음을 나타내는 과학 용어다. 따라서 지금부터 이 책에서는 '마음'이라는 용어는 더 이상 쓰지 않기로 하며, 대신 '의식'이라는 용어를 쓰기로 한다.[1]

뇌의 활동 중 대부분인 95%는 우리가 의식할 수 없는 '무의식'의 영역이라고 한다. 습관적이며 자동화된 행동들은 모두 무의식의 영역이다. 뇌의 작용에서 의식화되는 것, 즉 지각할 수 있는 것은 5%에 불과하다(박문호 2008 : 15). 그러나 이것이 의미하는 범위는 매우 넓으며 이것이 결국 인간을 인간답게 해주는 역할을 하는 것이다.

Edelman(2004 : 6-8)에 따르면 '의식'(consciousness)은 뇌의 여러 영역에 분산된 수많은 신경세포의 활동으로 얻어지며 정적인 상태의 '사물'(thing)이 아니라 동적인 상태의 '과정'(process)이다. 그래서 우리의 의식은 연속적이지만 매 순간 변하고 있다.

가령 글쓰기를 하고 있으면서도 창문으로 들어오는 햇빛을 느낄 수가 있으며, 길 건너 쪽에서 들려오는 소음을 들을 수도 있고, 왼쪽 다리에 약간의 통증이 있음을 느낄 수 있다. 이러한 것들을

---

[1] 물론 이 두 용어는 언어학적으로는 그 쓰임이 다르다. Bolinger(1977 : 8)는 "언어 형태가 달라지면 그것이 수행하는 역할도 달라진다."라고 하였다. '마음'과 '의식'이라는 단어는 그 형태가 다르므로 당연히 그 역할도 달라야 한다. 가령 '마음이 아프다'는 말은 하지만 '의식이 아프다'는 말은 하지 않으며, '내 마음은 호수요…'라고는 해도 '내 의식은 호수요…'라고는 하지 않는다. 그리고 '의식을 잃었다'는 '기절했다'라는 뜻이지만 '마음을 잃었다'는 '관심의 대상이 되지 못 하거나 인정받지 못 한다'는 뜻이다. 따라서 언어학자들에겐 동의어가 아니지만 뇌 과학에서는 동의어라는 뜻이다.

느끼면서도 글쓰기 작업을 계속할 수 있는 것이다.

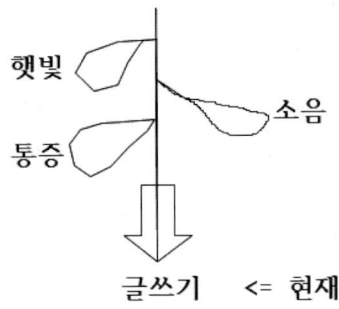

〈그림 2.1〉 의식의 흐름 모식도

위 <그림 2.1>은 Edelman이 든 예를 모식도로 나타낸 것인데 의식은 시간의 흐름에 따라 시시각각 변하고 있으며, 이 변화의 무수한 점들이 이어져 우리의 하루가 되고 우리의 일생이 되는 것이다.

그리고 의식은 '사고' 또는 '생각'뿐만 아니라 감각(sensations), 지각(perceptions), 이미지(images), 감정(emotions), 기억(memories), 설명하기 힘든 느낌(vague feelings), 병증(aches, 다소 장기적이며 치료를 요하는 아픔) 및 통증(pains, 주로 일시적이며 즉각적으로 동반되는 아픔)까지 매우 이질적인 것들을 포괄하는 넓은 개념이다. 다시 말해 '의식'은 우리가 뇌를 통해 지각할 수 있는 모든 것이다.

이렇게 의식은 넓은 개념이지만 그중에서도 사고 또는 생각은 의식 중에서 가장 중요한 부분이며 위에 열거된 나머지 이질적인 것들도 궁극적으로는 사고와 연결된다. '기억'은 곧장 그것이 유발(誘發)하는 생각과 연결되고, '통증'도 "이거 왜 이렇지? 좀 전에 먹은 것이 잘못된 건가?" 같은 생각을 촉발하는 것이다. 이런 점에서 사고는 의식의 '핵'(core)이며 이질적 요소들을 통합하는 '중심축'(hub)이다.

요약하자면,

> (2.1) 뇌를 통해 우리가 지각하는 모든 것이 의식이고,
> 의식의 일부가 사고이며, 사고는 의식의 핵이고,
> 이질적 요소들을 연결해 주는 중심축이다.

위에서 '생각' 혹은 '사고'라는 말을 썼는데 이것은 동의어이지만 그 용법에 차이가 있음을 밝힌다. 이 책에서 '생각'이라는 순수 우리말은 '보통 명사'로 쓰기로 한다. 독자들에게 '보통 명사'라는 말이 생소할 수도 있는데 쉽게 정리하자면 가리키는 대상이 개별 개체이며 가리키는 개체가 두 개 이상이면 복수형 어미 '-들'을 붙여서 쓸 수 있는 명사를 의미한다. 영어의 *books, pens, churches* 등이 여기에 해당한다. 앞으로 필요에 따라서 '한 가지 생각,' '두 가지 생각들'과 같은 표현을 쓸 것이며, 복수형 어미인 '-들'을 필요시엔 붙여서 쓸 것이다.

그러나 '사고'는 '집합 명사'로 쓸 것이다. 쉬운 '집합 명사'

의 예를 들자면 영어의 *family*, *team* 등이 있는데 가리키는 대상이 개별 개체가 아닌 집합인 것을 말한다. 가족 수가 다섯 명일지라도 전체를 하나의 집합으로 보고 '한 가족'이라고 하지 '*가족들'이라고 하지 않는다. 여기서 주어진 표현 앞에 별표 "*"를 붙인 것은 그 표현이 문법적으로 잘못된 것임을 나타낸다. 그러나 A씨 가족과 B씨 가족을 함께 지칭할 때는 '가족들'이라고 할 수 있다.

따라서 '어떤 한 사람이 할 수 있는 생각들의 집합'을 단순히 '사고'라 부를 것이며 생각의 종류가 여럿일지라도 복수형 어미 '-들'을 붙이지 않고 '사고'라고 부를 것이다. 그러나 A라는 사람의 사고 체계와 B라는 사람의 사고 체계는 다를 수밖에 없는데 이때 두 사람 이상의 사고 체계들을 지칭할 필요가 있을 때는 '사고들'이라는 표현도 쓸 것이다.

2.2. '무엇'을 사고하는가?

사람을 '생각하는 갈대'에 비유했던 파스칼은 '팡세'에서 "사람은 생각하기 위해 만들어졌다. 생각은 사람의 모든 존엄성이고 모든 가치이다."라며 그 중요성을 강조했다. '방법서설'에서 "나는 생각한다, 고로 존재한다."라고 했던 데카르트는 생각을 극한까지 실천한 학자였다. 의심의 여지가 없는 확실한 것을 찾으려 자신의 존재조차도 의심했지만 도달한 결론은 '의심하고 있는 실체'이며 '그 실체가 자신'임을 인정할 수밖에 없었다.

그런데 파스칼이나 데카르트가 '생각한다'고 했을 때 무엇을 생각하는지 그 '무엇'을 밝히지 않았다. 도대체 우리는 무엇을 생각하는가? 생각의 중요성은 충분히 강조했는데 도대체 우리가 무엇을 생각하는지 그 목적어 자체에는 특별한 언급이 없었다.

첫째, 어떤 것에 아직 이름이 정해져 있지 않다면 이름을 붙여 그것을 개체화(個體化)한다. '개체'는 '이름이 붙여진 모든 것'이다. '해'와 '달'처럼 오감(五感)으로 관찰이 가능한 것도 있다. 그러나 '용'(dragon)처럼 직접 관찰할 수 없지만 상상 속에서만 존재하는 것들도 있다. 로미오와 줄리엣처럼 문학작품 속에 등장하는 것 중 대개의 것들이 상상의 결과물이다.

아직 이름이 붙여지지 않은 것은 우리의 인식 밖에 있으며, 따라서 우리에게는 거의 무의미한 것이다. 이름이 붙여졌을 때, 그것은 비로소 개체가 되어 우리 인식 속에 존재하는 유의미한 무엇이 되는 것이다. '개체'에 관한 자세한 논의는 4.5장에 주어진다.[2]

둘째, 이미 이름이 있는, 그래서 개체가 된 것에는 다음의

---

[2] 개체(entity)에는 세 종류가 있다. 대상(object), 속성(property) 및 관계(relationship)이다. 자세한 논의는 4.5장을 참조하길 바란다.

두 가지를 더 생각할 수 있다. 우선 개체의 '속성'(屬性, property)을 생각한다. 그 개체의 용도든, 형태든, 색깔이든, 질감이든, 개체를 구성하고 있는 성분이든 간에 그 개체가 지닌 속성을 하나하나 생각하는 것이다.

나아가서 개체가 두 개 이상 존재한다면 그것들 간의 '관계'(關係, relationship)를 생각한다. 관계의 유무(有無)를 생각할 것이고, 관계가 있다면 관계의 속성까지도 생각할 것이다.

정리하자면,

> (2.2) 이름이 없는 어떤 것에는 이름을 지어 개체화하고, 개체는 그 속성을, 개체 간에는 그 관계를 생각한다.

가령 개체들이 그려져 있는 도화지에 주의를 기울여 보자. 가령 두 개체는 세모(△)와 네모(□)임을 이미 알고 있다고 치자. 그런데 세 번째 것인 '○'는 이름을 모르거나 없다고 가정하자. 무엇을 생각할 것인가?

'○'의 이름을 찾거나 새로 지을 것이다. 즉 '동그라미'라는 이름을 붙여 개체화할 것이다. 이제 세 개체의 색상이라는 속성에 주의를 쏟으면 세모는 파랑, 네모는 노랑, 동그라미는 빨강임을 알게 될 것이다.

주의를 세 개체의 위치 관계에 기울여 보면 네모 위에 세모가, 네모 오른쪽에 동그라미가 있음도 알게 될 것이다. 지금껏 우리가 생각한 것은 세 개체의 이름과 속성, 그리고 개체 간의 관계였다.[3]

눈앞에 있는 두 그루의 나무를 볼 때 무엇을 생각할 수 있는가? 두 개체의 이름을 생각할 것이고 각 개체의 특성과 개체 간의 관계를 생각할 것이다. /두 그루의 버드나무가 서 있다. 왼쪽 것이 오른쪽 것보다 더 크다. 나뭇가지들이 머릿결처럼 출렁인다./ 여기서 우리가 생각한 건 개체인 버드나무들의 속성(서 있는)과 또 다른 개체들인 나뭇가지들의 속성(머릿결처럼 출렁이는), 그리고 두 나무의 관계(왼쪽 것이 더 큰)이다. 결국 개체들의 이름과 속성, 그리고 그것들 간의 관계를 생각한 것이다.

학자들이 새로운 것을 발견해서 이름을 붙이는 것은 개체가 아니었던 어떤 것을 개체화하는 작업이었다. 천문학자가 새로운 혜성을 발견해서 K153이라고 이름을 붙였다고 치자. 그것은 이름을 붙이기 전에도 존재했지만 우리들의 인식 밖에 있는 무의미한 존재였다. 그것에 K153이라는 이름을 부여하는 순간 개체가 되어 우리 인식 속에 유의미한 존재가 된 것이다. 이제 개체화된 K153의 속성을 생각할 것이고, 나아가서 K153과 또 다른 개체들인 '지구'와 '해'와 '달'과의 관계를 생각할

---

[3] 엄밀하게 말하자면 이름도 속성의 한 종류이다. 결국 우리가 생각하는 것은 '어떤 것들의 속성과 그것들 간의 관계'라고 표현해도 되겠다.

것이다.

이제 이것을 수업 현장에 적용해 보자. 각 단원에 나오는 모든 용어는 개체들의 이름이다. (여기서 '모든 용어'라고 한 것에 대한 분명한 정의는 4,5장에서 주어진다) 그 분야를 설명하는 데 필요한 모든 개체가 동원됐는지 생각해 보라. 어떤 새로운 개체가 필요하다면 그것을 찾아 이름을 지을 필요가 있다. 불필요한 개체는 없는지도 살펴보고 있다면 지울 필요도 있다. 그리고 개체들의 속성이 바르게 정의되어 있는가, 나아가서 개체 간의 관계가 바르게 정의되어 있는가도 살펴보고 잘못된 정의는 바로잡을 필요도 있다.

이렇게 정리된 생각을 글로 표현했다면 새롭게 더하거나 뺄 수 있는 단어가 없어야 한다. 이것이 잘 정제(精製)된 생각이고 잘 정제된 글이다. 전공이 무엇이든 간에 대학 교육의 궁극적인 목표는 정제된 생각을 정제된 말과 글로 표현할 수 있게 하는 것이다.

어떤 것에 이름을 지어 개체화하는 작업은 우리의 인식 세계를 확장하는 일이다. 존재하는 개체의 속성을 더 바르게 정의하는 작업은 우리의 인식 세계를 맑게 하는 작업이다. 이것은 인류가 이 세상을 이해하고 지배하는 작업이며 오직 인류만 할 수 있다.

2.3. '어디'에서 사고하는가?

생각은 뇌의 '전전두엽피질들'(prefrontal cortexes)이 담당한다. 전전두엽피질들의 위치와 역할을 알기 위해서는 간략하게나마 뇌의 구조를 이해할 필요가 있다.

Baars & Gage(2007 : 129)와 Lieberman(1991 : 17) 등에 따르면 다른 모든 기관과 마찬가지로 인간의 뇌 구조도 진화의 산물이다. 딱딱한 두개골(頭蓋骨) 속에 양파처럼 몇 층으로 이루어진 뇌는 성장과 진화의 패턴을 보여주고 있다. 진화 과정에서 기존의 뇌가 새로운 뇌로 완전히 교체되는 것이 아니라 기존의 뇌에 새로운 뇌가 더해지는 진화를 거듭한 결과 포유류의 뇌는 아래 <그림 2.2>에서와 같이 크게 세 층위로 구성되어 있다.

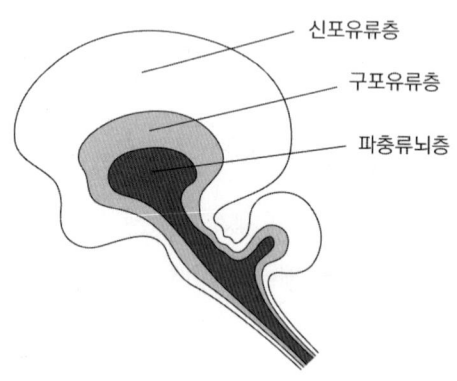

〈그림 2.2〉 포유류 뇌의 진화 모식도(MacLean(1967, 1985) 응용)

위 <그림 2.2>는 MacLean(1967, 1985)에서 인용한 것인데 '응용'이라는 용어를 붙인 이유는 MacLean(1967, 1985)에 나오는 그림을 경북대학교 출판부의 도움을 받아 컴퓨터 그래픽으로 다시 그렸기 때문이다. 그림의 선명도를 높이고 저작권 문제를 피하기 위해서이다. 이 책에서 '응용'이라고 붙인 모든 그림은 원저자의 사진이나 그림을 컴퓨터 그래픽으로 다시 그렸음을 밝힌다.

가장 안쪽에는 MacLean(1967, 1985)이 '파충류뇌층'(reptilian complex)이라고 이름을 붙인 층이 있다. 이 층은 파충류가 지닌 뇌의 기능과 비슷한 역할을 한다. 인류가 속한 포유류의 조상을 파충류로 보았기 때문에 붙인 이름이며 '시상'(視床, thalamus)과 '기저신경절'(基底神經節, basal ganglia)로 구성되어 있다(Lieberman 1991 : 17). 시상은 주로 외부 세계의 정보를 받아 처리하는 역할을 하였으며, 기저신경절은 움직임과 행위를 담당하였다(Goldberg 2001 : 30).

파충류뇌층 위에 발달한 두 번째 층은 '구포유류층'(paleomammalian component) 혹은 '변연계'(邊緣系, limbic system)라고 불리는 층이다. '구포유류층'이라 불리는 이유는 초기 포유류의 뇌에서 발견되기 때문이다. 이 층은 '해마'(海馬, hippocampus), '편도'(扁桃, amygdala) 및 '대상피질'(帶狀皮質, cingulate cortex)로 구성되어 있으며 기억과 감정(emotion) 처리를 주로 담당한다.

해마는 기억 형성에 중요한 역할을 한다(Goldberg 2001 : 31).

그리고 구포유류층 밖의 '신포유류층'(neomammalian) 또는 '신피질'(neocortex)과 상호작용하여 단기기억을 장기기억으로 전환하는 일을 한다(Edelman 2004 : 88). 따라서 이 부위에 손상을 입으면 손상 이전의 것들은 잘 기억할 수 있을지라도 새로운 장기기억을 남길 수 없게 된다(Carter 외 2009 : 65).

편도는 아몬드와 모양이 비슷하게 생긴 신경세포들의 집합체로 감정과 관련된 가장 중추적인 부분이다(Carter 외 2009 : 65, 124). 외부 환경이나 몸의 다른 부위에서 전달되는 모든 정보 중에서 감정과 관련된 것은 이곳에서 감지되어 평가되고 기억된다(Carter 외 2009 : 65). 한마디로 자신과 타인, 그리고 환경에 대한 감정을 처리하고 기억하는 곳이다.

위키피디아 백과사전에 실린 신경의학자 Joseph Ledoux의 2010년도 인터뷰 기사에 따르면 외부 세계를 인지하는 감각기관들로부터 오는 모든 정보는 편도에 모이며 편도는 감정적 반응(反應, reactivity)을 보이는 데 관여하는 기관들이 적절한 반응을 보이게 한다.

예를 들면 갑작스럽게 위험에 처했을 때, 몸이 긴장되고 혈압과 심장박동이 증가하며 스트레스 호르몬이 배출되는데 이 모든 것을 편도가 조절한다. 상대와 대화할 때는 상대의 표정과 말속에 숨은 감정적 분위기를 분석하여 적절한 감정적 반응을 유발함으로 언어 사용에도 중요한 역할을 한다(Carter 외 2009 : 148). 그리고 적을 공격할 것인지 아닌지, 상대와 교미할 것인지 아닌지, 그리고 음식을 먹을지 말지 등을 외부와 내부의 정보를 종합하여 결정한다(Goldberg 2001 : 31).

대상피질도 감정들(emotions)을 형성하고 처리한다(Goldberg 2001 : 31). 그리고 학습 및 기억에도 관여한다. 해마와 편도는 기억과 감정 처리의 중추 역할을 하며 대상피질은 이 두 영역에서 보조 역할을 하는 것으로 판단된다.

'신포유류층'(neomammalian component)은 구포유류층 위에서 최종적으로 뇌를 감싸고 있고 호두 모양의 주름을 가진 회색질 층이며 '신피질'(新皮質, neocortex)로 구성되어 있다. 이 층은 '신(新)피질'로 불리지만 짧은 생을 사는 인간이 상상하는 것보다 훨씬 먼 옛날부터 발달해 온 층이다. Baars & Gage(2007 : 126)에 따르면 2억 년 전부터 진화를 시작했다고 한다.

원시 포유류에서 '고등포유류'(higher mammals)로 진화하는 과정에서 신피질이 점점 더 크게 발달하게 되었는데 6개의 세포층으로 구성되어 있다(Lieberman 1991 : 20). 이 층은 계통 발생상 가장 나중에 생긴 층으로서 파충류뇌층과 구포유류층을 감싸 안은 형상을 띠고 있다.

이 층은 두께가 평균 3mm밖에 되지 않을지라도 뇌의 정보 처리 능력을 급격하게 증가시켰으며 뇌가 복잡한 계산 능력을 지닐 수 있게 해주었다. 신피질의 뒤쪽 부분은 변화하는 외부 세계에 대한 인식능력(perception)을, 그리고 앞쪽 부분은 인식에 바탕을 둔 의사결정 및 실행(action)을 주로 담당하게 되었다(Goldberg 2001 : 32).

아래 <그림 2.3>에 제시되어 있듯이 신포유류층 혹은 신피질은 크게 네 부분, 즉 '엽'(葉, lobe)들로 구성되어 있다. 즉 '두정(마루)엽'(parietal lobe), '측두(관자)엽'(temporal lobe), '후두(뒤통수)엽'(occipital lobe), 그리고 '전두(이마)엽'(frontal lobe)으로 나뉘어 있다.

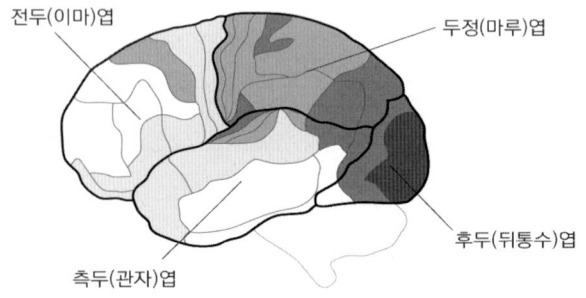

<그림 2.3> 신피질의 네 가지 엽들
(Baars & Gage(2007) 응용)

후두엽은 시각 정보를 최초로 받아들이고 처리한다. 측두엽은 청각을 처리하며, 장기기억의 저장에 중요한 역할을 하고, 언어의 이해 체계를 담당하는 '베르니케 영역'(Wernicke's Area)이 있는 곳이다. 두정엽은 촉각을 받아들이는 데 중요한 역할을 하며 시각과 주의집중에도 관련이 있다(Goldstein 2005 : 26).

전두엽은 기억, 비교, 판단, 예측 등을 통해서 운동을 계획하고 실행하는 것 등과 같이 고도의 목적을 추구하는 행동을 담당한다. 특히 언어 발화(發話, production)를 통제하여 '인간과 사고', '인간과 언어', 그리고 '사고와 언어'를 설명하는 데 가장 핵심적인 역할을 한다. 전두엽의 역할과 중요성은 Luria(1966)가 '문명의 기관'(organ of civilization), 즉 인간에게 현재의 문명을 이룰 수 있게 해준 기관으로 묘사한 것에도 잘 나타나 있다.

전두엽은 운동을 관장하는 '운동피질들'(motor cortexes)과 전전두엽피질들로 구성되어 있다. 아래 <그림 2.4>의 ①, ②, ③은 '운동피질'(mortor cortex), '전운동피질'(premortor cortex) 및 '보조운동피질'(supplementary motor cortex)이다. 전전두엽피질들이 내린 결정에 따라 몸의 각 근육(muscles)에 신호(signal)를 보내고 행동의 실행을 관장하는 곳이다. 전두엽에서 운동피질들을 제외한 ④로 표시된 나머지 부분들을 전두엽 내에서도 앞쪽에 있으므로 '전전두엽피질들'(前前頭葉皮質, prefrontal cortexes)이라 부른다.

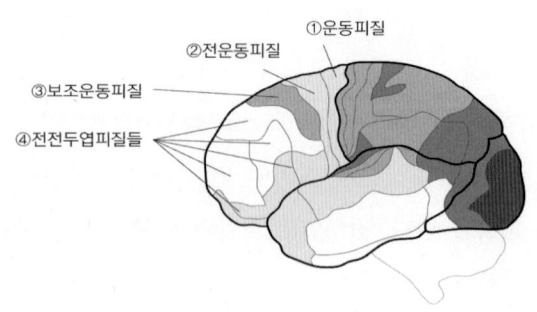

〈그림 2.4〉 전두엽 내의 피질들(Baars & Gage(2007) 응용)

전전두엽피질들은 진화 단계 후반에 유인원에게도 어느 정도 발달하지만, 인간에게는 폭발적인 팽창을 보여주었다. Brodmann(1909)에 의하면 전전두엽피질들이 사람의 경우 전체 피질의 29%를 차지하며, 침팬지는 17%, 긴팔원숭이(gibbon)와 짧은꼬리원숭이(macaque)는 11.5%, 여우원숭이(lemur)는 8.5%, 개는 7%, 그리고 고양이는 3.5%를 차지한다(Goldberg 2001 : 33).

아래 <그림 2.5>의 그래프에 나타나 있듯이 여우원숭이, 긴팔원숭이, 침팬지, 그리고 인간으로 나아갈수록 전체 피질에서 전전두엽이 차지하는 비율이 급격하게 상승하고 있음을 볼 수 있다.

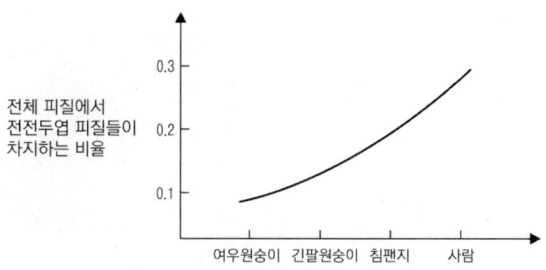

〈그림 2.5〉 전체 피질에서 전전두엽피질들이 차지하는 비율
(Goldberg 2001 : 33)

　전전두엽피질들은 또다시 크게 세 부분으로 나눠진다. 아래 그림에서 ③으로 표시된 부분들은 맛과 냄새를 관장하므로 사고와 언어에 직접적 관계가 없는 부분이다(Carter 2009 : 39).
　아래 그림에서 ①과 ②로 표시된 부분이 인간의 사고와 언어에 직접 관련된 부분이며 이 부분의 발달이 바로 인간을 만물의 영장으로 만드는 데 결정적으로 이바지한다.
　②로 표시된 부분은 '브로카 영역'(Broca's Area)이라고 불리는데 언어의 발화를 통제한다. 언어 능력은 브로카 영역과 신피질의 여러 영역에 분산된 언어 센터들이 담당하는데 언어 센터들은 2.5장에서 자세하게 논의할 것이다.
　①로 표시된 것이 전전두엽피질들 내에서 생각하는 능력을 관장하는 영역이다. 인간을 인간답게 만들어 주며 눈앞에 보이지 않는 것도 상상할 수 있게 하고 현재뿐만 아니라 과거를 회상하고 미래를 예측할 수 있게 해주는 것이다.

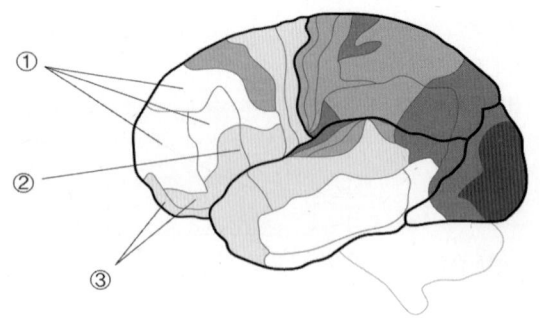

〈그림 2.6〉 전전두엽피질들(Baars & Gage(2007) 응용)

Goldberg(2001 : 25)에 따르면 생각하는 능력과 언어로 표현하는 능력은 거의 동시에 진화했다고 한다. 이것을 공진화 가설(共進化假說, coevolution hypothesis)이라 부른다.

2.4. '무엇'을 말하는가?

"무엇을 말하는가?"라는 질문은 문장으로 "무엇을 하는가?"에 대한 질문이다. 우리가 쓰는 문장들에는 아래 (2.3)과 같은 평서문(statements)뿐만 아니라 사실을 극적으로 표현하는 (2.4)의 감탄문(exclamations)도 있다.

(2.3) a. My office is in the next building.
    (= 내 사무실은 옆 건물에 있다.)
  b. John may be a thief.
    (= John이 도둑인 것 같아.)
  c. John may leave now.
    (= John은 이제 떠나야 해.)

(2.4) a. What a beautiful flower it is!
    (= 그 꽃이 참으로 아름답구나!)
  b. How good a boy he is!
    (= 그 소년이 참으로 훌륭하구나!)

그리고 필요한 정보를 얻기 위해 던지는 아래 (2.5)와 같은 의문문(interrogatives)도 있으며, 사회적 필요성에 의해 화자가 청자에게 어떤 일을 할 것을 요청하거나 명령하는 (2.6)과 같은 명령문(imperatives)도 있다. 그리고 (2.7)과 같은 감정이나 정서 표현에 필요한 감탄(exclamation), 절규(outcry), 외침(shouting) 등도 있다. (2.5)에서 (2.7)의 표현들도 나름의 역할을 하고 있지만 이 책은 (2.3)의 평서문과 (2.4)의 감탄문에 초점을 맞추고 있다.

(2.5) a. Did Pauline give Tom a digital watch for his birthday? (Greenbaum & Quirk 1990 : 231)
    (= Pauline이 Tom에게 생일선물로 디지털시계를

선물했니?)
    b. What did Pauline give Tom for his birthday?
       (Greenbaum & Quirk 1990 : 231)
       (= Pauline이 Tom에게 무엇을 생일선물로 줬니?)

(2.6) Give Tom a digital watch for his birthday
      (Greenbaum & Quirk 1990 : 231).
      (= Tom에게 생일선물로 디지털시계를 줘!)

(2.7) Oh!, Wow!, Hurrah!, Alas!, Ouch!

　(2.3)과 (2.4)의 문장들은 다시 그 성격에 따라 (2.8)과 (2.9)로 재분류할 수 있다. (2.8a)는 법조동사가 없는 평서문이고 (2.8b-c)는 감탄문이다. 그러나 (2.9)는 법조동사 *may*가 쓰인 평서문이다.

(2.8) a. My office is in the next building.
         (= 내 사무실은 옆 건물에 있다.)
      b. What a beautiful flower it is!
         (= 그 꽃이 참으로 아름답구나!)
      c. How good a boy he is!
         (= 그 소년이 참으로 훌륭하구나!)

(2.9) a. John may be a thief.

　　　(= John이 도둑인 것 같아.)

　　b. John may leave now.

　　　(= John은 이제 떠나야 해.)

　이 책에서 (2.8)을 따로 분리한 이유는 이것들은 화자가 사실이라고 믿는 것을 발화하는 '사실(事實) 주장'이기 때문이다. 이 책은 감탄문도 사실 주장으로 본다. 따라서 명제로 간주하며 이 점에 대해서는 4.2에서 자세하게 논의한다.

　그러나 법조동사가 쓰인 (2.9a)의 문장은 화자의 '추측'을, (2.9b)는 그런 일이 일어날 '필요성'을 나타낼 뿐 사실 주장이 아닌 '비사실(非事實) 주장'이다. 여기서 '비사실'이라는 용어는 '발화 순간에 그 문장의 내용이 아직 사실로 판명되지 않았다'라는 뜻이다. 사실 주장이냐, 아니냐는 4.3장에서 언어와 과학을 논의할 때 매우 중요하다.

　그렇다면 (2.8)과 (2.9) 문장들의 공통점은 무엇인가? 그것은 '세상의 일부를 설명하고 있다'는 것이다. (2.8a)는 '나의 사무실'의 위치적 속성을 사실적으로 설명하고 있으며, (2.8b-c)는 '꽃'이나 '그 소년'의 속성을 사실적으로 표현하고 있다.

　(2.9a-b)는 'John'의 속성을 비사실적으로 표현하고 있다. (2.9a)는 John이 도둑으로 판명될 '가능성'을, (2.9b)는 John이 실제로 떠날 '필요성'을 나타내지만 'John'이 지닌 속성 또는 특

성 중의 한 가지를 표현하는 것으로 볼 수 있다.

(2.8)과 (2.9) 문장들은 '사실 주장'과 '비사실 주장'이라는 차이가 있지만 문장의 주어 자리에 나오는 개체의 속성을 설명하고 있다는 공통점이 있다. 지금까지 논의한 것을 <그림 2.7>로 요약할 수 있다.

아래 <그림 2.7>에 나타나 있듯이 문장 또는 표현에는 여러 종류가 있지만, 특별히 음영 처리가 된, 사실을 표현하는 평서문1(위 (2.8a)), 감탄문(위 (2.8b-c)), 그리고 비사실적인 것을 표현하는 평서문2(위 (2.9a-b))를 언어의 핵심으로 간주한다.

〈그림 2.7〉 평서문의 범위

감탄문은 평서문으로 표현할 수 있는 내용을 더 극적으로 표현한 것이다. 예를 들면 "It is a very beautiful flower."를 더 극적으로 "What a beautiful flower it is!"라고 한 것이다. 따라서 이 책은 감탄문도 그 역할 면에서 평서문의 일종으로 간주한다.

이렇게 보면 우리는 '언어의 핵심은 감탄문을 포함한 평서문이다'라는 결론에 이르게 된다. 그래서 지금부터는 '감탄문을 포함한'이라는 말을 생략하고 평서문이라고 할지라도 감탄문도 포함되어 있다.

(2.10) 언어의 핵심은 평서문(평서문1, 평서문2, 감탄문)이다. 이것은 세상의 일부분을 설명하고 있다.

언어의 핵심이 평서문이므로 이제 이것을 가지고 "무엇을 말하는가?"라는 질문에 답을 찾아보기로 한다. 2.2장 "무엇을 사고하는가?"에서 아래 (2.11)의 결론에 도달하였다.

(2.11) 이름이 없는 어떤 것에는 이름을 지어 개체화하고, 개체는 그 속성을, 개체 간에는 그 관계를 생각한다.

생각의 핵심이 (2.11)을 하는 것이라면 생각이 표현된 언어도, 그중에서도 평서문이 (2.11)과 같은 역할을 할 것으로 예측된다. 과연 그러한지 평서문의 역할을 살펴보자.

전통적으로 언어학자들은 평서문의 형식(types) 구분에 관심을 기울였는데 Gazdar, Klein, Pullum & Sag(1985)은 동사와 형용사의 성격에 따라 48형식으로 분류하였으며 Greenbaum & Quirk(1990)나 Stageberg & Oaks(2000) 등은 평서문을 7형식으로 나누었다. 한국에 소개된 학교문법(School Grammar)은 평서문 형식을 더욱 간략하게 하여 5형식으로 구분해 왔다. 이 책에서는 독자들의 이해를 돕기 위하여 국내에 가장 널리 소개되어 있으며 가장 간단하게 평서문의 형식을 압축·정리한 5형식으로 논의를 계속해 보기로 한다.

아래 (2.12)에서 S는 '주어', V는 '동사' 혹은 '술어', C는 '보어', O는 '목적어', O_i는 '간접 목적어'(간목), 그리고 O_d는 '직접 목적어'(직목)를 나타내고 있다.

(2.12) 1형식 : SV　　The sun is shining.
　　　　　　　　　　 S　　　V

　　　 2형식 : SVC　 The girl is pretty.

　　　　　　　　　　 The girl is a nurse.
　　　　　　　　　　　S　　V　　C

　　　 3형식 : SVO　 The girl bought a dress.
　　　　　　　　　　　S　　V　　　O

　　　 4형식 : SVO_iO_d The mother bought the dress a dress.
　　　　　　　　　　　　　S　　　V　　　O_i　　O_d

　　　 5형식 : SVOC　The girl found John stupid.

　　　　　　　　　　 The girl found John a nice man.
　　　　　　　　　　　S　　V　　O　　C

언어학자들은 지금까지 문장 형식 수에는 차이가 있지만 위와 유사하게 평서문을 분류해 왔고, 또 이러한 분류에 만족해 왔다.

위 (2.12)에서와 같은 평서문의 형식 분류에서 더 나아가 평서문의 '역할'을 들여다보아야 평서문이 '무엇'을 하는지 알 수 있다. 김노주(2012)에 따르면 (2.12)에 제시된 평서문들의 역할은 다음과 같다.

(2.12)에 제시된 문장 중에서 1, 2형식의 문장들은 아래 (2.13)에 표시되어 있듯이 다음과 같은 공통점이 있다. 주어 부분에 등장한 개체1의 속성을 동사구 또는 술부가 나타내고 있다. 즉 태양(the sun)의 상태에 대한 속성(is shining), 소녀(girl)의 외모에 대한 속성(is pretty)이나 소녀의 직업적 속성(is a nurse)을 나타내고 있다.

요약하자면 1, 2형식으로 구분했지만, 이들이 하는 역할은 '주어 자리에 나온 개체1에 대한 속성을 정의'하는 것이다.

(2.13) 1, 2형식은 '주어 자리에 나온 개체1에 대한 속성'을 정의한다.

    1형식 : SV   The sun is shining.
                           개체1   속성

    2형식 : SVC   The girl is pretty.
                           개체1   속성

                           The girl is a nurse.
                           개체1   속성

주어 자리에 나온 개체에 대한 속성을 정의한 위 (2.13)과 달리 아래 (2.14)의 3, 4형식 평서문들은 주어와 목적어 자리에 나오는 개체의 관계를 정의한다.

3형식은 주어 개체1과 목적어 개체2 간의 관계를 정의하고 있다. 즉 동사 bought가 구매자(주어 개체)와 구매된 사물(목적어 개체) 간의 관계를 정의하고 있다. 한편 4형식에서는 구매자(주어 개체1), 구매된 사물을 받는 자(간접 목적어 개체2), 그리고 구매된 사물(직접 목적어 개체3) 간의 삼각관계를 정의하고 있다. 요약하자면, 아래 (2.14)의 명제들은 '주어 개체와 목적어 개체(들) 간의 2자 또는 3자 관계를 정의'하고 있다.

(2.14) 3, 4형식은 '주어 개체와 목적어 개체(들) 간의 2자 또는 3자 관계'를 정의한다.

3형식 : SVO   The girl bought a dress.
               개체1   관계   개체2

4형식 : SVO$_i$O$_d$ The mother bought the girl a dress.
                       개체1   관계   개체2   개체3

위 (2.13)의 평서문들이 주어 자리에 나온 하나의 개체에 대한 속성을 정의하였고, (2.14)의 평서문들이 주어와 목적어(들) 자리에 나온 개체 간의 관계를 정의하였다.

그런데 아래 (2.15)에서 5형식으로 분류된 평서문들은 주어 개체1인 *the girl*과 목적어 개체2인 *John*의 관계를 동사 *found*가 정의하고 있으며, 목적어 개체2인 *John*의 속성을 목적격 보어인 *stupid*, 혹은 *a nice man*이 정의하고 있다. 요약하자면 5형식 평서문은 '주어 개체1과 목적어 개체2 간의 관계를 정의하고 목적어 개체2의 속성을 목적격 보어가 정의'하는 두 가지 역할을 동시에 수행하고 있다.

(2.15) 5형식은 '주어 개체1과 목적어 개체2의 관계와 목적어 개체2의 속성을 목적격 보어가 정의'하고 있다.

5형식 : SVOC The girl found John stupid.
        The girl found John a nice man.
        개체1 관계 개체2 속성

 지금까지 단문으로 구성된 평서문의 역할을 살펴보았다. 문장이 중문(단문이 두 개 이상 등위 접속된 문장) 혹은 복문(문장이 두 개 이상 종속 접속된 문장)으로 복잡해지더라도 그것들의 역할은 '개체의 속성을 정의하거나 개체 간의 관계를 정의'하는 것이 좀 더 복잡하게 표현되었을 뿐 그 근본 역할은 '개체의 속성을 정의하거나 개체 간의 관계를 정의'하는 범위 내에 머문다.

 가령 (2.16)과 같은 복문도 *Henry*라는 주어 개체1과 *that the girl found John stupid*라는 목적어 개체2와의 *believe*관계를 나타내는 문장으로 분석될 수 있는 것이다. 단지 여기서는 목적어 개체2가 단순 개체가 아닌 평서문으로 구성되어 있을 뿐이다.

 목적어 자리에 쓰인 평서문 *that the girl found John stupid*의

내부를 들여다보면 개체1이면서 문장의 주어인 *the girl*과 또 다른 개체2이면서 문장의 목적어인 *John*의 관계를 동사 *found*가, 그리고 목적어 개체인 *John*의 속성을 목적격 보어인 *stupid*이 정의하고 있다.

    (2.16) Henry believes that the girl found John stupid.
            개체1   관계   개체2

이제 지금까지의 논의와 관련해서 '이름 짓기'를 생각해 보자. 가령 개체인 ☎에 이름이 없다고 하자. "It(☎) is a telephone." 또는 "Its(☎) name is a telephone."이라고 2형식 문장을 사용해서 명명(命名, naming)할 것이다. 또는 "We name our daughter( ) Sheila." 또는 "We call this(♠) Spade."처럼 5형식 문장을 써서 명명할 수도 있다. 결과적으로 이름 짓기도 개체의 한 가지 속성을 정의하는 것이다.

이렇게 정리하면 사고의 역할과 평서문의 역할이 같게 된다. 생각이 말로 표현되니 너무나도 당연한 결과이다. 지금까지 논의된 것을 (2.17)처럼 정리할 수 있다.

    (2.17) 사고의 역할과 마찬가지로 언어의 역할도 이름이 없는 어떤 것에는 이름을 지어 개체화하고, 개체는 그 속성을, 개체 간에는 그 관계를 정의한다.

2.5. '어디'에서 말하는가?

뇌의 피질에 분산되어 발달한 '언어 센터들'(Language Centers)이 전전두엽에서 생성된 생각을 바탕으로 문장을 만들어 내고, 상대가 사용하는 문장을 이해한다. 그래서 본 장에서는 2.3장에 이어 뇌와 언어 센터들에 관해 탐구해 보기로 한다.

2.5.1. 좌뇌와 우뇌의 보완적 역할

뇌는 거의 대칭적으로 좌, 우의 2개의 '반구'(半球, hemisphere)로 나누어져 있으며 반구들은 '뇌량'(腦梁, corpus callosum)이라 불리는 약 2억 개의 신경 섬유로 구성된 다발(bundle)로 연결되어 있다. 뇌의 양쪽 좌·우반구(left and right hemispheres)를 '좌뇌' 및 '우뇌'로 번역해 쓰기로 한다. 좌뇌와 우뇌들은 뇌량을 통해 상호 긴밀하게 교신하면서 신체 내·외부의 자극에 대하여 통합된, 즉 일치된 반응을 보여준다.

좌·우뇌는 형태상 대칭적이지만 수행하는 기능 면에서는 상호 보완적이다. 좌·우뇌 중에서 언어 사용을 관장하는 언어 센터들은 주로 좌뇌에 있다. 전 세계 인구의 약 90%를 차지하는 오른손잡이들은 언어 사용을 위해 90% 이상이 좌뇌를 사용하고 있으며 왼손잡이들의 약 70% 정도도 좌뇌를 사용하고 있다(Mihalicek & Wilson 편집 2011). 좌뇌에 언어 센터가 있는 사람들은 우뇌에는 언어 센터가 존재하지 않는다. 그러나 좌뇌에 언어 센터가 없는 나머지 사람들은 우뇌에 있거나 혹은 좌·우뇌에 분산되어 있다(Mihalicek & Wilson 편집 2011).

왜 좌뇌가 언어 사용과 더 밀접한 관계가 있는지 그 이유를 추정해 보자. 좌뇌는 자극을 '분석적'으로 받아들이며, 우뇌는 자극을 '총체적'으로 받아들이는 경향이 있다(Akmajian 외 2010 : 544). 좌뇌는 언어 사용뿐만 아니라 읽기, 쓰기, 분석적 작업(analytic processing), 계산(calculation), 시간 순서 판단(temporal-order judgements), 연상적 사고(associative thinking) 등의 작업을 담당하고 있다.[4]

이와 달리 우뇌는 시·공간적 작업(visuospatial skills), 패턴 인식, 그림이나 음악 감상, 주변 환경음(環境音, environmental sounds)의 인식, 스포츠 활동과 같은 감각적이며 종합적인 작업(holistic processing)을 담당하고 있다(Akmajian 외 2010 : 544).

이렇듯 좌뇌가 담당하는 언어 사용 이외의 분석적 기능들이 언어 사용과 더 밀접한 관계가 있으므로 좌뇌가 언어 사용을 주로 관장할 것이다.

여기서 또 한 가지 주목할 점은 사람의 목소리는 좌뇌가, 다른 환경음, 가령 물소리, 새소리, 자동차 소리 등은 우뇌가 담당한다는 점이다. 이것은 3.3.1 '듣기의 신비'에서 더 자세하

---

[4] 연상적 사고(associative thinking)는 '과거의 연상에 의존하는 사고'이다. 예컨대 지난 여름방학을 생각하면 여행이 떠오르고, 타고 갔던 버스, 묵었던 여관의 방, 여관 주인, 해변의 인파, 파도 등이 꼬리를 물고 일어나는데 이것을 연상적 사고의 예로 볼 수 있다.

게 논의할 것이다.

위 단락에서 오른손잡이들은 90% 이상이 언어 센터가 좌뇌에 있다고 하였다. 이때 '언어' 혹은 '언어 사용'이라는 용어는 '어떤 단어나 문장을 발화하고 그 단어나 문장이 지닌 글자 그대로의 의미를 해석하는 것'을 뜻하며 이것을 위한 언어 센터들이 좌뇌에 있음을 뜻한다. 문장의 발화와 이해를 넘어서는 보완적 요인들도 있는데 이것들은 우뇌가 담당한다. 결국 완전한 언어 사용을 위해서는 좌·우뇌의 공조가 필요한 것이다.

좌뇌에 있는 언어 센터들의 위치와 역할을 살펴보기 전에 우선 우뇌가 담당하는 보완적 역할을 살펴보자. 첫째, 문장의 글자 그대로의 의미 전달을 넘어서는 농담, 은유, 반어법 등은 우뇌가 담당한다(Zaidel 외 2000). 둘째, 문장에 동원되는 음조(tone), 운율(prosody), 강세(accent) 및 억양(intonation)의 이해도 우뇌가 담당한다(Carter 외 2009 : 144). 마지막으로, 어투나 표정 및 몸짓을 통해 상대방의 감정을 이해하는 것도 주로 우뇌가 담당한다(Carter 외 2009 : 144). 따라서 보다 완전한 언어생활을 위해서는 좌·우뇌의 공조(共助)가 필요하다.

좌·우뇌의 보완적 관계를 정리해 보면 다음과 같다.

〈표 2.1〉 좌·우뇌의 보완적 역할

좌뇌	우뇌
• 발화(단어 및 문장)	• 농담, 은유, 반어법의 이해
• 단어 인식	• 음조, 운율, 강세와 억양의 이해
• 문장의 이해	• 어투, 표정, 몸짓을 통해 상대방의 감정을 이해

위에서 언어 사용의 핵심은 '어떤 단어나 문장을 발화하고 그 단어나 문장이 지닌 글자 그대로의 의미를 해석하는 것'으로 정의했다. 이러한 역할을 담당하는 언어 센터들은 주로 좌뇌에 있는데 언어 센터들의 정확한 위치와 역할이 현재 완전히 밝혀진 것은 아니다. 뇌의 연구와 더불어 이 분야도 계속 발전하고 있으며 그 결과에 따라 언어 센터들의 위치, 크기 및 역할에 관한 주장들은 계속 수정되고 있다.

본 장에서는 Scovel(1998), Baars & Gage(2007), 김화수 외 공역(2007), Carter 외(2009), Akmajian 외(2010), 심현섭 외(2010), Mihalicek & Wilson 편집(2011) 등을 참조하여 비교적 확실하게 밝혀진 것들을 고찰해 보기로 한다.

지금까지 밝혀진 주요 언어 센터들은 브로카 영역, 베르니케 영역, 궁속(弓束, arcuate fasciculus), 그리고 각회(角回, angular gyrus)가 있다. 그리고 관련된 뇌의 기관들로는 생각을 관장하는 전전두엽피질들, 기억, 특히 어휘를 관리하는 측두엽, 발화의 미세한 점을 관리하여 말하기를 조화롭게 조절하는 소뇌(小腦,

cerebellum), 상대의 표정과 말속에 숨은 감정적 분위기를 분석하여 적절한 감정적 반응을 일으키는 편도(扁桃, amygdala), 그리고 청각피질(auditory cortex), 시각피질(visual cortex) 및 운동피질(motor cortex)이 있다.

이러한 기관들의 위치는 아래 <그림 2.8>에 제시되어 있는데 그 역할들은 다음 장에서 살펴볼 것이다.

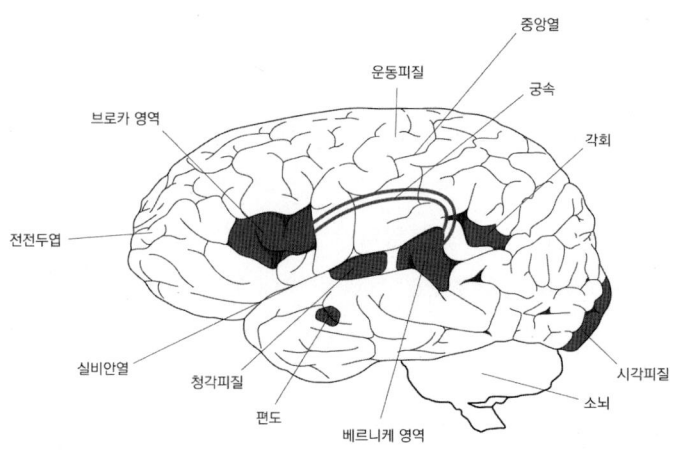

<그림 2.8> 언어사용과 관련된 영역들(Geschwind(1979) 응용)

2.5.2. 브로카 영역

1861년 프랑스 외과 의사이며 해부학자인 Pierre-Paul Broca가 좌뇌의 전두엽 뒤쪽 하단 부분이 손상된 환자가 발화에 어려움을 겪는 사례를 학회에 보고하였다. 이것은 좌뇌 피질의 특정 부위가 손상되면 언어 사용에 장애가 생길 수 있음을 보여주는 첫 사례였다.

이 영역은 최초 발견자의 이름을 따서 '브로카 영역'(Broca's Area)이라 불렀는데 이 영역은 입과 성도(聲道, vocal tract, 성대에서 입술 또는 콧구멍에 이르는 통로)를 조절하는 운동피질에 인접해 있으며 이 부분의 손상은 발화에 장애를 일으키므로 '표현 언어장애'(expressive aphasia) 혹은 '운동 언어장애'(motor aphasia)라고 부른다.

브로카 영역의 언어장애(앞으로는 줄여서 '브로카 장애'라고 부를 것임)를 겪는 사람도 발화된 말을 이해하는 데는 어려움이 없다. 왜냐하면 발화에 대한 이해는 브로카 영역이 아니라 다음 장에서 논의할 베르니케 영역이 담당하기 때문이다. 이해 능력이 손상되지 않았으므로 브로카 장애 환자 자신의 언어장애를 인지할 수 있다. 따라서 실수하지 않으려 무척 애쓰는 모습을 보이고 자신의 실수에 대해 고통을 느낀다.

브로카 장애 중에 가장 큰 특징은 심하게 말을 더듬으며 발화가 유창하지 못한 것이다. 브로카 장애는 표현 장애이므로 '이름 대기'나 '따라 말하기'에서도 당연히 어려움을 겪는다(심현섭 외, 2010 : 191). '이름 대기'에서 그림에 등장하는 사물의 이름을 측두엽 내의 어휘사전에서 찾을 수는 있으나 그것의 발화에 어려움을 겪기 때문이다. 그리고 '따라 말하기'에서는 상대방의 말소리가 지닌 청각 정보를 해독하고 그 말을 이해할 수는 있으나 말을 따라 하는 것에는 어려움을 겪는다.

Akmajian 외(2010 : 548)가 든 아래의 예를 살펴보면 '20년간 목수를 했음'을 표현하는데 심한 어려움을 겪고 있음을 알 수 있다. 특히 자·모음과 같은 분절음(segment)을 실수로 교체시키거나, 빠트리거나, 혹은 엉뚱한 음으로 바꿔서 발음하는 경향이 있다. 분절음은 '나누어진 조각'이라는 뜻인데 언어학에서 보통 자음과 모음을 가리킨다.

아래에서는 *carpenter*라는 단어를 *partender*로 잘못 발음하였다. 단어에 분포된 자음 *c-p-t*가 *p-t-d*로 바뀐 과정에서 자음의 교체나 다른 자음으로 대치시키는 현상을 볼 수 있다. 그리고 *took cookie*라고 말하길 원하면서도 처음에 *cookie*라는 단어의 영향으로 동사 *took*을 *cook*으로 잘못 발음하는 것을 볼 수 있다. *twenty*를 *tenty*로 잘못 발음하고 있으며 각 단어 사이에 심하게 머뭇거리는 모습을 볼 수 있다.

(2.18) 조사자 : Tell me what did you do before you retired? (은퇴하기 전에 무슨 일을 했는지 말해보세요?)

환자 : Uh, uh, uh, puh, par, partender, no.
(어, 어, 어, 퍼, 파, 파텐더, 아니에요.)

조사자 : Carpenter?
(카펜터? (목수?))

환자 : <긍정 표시로 고개를 끄덕이며>
  Carpenter, tuh, tuh, tenty year.
  (카펜터, 터, 터, 20년.)
조사자 : Tell me about this picture.
  (이 그림을 설명해 보세요.)
환자 : Boy…cook…cookie…took…cookie.
  (소년…과…과자…잡다…과자)

브로카 장애 중 두 번째 특징은 '기능어'(機能語, function word)와 문법적 기능을 나타내는 접미사들의 사용에 어려움을 겪는 것이다. '기능어'는 문법적 기능을 나타내는 품사들인데 명사, 동사, 형용사, 부사가 아닌 관사(예, a(n), the), 전치사(예, in, by, for 등), 접속사(예, and, but, or, for 등) 및 조동사(예, must, should, will, would 등) 등을 가리키는 말이다.

문법적 기능을 나타내는 접미사에는 3인칭 단수 현재형 표시인 -(e)s, 과거시제 표시인 -ed, 완료형 어미인 -ed나 -en, 진행형 어미 -ing, 복수형 어미인 -(e)s, 소유격 어미 -'s, 비교급 어미인 -er, 그리고 최상급 어미 -est가 있다.[5]

브로카 장애 환자는 문법적 기능을 나타내는 기능어나 접미사를 빠트리므로 소위 말하는 '전보체'(電報體, telegraphic style)의

---

[5] 문법적 기능을 나타내는 이 여덟 개의 접미사를 '굴절 접미사(inflectional suffixes)라고 부른다.

표현을 쓰게 된다. 결과적으로 비문법적 문장을 나열하게 되므로 Agrammatism, 즉 '문법파괴 실어증'이라고도 불린다. 위 (2.18)에서는 *for twenty years*라고 말하길 원했지만 전치사 *for*와 명사의 복수형 어미 *-s*를 빠트리고 있다. 그리고 환자는 *A boy took cookie*.(=소년이 과자를 집었어요.)라고 말하길 원했지만 관사 *a*를 빠트렸으며, *took*을 *cook*으로 처음엔 잘못 발음하였다.

마지막으로, 위 (2.18)에 제시된 브로카 장애 환자가 발화한 말의 특징 중 하나는 명사보다 동사 사용에 더 어려움을 겪는 것이다. 위 (2.18)에서 주로 명사만 나열했을 뿐 동사는 *took*을 한 번 썼지만 쓰는 과정에서 어려움을 겪었다. 브로카 장애 환자들이 명사보다 동사 사용에 더 어려움을 겪는 이유는 명사보다 동사가 문법적 역할을 더 많이 수행하고 문법적 기능을 나타내는 접미사들을 더 많이 동반하기 때문이다.

성명희 외 공역(2001)에 나오는 다음 예를 살펴보자. 환자는 자신이 한 치과 진료 예약을 설명하고자 하지만 심하게 더듬고 있다. 대부분의 기능어를 생략한 채 주로 명사만 나열했으며 동사는 한 번도 쓰지 않았다.

무슨 소리인지 정확하게 이해할 수 없지만 상상해 보자면 '월요일에 Dad & Peter 병원에 [가서] 수요일 9시와 목요일 10시에 두 분의 의사 선생님을 [만나서] 이빨을 [치료하기로 했다]'고 말하길 원한 것 같다.

(2.19) Yes··· ah··· Monday··· er ··· Dad and Peter H···. and Dad··· er ··· hospital ··· and··· ah··· Wednesday··· Wednesday, nine o'ock··· ah oh··· Thursday··· ten o'ock, ah doctors··· two··· an'ctors··· and er ··· teeth ···yah.

결론적으로, 브로카 영역은 음성·음운론과 통사론을 관장하는 것으로 여겨진다. 언어학에서 음성·음운론은 조음 및 발화를 관장하는 영역이다. 그리고 통사론은 어순, 문법적 기능 및 문장 구조를 담당한다. 따라서 브로카 장애를 겪는 사람은 발음상 오류를 많이 범하고, 말을 더듬는, 즉 유창성이 떨어지며, 기능어와 굴절 접미사를 빠트린 전보체 문장을 쓰게 된다.

2.5.3. 베르니케 영역

1874년 독일의 내과 의사였던 Carl Wernicke가 뇌의 또 다른 부분의 손상이 단어의 인지(perception)와 문장의 이해(comprehension)에 장애를 초래하는 사례를 보고하였다(Wernicke 1874/1969). 이 영역은 측두엽 내의 청각피질 오른편 위쪽에 있으며 최초 발견자의 이름을 따서 '베르니케 영역'(Wernicke's Area)이라 부른다. 발화를 관장하는 브로카 영역뿐만 아니라 인지 및 이해를 담당하는 베르니케 영역이 발견됨으로써 좌뇌의 각 부분이 언어 사용에서 각각 다른 기능을 담당한다는 브로카의 주장이 한층 더 설득력을 얻게 되었다.

　베르니케 영역에 손상을 입은 환자는 정상적인 청취력(hearing)을 지니고 있을지라도 청취된 발화의 내용을 이해하는 데 어려움을 겪는다. 정상적인 청취력을 지녔다는 것은 언어 이외의 환경음은 청취할 수 있음을 의미한다. 그리고 말소리도 하나의 소음이나 환경음으로는 들릴지라도 말소리가 지닌 청각 정보를 해독할 수 없으므로 이해할 수가 없다는 말이다. 더 전문적으로 말하자면 말소리의 듣기 과정에서 청각피질로부터 전해 받은 청각 정보를 해독할 수 없다. 그래서 청각 정보에 매치되는 어휘를 측두엽에 저장된 어휘사전에서 찾아낼 수가 없으며 결과적으로 말소리의 의미를 이해할 수가 없는 것이다.

　그리고 발화 과정에서 겉으로 보기에는 유창하게 말하는 듯이 보이지만 그 말의 내용을 청자들이 이해할 수가 없다. 왜냐하면 ① 의미 착어(意味錯語, semantic paraphasia)로 맞지 않은 단어를 쓸 때도 있기 때문이다. 의미 착어란 목표 단어 대신 그 단어와 의미적으로 연관된 다른 단어로 대치시키는 반응을 말하는데, '딸기'를 '사과'라고 하거나, '칫솔'을 '치약'으로 대치시켜 말하는 경우가 그 예다(심현섭 외 2010 : 192-3).

　그리고 ② 목표 단어의 일부 분절음을 다른 분절음으로 대치하여 반응하는 음소 착어(音素錯語, phonemic paraphasia)도 발생하기 때문에 청자가 이해할 수 없다. '장화'를 '갑화'로, '소화기'를 '소자기'로 발음하는 것이 예이다.

나아가서 ③ 찾는 단어를 찾지 못하고 다른 단어들로 풀어 쓰거나, ④ 찾는 단어를 찾지 못해서 생략해 버리는 경우도 많기 때문에 청자가 어려움을 겪는다. 그리고 ⑤ 어순을 잘못 쓰는 경우도 발견되는데 어순을 베르니케 영역이 전담하는 것은 아닐지라도 어순과 관련된 모종의 역할을 하는 것으로 추정된다.

결과적으로 베르니케 영역이 손상된 환자는 적절한 단어를 찾지 못해 머뭇거리는 것을 제외하고는 겉보기에는, 적어도 발음상으로는, 유창하게 말하는 듯이 보인다. 이때 화자 자신은 의사를 바르게 표현했다고 믿으므로 브로카 장애 환자와 달리 자신의 장애를 인식하지 못 하고 인식하지 못 하므로 장애 때문에 괴로워하지도 않는다.

베르니케 영역의 언어장애(앞으로는 줄여서 '베르니케 장애'라고 부를 것임)를 겪는 환자의 예를 살펴보기 전에 이해를 돕기 위해 이승복 외 공역(2010 : 63)을 참조하여 브로카 장애와 베르니케 장애의 상보적 특징을 요약해 보기로 한다.

〈표 2.2〉 브로카 장애와 베르니케 장애의 상보적 특징

브로카 장애	베르니케 장애
• 노력은 하지만 유창하지 못한 발화	• 유창하게 보이지만 내용이 없는 말
• 짧은 발화	• 정상적 길이의 발화
• 기능어와 문법 기능 접미사 부재	• 기능어와 문법 기능 접미사 사용
• 비교적 완전한 이해	• 빈약한 이해
• 장애에 대해 인지함	• 장애에 대해 인지하지 못함

아래 (2.20)에 제시된 베르니케 장애를 겪는 환자의 대답을 살펴보자(Akmajian 외 2010 : 549, Mihalicek & Wilson 편집 2011 : 361). 환자의 말 다음에 괄호 속에 든 영어 표현은 환자가 하길 원했던 말을 필자가 추측해서 완성한 것이다.

(2.20) 조사자 : Do you like it here in Kansas City?
(이곳 캔자스에 사는 것이 좋아요?)
환자 : Yes, I am.
(Yes, I do.) (예, 그래요.)
조사자 : I'd like to have you tell me something about your problem.
(당신의 문제를 내게 설명해 주세요.)
환자 : ① Yes, I ugh can't hill all of my way.
(Yes, I can't hear always/all the time.)
(예, 제가 (상대방의 말을) 늘 이해할 수 있는 게 아니에요.)
② I can't talk all of the things I do, and part

of the part I can go alright, but I can't tell from the other people.

(I can't <u>tell</u> <u>all of my experience</u>, and <u>sometimes</u> I can go alright, but I can't <u>understand</u> the other people.)

(나의 모든 경험을 설명할 수 있는 것도 아니에요. 가끔씩은 제대로 설명할 수도 있어요. 그런데 상대방의 말은 이해할 수가 없어요.)

③ I usually most of my things.

(I usually [miss] most of the things.)

(나는 주로 대부분의 말을 놓치고 말아요.)

④ I know what can I talk and know what they are but I can't always come back even though I know they should be in, and I know should something eely I should know what I'm doing….

(I know what <u>I can</u> talk and know what they are but I can't always <u>answer</u> even though I know they should be in (me), and I <u>should know</u> something <u>really</u> I should know what I'm doing….)

(무슨 말을 할 수 있는지 제가 알아요. 그것들(they, 단어들이나 things를 가리키

는 것으로 보임)이 뭔지를 제가 알아요. 그것들이 내 마음속에 있다는 것을 알지만 제가 늘 대답할 수 있는 게 아니에요.)

위 (2.20)에서 환자의 첫 번째 대답은 동문서답이다. 'Yes, I do'라고 대답해야 할 곳에서 'Yes, I am'이라고 잘못 대답함으로써 상대방의 질문을 제대로 이해하지 못하고 있음을 보여주었다. 상대방의 말을 이해하는 데 어려움을 겪으므로 상대방의 말에 예상 밖의 반응을 보일 수도 있으며 심지어 *Stand up!*(=일어나세요!)이나 *Turn to your right!*(=오른쪽으로 도세요!)와 같은 간단한 지시문을 이해 못 하는 경우도 있다(Mihalicek & Wilson 편집 2011 : 362).

위 (2.20)에서 환자는 두 번째 대답을 이해한 것으로 보인다. 그러나 첫 번째 문장에는 음소 착어로 *hear* 대신에 *hill*이라는 잘못된 단어를 썼으며 *always* 혹은 *all the time*이라고 말해야 할 곳에서 *all of my way*라고 말한 것으로 보인다.

두 번째 문장에는 타동사 *tell* 대신에 자동사 *talk*를 썼으며 *experience*(경험)라는 단어를 *the things I do*로 풀어 썼다. 그리고 *sometimes*를 *part of the part*로 풀어썼으며 *understand* 대신에 *tell from*으로 잘못 썼다.

세 번째 문장에는 동사 *miss*를 생략한 것으로 추정된다. 그리고 네 번째 문장에는 본동사와 조동사의 어순을 뒤바꾼 곳이 두 곳 발견되며 *answer* 대신에 *come back*을, *really* 대신에 *eely*를 썼으며 *in me*라고 해야 할 곳에 목적어 *me*를 생략했다. 그리고 'really I should know what I'm doing'이라고 말하는 대신 'I know should something eely I should know what I'm doing…'이라고 길게 표현했는데, 처음에 *my action / behavior*라는 단어를 머릿속에 있는 어휘사전에서 찾지 못해 *something*이라고 했다가 다시 *what I'm doing*이라는 구로 풀어 쓰면서 문장을 완성했다.

심현섭 외(2010 : 193)가 보고한 베르니케 장애를 앓는 한국인 환자의 발화를 살펴보자. 아래 (2.21)의 발화에서도 위 (2.20)의 영어 화자와 마찬가지 유창한 듯 보이지만 이해하기 힘든 발화를 하고 있다.

> (2.21) 내가 지금 하 이렇게 해 본 것이 한 뭘라 될까 한 한 일곱, 일, 아...... 일곱? 한 일곱도 모대한 아 일곱도 모대한 여섯이 아 그때 전부 생절 노랄 게 나아기아서 아 이러게 인자 생기기 이레 그래 부럽니다 생전 이레 앴는데 그래 갑자기 그양 요래 되부럽니다요.

그리고 브로카 장애를 앓는 환자들과 마찬가지로 베르니케 장애를 겪는 환자들도 '이름 대기'나 '따라 말하기'에서 어려움을 겪는다. '이름 대기'에서 그림에 등장하는 사물의 이름을 대려면 측두엽 내의 어휘사전에서 적절한 어휘를 찾아야 하는데 그것을 찾는 데 어려움을 겪기 때문이다. '따라 말하기'에서는 상대방의 말소리가 지닌 청각 정보를 해독할 수 없으므로 그 말을 이해할 수가 없고, 따라서 그 말을 따라 하는 것도 어렵게 된다.

필자는 2024년 3월 뇌경색으로 브로카 및 베르니케 장애를 겪고 3~4개월이 지난 환자를 방문한 적이 있다. 간병인을 통해 들은 바로는 초기엔 발화에 상당한 어려움을 겪었고, 상대가 하는 말을 이해하는 데도 심한 어려움을 겪었다. 방문 당시에는 어느 정도 회복이 된 상태였는데 그러나 한두 단어짜리 문장만 할 수가 있고 발음도 어눌할 때가 종종 있었다. 듣기는 상대적으로 더 많이 회복된 것으로 보였다.

발병 초기엔 환자가 묻는 말을 이해할 수가 없어 의사소통을 위해서 한글로 적어줘도 문장을 이해할 수가 없었다고 한다. 그런데 그분의 직업이 한문학 교수였는데 한자로 적은 것은 더 잘 이해했다고 한다. 즉 표음문자인 한글은 이해에 어려움을 겪었지만 표의문자인 한자는 상대적으로 이해에 어려움이 적었다. 여기서 우리 뇌가 표음문자와 표의문자를 담당하는 뇌의 영역이 다르다는 것, 그리고 베르니케 영역은 표음문자의 이해에 더 관여한다는 것을 확인할 수 있었다.

베르니케 영역은 어휘사전, 의미론 및 부분적으로는 통사론을 관장하는 것으로 보인다. 언어학에서 어휘사전은 각 단어의 발음, 의미, 문법 정보의 저장고이다. 그래서 어휘사전도 베르니케 영역과 연관이 있는 것으로 보인다.

그리고 문장의 구조에 바탕을 둔 의미 해석은 의미론과 통사론의 영역이다. 따라서 베르니케 영역이 의미론을 관장하며 부분적으로는 통사론도 관여하는 것으로 보인다.[6]

2.5.4. 궁속

브로카 영역과 베르니케 영역을 연결하는 '활 모양의 신경 섬유 다발'을 가리키며 베르니케 영역에서 처리된 단어의 음운 정보를 발화를 담당하는 브로카 영역으로 보내는 역할을 한다. 두 영역을 연결하는 정보 통로인 궁속(弓束, arcuate fasciculus)이 손상된 환자는 '전도 실어증'(conduction aphasis)이라고 불리는 장애를 겪게 된다.

전도 실어증 환자는 이해를 담당하는 베르니케 영역과 발화를 담당하는 브로카 영역은 손상되지 않았기 때문에 겉으로 보기엔 베르니케 장애와 비슷한 증세를 보인다. 즉 의미 없는 말을 유창하게 내뱉는다는 점에서는 베르니케 장애와 같은 증세를 보인다.

한편 베르니케 장애를 겪는 환자는 상대방의 말을 이해하

---

[6] 결과적으로 통사론은 브로카 영역과 베르니케 영역이 모두 관장하는데 브로카 영역이 더 주된 역할을 하는 것으로 보인다.

는 데 어려움을 겪지만 전도 실어증 환자는 베르니케 영역이 손상되지 않았으므로 상대방의 말을 이해할 수가 있다. 그렇지만 베르니케 영역에서 처리된 단어의 음운 정보를 브로카 영역으로 보낼 수 없기에 의도하지 않은 단어나 구를 내뱉게 된다. 그리고 '따라 말하기'에서 상대방의 말을 반복하는 데 어려움을 겪는다. 심현섭 외(2010 : 195)에 따르면, '이름 대기' 과제에서도 흔히 음소 착어가 관찰되며, 오류 단어에 대하여 여러 차례에 걸친 자기 수정을 보이기도 한다.

위 <표 2.2>에서 브로카 장애와 베르니케 장애의 상보적 특징을 제시하였는데, 전도 실어증은 두 가지 특징이 복합된 증세를 보인다. 아래 <표 2.3>에서 처음 세 가지 특징은 베르니케 장애 환자가 보이는 특징이며, 마지막 두 가지는 브로카 장애 환자가 보이는 특징이다.

〈표 2.3〉 전도 실어증 환자가 보이는 복합적 특징

전도 실어증
• 유창하게 보이지만 내용이 없는 말 (베르니케 장애 특징)
• 정상적 길이의 발화 (베르니케 장애 특징)
• 기능어와 문법 기능 접미사 사용 (베르니케 장애 특징)
• 비교적 완전한 이해 (브로카 장애 특징)
• 장애에 대해 인지함 (브로카 장애 특징)

'따라 말하기'에서 상대방의 말을 반복하는 데 어려움을 겪

는데, 이해는 했지만 이해한 정보가 브로카 영역에 전달되지 못하므로 따라 할 수가 없는 것이다. 아래 <표 2.4>는 전도 실어증 환자가 '따라 말하기' 과제에 반응한 기록인데 심현섭 외(2010 : 195)에서 인용한 것이다. 전반적으로 어려움을 느끼지만 단순 명사 *해바라기* 또는 복합 명사 *대한 고교 야구 연맹*에서보다 '구 표현'(phrasal expression)에서 더 큰 어려움을 느낀다는 걸 확인할 수 있다.

<표 2.4> 전도 실어증의 증상

검사자	환자
해바라기	해배 해바라기
대한 고교 야구 연맹	다 대한 고규 야쥬 왕
돌아온 철새	온 철, 철, 철새는 나온데 돌아돈 거 철새
겨우 잠이 들었다	잠이 잠이 다 자, 잠이 도 돌아왔
칼날같이 날카로운 바위	칼라 칼라는 바 큰 바위가
아니 땐 굴뚝에 연기 나랴	아니 궁, 아니 국대 아니 국댄 따라
창밖에 부슬부슬 비가 온다	창밖은 이슬브실 어 비가 온다

2.5.5. 각회

베르니케 영역 바로 뒤쪽, 측두엽, 후두엽, 그리고 두정엽이 만나는 두정엽 내의 모서리에 각회(角回, angular gyrus)가 있다. '각회'라는 이름은 바로 이 '각진 곳' 혹은 '모서리'에서 유래된 것으로 추정된다.

베르니케 영역과 후두엽의 시각피질 사이에 있으므로 시각적 자극을 청각적 자극으로, 그리고 반대로 청각적 자극을 시각적 자극으로 전환하는 역할을 한다. 따라서 발화된 단어를 그 단어가 가리키는 사물과 연결 짓는 역할을 한다. 그리고 단어가 가리키는 사물의 시각적 자극을 청각적 자극으로 전환하여 측두엽 속에 저장된 어휘를 찾아낼 수 있는 자료를 베르니케 영역에 제공한다.

실어증 중에 '명칭 실어증' 혹은 '건망성 실어증'으로 번역되는 Anomic Aphasia가 있다. 사람이나 사물의 이름(name)을 기억해 내지 못하는 것이 이 병을 앓는 환자들의 대표적인 증상이므로 이 책에서는 Anomic Aphasia를 '명칭 실어증'으로 번역해 쓰기로 한다.

명칭 실어증을 일으키는 곳으로 Akmajian 외(2010)는 각회를, Damasio & Damasio(1992)는 측두엽을, 그리고 이미숙 외 공역(2020)은 각회와 측두엽 두 곳 모두를 지목했다. 명칭 실어증 환자들의 증상과 각회의 역할을 고려해 볼 때 각회가 매우 유력한 곳으로 판단되므로 이 증상을 각회와 함께 소개한다.

우선 이 병을 앓는 환자와의 대화를 살펴보자.

(2.22) 조사자 : Who is the president of the United States?
(미국 대통령이 누구지요?)
환자 : I can't say his name. I know the man, but I can't come out and say … I'm very sorry, but I

can't come out and say. I just can't write it to me now.

(그의 이름을 말할 수 없어요. 난 그 사람을 알고 있어요. 그러나 그 이름을 떠올려 말할 수 없어요. 죄송합니다만 그 이름을 떠올려 말할 수 없어요. 단지 그 이름을 내게 떠오르게 할 수 없어요.)

조사자 : Can you tell me a girl's name?

(어떤 한 소녀의 이름을 말해 주세요.)

환자 : Of a girl's name, by mean, by which weight, I mean how old or young?

(어떤 한 소녀의 이름에 관해서요? by mean, 몸무게가 얼마인지, 몇 살인지에 관해서요?)

조사자 : On what do we sleep?

(어디에서 우리가 잠을 자지요?)

환자 : Of the week, er, of the night, oh from about 10:00, about 11:00 o'clock at night until about uh 7:00 in the morning.

(주 동안에, 어!, 밤에, 오!, 약 10시, 약 밤 11시부터, 어!, 아침 7시까지)

위 (2.22)에서 환자는 *Barack Obama*와 같은 미국 대통령의 이름, *Elizabeth*와 같은 소녀의 이름, 혹은 침대를 가리키는 *bed*

를 대지 못하고 그 단어에 대해 길게 설명하고 있다. 이처럼 명칭 실어증 환자들은 사물이나 사람을 가리키는 적절한 단어를 찾지 못해 '다른 긴 표현'(circumlocution)으로 설명한다. 환자의 두 번째 응답에서 *I mean* 대신에 *by mean*으로 잘못 발음한 것이 눈에 띄는데 이것은 단순한 발음상의 오류로 보인다.

그러나 위의 표현에 나타나 있듯이 명칭 실어증 환자들도 문법적으로는 아무 이상이 없는 표현을 유창하게 구사할 수 있다. 즉 브로카 영역과 베르니케 영역이 정상이므로 상대의 말에 대한 이해와 그에 대한 반응 모두 정상적이다. 그래서 '따라 말하기'에는 아무런 문제가 없다. 그러나 '이름 대기'에서는 어려움을 겪는다. 그림에 등장하는 사물의 이름(시각정보)을 청각정보로 바꿔야하는데 이 과정에서 어려움을 겪기 때문이다.

2.5.6. 기타 관련 부분들

지금까지 설명한 것들 외에도 ① 전전두엽피질들, ② 측두엽, ③ 소뇌, ④ 편도, ⑤ 청각피질, ⑥ 시각피질, 그리고 ⑦ 운동피질 등이 언어 사용에 중요한 역할을 담당한다. 결과적으로 언어 사용은 뇌의 특정 부위뿐만 아니라 뇌의 전 부분에 펼쳐져 있는 여러 부분이 공조해서 만들어 낸 결과물이다.

① **전전두엽피질들**(prefrontal cortexes) : 전전두엽피질들

은 뇌의 CEO로서 문장의 기초가 되는 생각을 만든다. 전달된 말을 글자 그대로의 의미를 넘어서 이해하기 위해서는 과거의 기억까지 동원하는데 이 과정에도 전전두엽 피질들이 역할을 한다.

② **측두엽**(temporal lobe) : 측두엽은 청각을 처리하고 장기기억의 저장에 중요한 역할을 한다. 언어의 이해를 담당하는 베르니케 영역도 측두엽에 있다. 뇌 속에 든 어휘사전(mental lexicon)의 전부 혹은 상당 부분이 기억되어 있을 것으로 추정한다.[7]

③ **소뇌**(cerebellum) : 대뇌의 뒤편 아래쪽에 있으며 대뇌 운동피질과 소뇌는 무수히 많은 신경 섬유로 이어져 있다. 소뇌는 미세한 움직임과 정확한 움직임을 위해 동작의 순서와 시간을 정교하게 조절한다. 그리고 균형감각, 평형감각 및 자세의 유지를 위한 근육 운동을 조절하여 몸의 움직임을 조화롭게 한다.

따라서 소뇌가 손상되면 섬세한 움직임의 조절이 불가능해지고 근육이 의지와 무관하게 미세한 떨림을 반복하는 진전(震顫, tremor)이 발생할 수 있다(장성준 역 2010 : 117). 상대와 대화할 때 반응 타이밍을 조절해 주고 적절한 자세를 유지하여 대화를 조화롭게 진행 시키는 역할

---

[7] 어휘사전이 측두엽에 있을 것이라는 추정은 Carter 외(2009 : 149)에서 '단어와 개념을 연결(matching)하는 과정은 뇌의 측두엽에서 일어난다'라는 설명에 바탕을 둔 것이다.

도 한다.

④ **편도**(amygdala) : 신피질의 아래층, 즉 구포유류층 혹은 변연계로 불리는 층에 있으며 아몬드와 모양이 비슷하게 생긴 신경세포들의 집합체이다. 편도는 외부 환경이나 몸의 다른 부위에서 전달되는 모든 정보 중에서 감정과 관련된 것을 감지하고 평가하며 기억한다(Carter 외 2009 : 65). 한마디로 자신과 타인 및 환경에 대한 감정을 처리하고 기억한다.

상대와 대화할 때는 상대의 표정과 말속에 숨은 감정적 분위기를 분석하여 적절한 감정적 반응을 유발한다. 따라서 듣기와 말하기에서 특히 중요한 역할을 한다.

⑤ **청각피질**(auditory cortex) : '실비안열'(sylvian fissure)은 전두엽(frontal lobe)과 측두엽(temporal lobe)을 구분시켜 주는 열구(裂溝, fissure)로서 전두엽 하단에서 오른쪽 위쪽으로 비스듬히 갈라져 있다. 청각피질은 실비안열 오른쪽 아래의 측두엽 내에 있으며 청각신호를 받아서 확인하고 뇌의 다른 부분들이 이해할 수 있는 형태로 전환한다. 언어 센터가 좌뇌에 있는 사람들의 경우, 좌뇌 청각피질은 언어적 소리를 우뇌 청각피질은 비언어적 소리를 처리한다.

⑥ **시각피질**(visual cortex) : 이것은 후두엽의 맨 아래쪽

에 위치하며 시각적 자극을 받아들여 해석하고 사진 이미지(pictorial images)를 저장하는 장소이다.

⑦ **운동피질**(motor cortex) : '중앙열'(central sulcus)은 전두엽과 두정엽을 구분시켜 주는 열구로서 뇌의 중앙에서 세로 방향으로 갈라져 있다. 운동피질은 중앙열 왼쪽 전두엽 내에 있으며 운동기관들이 근육을 움직일 수 있게 신호를 보낸다. 언어 사용 중에서 말하기에 직접 관여한다.

요약하자면, 좌뇌는 어떤 단어나 문장을 발화하고 그 단어나 문장이 지닌 글자 그대로의 의미를 이해하는 데 핵심적 역할을 담당한다. 우뇌는 글자 그대로의 의미 전달을 넘어서 ① 농담, 은유, 반어법의 이해, ② 음조, 운율, 강세와 억양의 이해, 그리고 ③ 어투나 표정 및 몸짓을 통해 상대방의 감정을 이해하는 것을 담당한다.

좌뇌에 있는 주요 언어 센터들에는 발화를 담당하는 브로카 영역, 이해를 담당하는 베르니케 영역이 있다. 한편 베르니케 영역에서 처리된 단어의 음운 정보를 브로카 영역으로 보내는 궁속이 있다. 그리고 시각적 자극을 청각적 자극으로, 반대로 청각적 자극을 시각적 자극으로 전환하는 각회가 있다.

이 밖에도 사고를 관장하는 전전두엽피질들, 기억, 특히 어휘를 관리하는 측두엽, 발화의 미세한 점을 관리하여 말하기를 조화롭게 조절하는 소뇌, 그리고 상대의 표정과 말속에 숨은 감정적 분위기를 분석하여 적절한 감정적 반응을 유발하는 편도가 있다.

나아가서 청각신호를 뇌의 다른 부분들이 이해할 수 있는 형태로 변환해 주는 청각피질, 시각적 자극을 해석하고 사진 이미지를 저장하는 시각피질, 그리고 운동기관들이 움직일 수 있게 적절한 신호를 보내 주는 운동피질이 있다.

2.6. 사고와 언어의 관계

지금까지 '무엇'을 '어디'에서 생각하며 말하는가에 대해 논의하였다. 2.4에서 아래 (2.17')처럼 사고와 언어의 역할이 같은 것으로 결론을 내렸다.

> (2.17') 사고의 역할과 마찬가지로 언어의 역할도 이름이 없는 어떤 것에는 이름을 지어 개체화하고, 개체는 그 속성을, 개체 간에는 그 관계를 정의한다.

생각하는 것과 말하는 것이 (2.17')에 정리된 바와 같이 같은 이유는 언어가 생각의 도구이면서 생각이 표출된 결과물이기 때문이다. 본 장에서는 사고와 언어의 관계를 연구한 기존 학자들의 견해를 살펴보고 위 (2.17')과 기존 이론의 관계를 고찰해 본다.

결론부터 말하자면 (2.17')과 가장 가까운 이론은 Vygotsky(1962)와 Wittgenstein(1922)의 주장이다. 이들의 주장까지 살펴본 후 이들의 주장이 (2.17')과 어떤 차이가 있는지도 생각해 볼 것이다.

2.6.1. Vygotsky 이전의 연구들

우선 Whorf(1956)는 언어가 생각을 '결정한다'(determine)는 '강한 언어 상대성 가설'(Strong Linguistic Relativity Hypothesis)을 내세우며 극단적인 언어 중심주의를 취했다.

그런데 글을 쓸 때 생각은 있지만 적당한 표현 방법이 없어서 고민해 본 경험이 있을 것이다. 예를 들면 '창호지를 바른 문에 밖을 관찰할 수 있도록 작은 유리를 붙여 만든 창'이 있다. 이것을 '창문'이라고 하면 보통의 창문과 구분이 안 된다. 그래서 적당한 용어를 찾기 위해 사전을 뒤지거나 어휘를 많이 알고 있는 사람의 도움을 받아서 '띄창'이라는 용어를 알아낼 수가 있다.

이러한 경험은 생각(창호지를 바른 문에 밖을 관찰할 수 있도록 작은 유리를 붙인 창)이 언어(띄창)와는 독립적으로 존재할 수 있음을 보여줄 뿐만 아니라 생각이 언어를 선행(先行)할 수도 있으며, Whorf의 주장과는 반대로 생각이 언어를 결정할 수도 있음을 보여준다. 따라서 Whorf의 '강한 언어 상대성 가설'은 존립 근거가 약해진다.

Sapir(1929)는 언어가 생각에 '영향을 준다'(influence)는 '약한 언어 상대성 가설'(Weak Linguistic Relativity Hypothesis)을 주장했다. '봉두난발'이나 '나비효과'(butterfly effect)라는 새로운 용어를 배웠을 때, 생각에 변화가 있음을 느낄 수 있을 것이다. "머리를 깎았다."라고 하는 한국인과 "I had my hair cut."이라고 하는 영어 화자 사이에도 세상의 한 부분을 인식하는 데 차이가 있음을 느낄 것이다. 주소를 넓은 장소에서 좁은 지번(地番)으로 써 내려가는 한국인과 좁은 지번에서 넓은 장소로 써나가는 서양인들과는 생각에 차이가 있다. 따라서 Sapir(1929)의 '약한 언어 상대성 가설'은 여전히 유효한 가설이다.

한편 Piaget(1950, 1967)는 강한 또는 약한 언어 상대성 가설과는 상반되는 주장을 펼쳤다. 그는 생각/사고를 중심으로 이론을 전개하였다. 어린이들의 인지 발달을 관찰한 결과 인지 발달이 언어 발달을 결정한다고 했다. "인지, 즉 생각이 언어를 결정한다."라고 본 것이다.

그런데 인지 발달과 언어 발달이 많은 부분에서 상관관계가 있지만 상관관계가 없어 보인다는 보고도 많다. 가령 Yamanda(1990)는 심각한 학습 장애를 겪는 지능지수가 41 정도 되는 Laura가 정상적인 언어 발달을 보인다고 보고했다. Chomsky(1990)

도 "아이의 언어 습득 능력은 지능지수에 영향을 받지 않는다. 별로 재능이 없는 아이도 언어 능력은 정상적이다."라는 견해를 밝혔다. 이러한 주장은 Piaget의 사고 중심주의가 사고의 역할을 지나치게 강조했음을 보여주고 있다.

위의 주장들과 달리 Chomsky(1957, 1959, 1965, 1986, 1990)는 사고와 언어를 독립적인(independent) 것으로 보았는데, 사고와 언어의 관계에 대해서는 특별한 언급이 없었다. Chomsky가 사고와 언어의 관계에 거의 침묵한 것은 Wittgenstein(1922)의 금언인 "말할 수 없는 것에 대해서는 침묵(沈默)해야 한다(7)."라는 말을 실천한 것 같다.[8] 다시 말해서 Chomsky는 사고와 언어의 관계는 아직 불확실한 것, 그래서 말할 수 없는 것으로 여긴 것 같다.

2.6.2. Vygotsky의 연구

Chomsky와 마찬가지로 사고와 언어를 독립적인 것으로 보았지만 그 관계를 깊이 연구한 학자가 Vygotsky(1962)이다. 그는 사고와 언어는 독립적이며 아마도 그 출처(origins)도 다를 것이라고 보았다. 현대 뇌 과학과 언어학의 발달로 사고는 뇌

---

[8] 말할 수 없는 것에 대해서는 침묵(沈默)해야 한다(7).
 (= Wovon man nicht sprechen kann, darüber muβ man schweigen(7).
 = Whereof one cannot speak, thereof one must be silent(7).)
 Wittgenstein은 각 명제 끝에 일련번호를 붙였는데 (7)은 고유 번호이다.

의 전전두엽이, 언어는 뇌의 여러 부분에 분산된 언어 센터들이 관장하는 것이 입증됨으로써 사고와 언어는 그 출처와 발달과정이 다르며 서로 독립적인 것으로 밝혀졌다.

2.6.2.1. Vygotsky의 언어와 사고의 발전 단계

언어와 사고의 관계에 관한 Vygotsky의 연구를 살펴보기 전에 우선 그가 제시한 언어와 사고의 발전 단계를 살펴보자. 다음 쪽의 <그림 2.9>는 Vygotsky의 이론을 요약한 도식인데 Thomas(2000 : 298)에 나온 그림을 응용 및 변경시킨 것이다.

<그림 2.9>에는 언어 발달 4단계와 사고 발달 3단계가 제시되어 있다. 언어 발달의 마지막 단계는 7세 이후에 도달할 수 있는 반면 사고 발달의 마지막 단계는 15~16세에 도달할 수 있다. 다시 말해 언어 발달이 사고 발달보다 선행한다는 것을 Vygotsky가 인정하고 있음을 알 수 있다.

<그림 2.9>에서 볼 수 있듯이 Vygotsky는 언어 발달이 4단계를 거친다고 결론지었다. 첫 단계는 '초보적 언어 단계'(primitive or natural stage)인데 출생에서 약 2세까지 지속된다고 보았다. 이 시기에는 울기(crying), 웃기(laughter), 옹알이하기(babbling), 불분명한 소리(inarticulate sounds), 다른 사람의 목소리에 또는 새로운 무엇이 등장했을 때 반응 보이기를 한다. 그리고 자신의 욕구를 표시하는 한 단어 길이의 말을 시작한다. Vygotsky는 이 단계에서 아직 어린이의 표현(울기, 옹알이하기, 한 단어 쓰기

등)이 사고와는 관계가 없는 것으로 보았다(Vygotsky 1962 : 81).

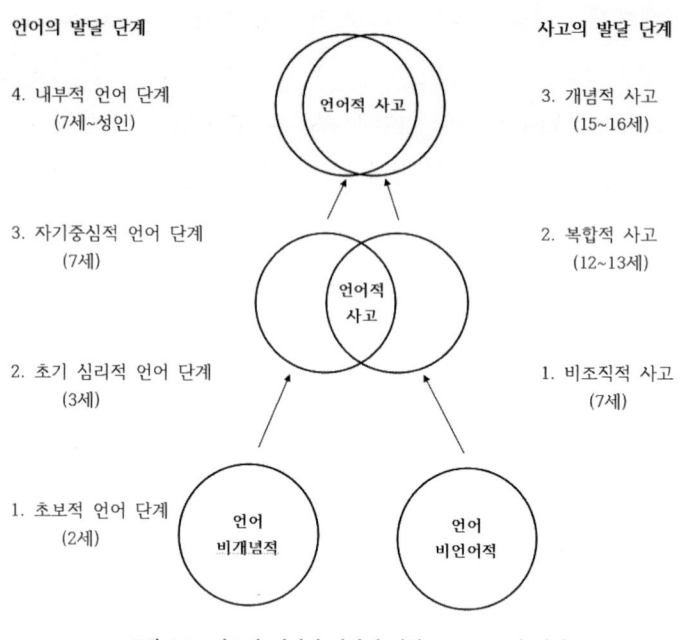

<그림 2.9> 사고와 언어의 발달에 관한 Vygotsky의 견해
(Thomas, R. M. 2000, 5판, 298쪽 그림 응용)

언어 발달의 두 번째 단계는 '초기 심리적 언어 단계'(naive psychological stage)이다. 이 단계에서 아이들은 '어휘/단어'(words)에 상징적 기능이 있음을 깨닫기 시작한다. '상징적 기능'이란 "Teddy!"가 테디 베어 인형을 가리킨다는 것을 알게 되고, 결과적으로 사물의 이름을 자꾸 묻게 되며, 어휘의 수도 빠르게 증가한다. 이 시기가 3세까지 지속된다고 본다. Stern은 이 시기의 시작과 더불어 아이들은 각각의 사물이 이름을 가진다는 아이의 삶에서 가장 위대한 깨달음을 얻는다고 하였다(Stern 1914 : 108).

한편 Oakley(2004)는 Vygotsky의 1, 2단계를 합쳐서 '사회적'(social) 또는 '외적'(external) 언어 단계로 본다. 위의 두 단계를 나누는 것이 큰 의미가 없으며 이 단계에서는 어린이가 타자(others)의 행동을 통제하거나 유발하기 위해서 말을 한다고 보았기 때문에 '사회적'(social)이라는 용어를 썼으며, 이 단계에서 어린이의 말은 주로 외부로 발화됨으로 '외적'(external)이라는 용어를 썼다. 이 시기에 아이가 "Daddy!"라고 했다면 "I want Daddy!"를 의도했을 수가 있고, 결과적으로 Daddy가 아이 곁으로 오는 행동을 유발한다는 것이다.

3세 이후부터 7세까지 어린이는 세 번째 단계의 언어 발달을 보이는데 이 시기를 '자기중심적 언어 단계'(egocentric speech stage)라 부른다. 이 시기에 아이들은 타자가 듣든지 말든지 자기 자신을 향해 말하기 때문에 그렇게 부른다.

Oakley(2004)에 따르면, 이 시기에 어린이들은 자신의 행동을 '안내'(guide)하기 위해 자신이 하는 행위와 그런 행위를 하는 이유를 자기 자신에게 설명한다는 것이다. '안내'는 곧 수행할 행동을 미리 언어로 표현함으로써 행동을 준비시킨다는 뜻인데, 시간상 '가깝고', 공간상 '근접한' 구체적인 상황에서 일어난다.

가령 간호사 흉내 내기를 한다면, "이마에 손을 얹어 보겠어요. 어이구, 열이 나네요. 주사를 놓아야겠어요. 아플 거예요." 등과 같이 자신에게 중얼거리면서 인형의 머리에 손을 얹고, 열을 재고, 주사를 놓는 시늉을 한다는 것이다.

언어 발달의 마지막 단계는 7세 이후부터는 평생 지속된다. 이 시기를 '내적 언어 단계'(inner speech stage)라고 부른다. '내적 언어'(inner speech)는 밖으로 드러나지 않는데 내적 언어를 사용하며 마음속으로 생각하는 것이 가능한 단계이다. 물론 이 시기에도 필요에 따라 외적 표현도 하지만 '내적 언어를 사용하여 마음속으로 생각하는 것이 가능해진 것'을 언어 발달의 마지막 단계로 보았으며 '내적 언어를 쓸 수 있는 단계'라는 의미로 '내적 언어 단계'라 불렀다.

내적 언어는 행동이나 사고를 스스로 '지휘'(direct)하기 위해 사용하며 고차원의 정신적 기능에 도달했음을 보여준다. '지휘'는 행동뿐만 아니라 생각을 정리한다는 뜻인데, 3단계의 '안내'보다 시간상 더 멀고, 공간상 더 확대된, 그리고 구체적인 상황뿐만 아니라 추상화된 상황도 포함하는 더 포괄적이고 강한 '통제'(control)를 의미한다.

가령 요리하기 전에, 낯선 사람을 만나기 전에 이러이러한 절차로 이러이러한 행위를 하거나 말을 할 것을 내적 언어로 생각해 보는 것이다. 여러분들이 면접 시험장에서 대기하고 있다면 기다리는 동안 예상 질문과 앞으로의 상황을 내적 언어로 생각하고 어떻게 답할 것인가를 속으로 되뇐 적이 있을 것이다.

지금까지 Vygotsky의 4단계 언어 발달을 각 단계가 보이는 주된 특징들 위주로 살펴보았다. 비평가들은 Vygotsky가 어린 아이들의 능력은 과소평가했으며, 7세 이후부터 성인의 능력은 과대평가한 경향이 있다고 보았다.

즉 1세 때부터 말을 배우기 시작하는 데 2세 때까지를 초보적 언어 단계로 본 것은 어린이를 과소평가한 것이며, 7세 때부터 성인기 동안에 내적 언어 단계에 도달한다고 하였지만 7세보다 더 늦는 경우가 있으므로 과대평가 된 경향이 있다. 그러나 각 언어 발달 단계에 도달하는 연령대에는 이견(異見)이 있을지라도 언어 습득 시에 거치게 되는 네 단계의 설정과 그 단계의 순서는 제대로 파악되었으므로 <그림 2.9>의 의미는 크다고 본다.

마지막으로, <그림 2.9>에서, 높은 단계로 발전했다가도 필요시엔 낮은 단계로 되돌아갈 수 있음을 간과해선 안 된다. 4단계인 내적 언어 단계에 도달한 성인도 시험에 대비해서 무엇을 암기하고자 할 때는 3단계인 자기중심적 언어 단계로 돌아가서 타자가 듣든 말든 혼자서 소리 내어 중얼거리며 공부하는 모습을 자주 보게 된다. 3단계 또는 4단계로 발전한 사람도 필요시 2단계인 초기 심리적 언어 단계로 돌아가 자신의 요구를 충족시킬 때도 있다. 가령, 필자가 "여보, 물!"이라고 하면 필자의 아내가 그것을 가져다주는 일이 종종 있다.

이제 <그림 2.9>에 주어진 Vygotsky의 사고 발달 3단계를 살펴보자. 우선 3단계를 살펴보기 전에 Vygotsky가 사고 발달의 단계를 연구하기 위해 실험에 이용한 그의 나무 블록을 살펴보자.

이것들은 종종 '비고츠키의 나무 블록'(Vygotsky's Wooden Blocks)이라고 불리는데 아래 <그림 2.10>에 제시된 22개의 나무 블록으로 구성되어 있다. 이 실험은 개념 형성의 과정을 조사하기 위해 고안되었는데 피실험자가 언어학습을 통해 이미 알고 있는 개념이 아닌 '새로운' 개념을 어떻게 형성하는지를 테스트하고자 개발되었다.

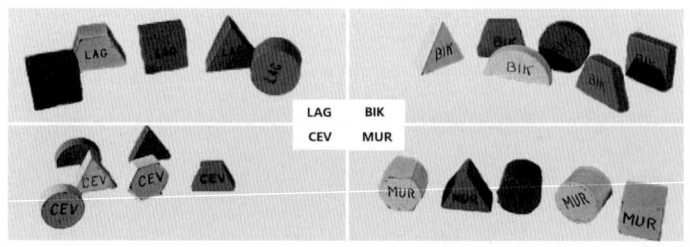

<그림 2.10> 비고츠키의 나무 블록들

Vygotsky는 <그림 2.10>에 나오는 색깔(colors), 형태(shapes),

높이(heights) 및 폭/넓이(sizes)가 다른 22개의 나무 블록을 고안했다. 4가지 특징들 모두가 꼭 같은 블록은 없다. 블록의 아랫면에는 LAG, BIK, CEV 또는 MUR라는 무의미한 단어를 적어 놓았다. 색깔과 형태에는 무관하게 폭과 높이가 둘 다 큰 것에는 LAG를, 폭은 넓을지라도 높이가 낮은 것엔 BIK를, 폭과 높이가 둘 다 작은 것에는 CEV를, 폭은 좁을지라도 높이가 큰 것엔 MUR를 써놓았다.

우선 위 블록을 단어가 적힌 부분을 아래/밑(으)로 가게 한 후에 무작위로 섞어 놓은 것을 피실험자에게 제시한다. 그리고 실험자가 블록 한 개를 뒤집어 그 밑에 적힌 단어를 피실험자에게 보여준 다음, 피실험자에게 같은 종류의, 즉 같은 단어가 적혔을 블록을 모두 고르게 한다. 피실험자가 고른 블록 중에서 잘못된 것, 즉 다른 단어가 적힌 블록을 뒤집어 같은 종류가 아님을 확인시킨다. 만일 피실험자가 같은 종류의 블록 중에서 일부만 골랐다면 빠트린 것을 뒤집어 모두 고르지 않았음을 확인시킬 수도 있다. 그렇게 한 후에 피실험자에게 다시 고르게 한다. 피실험자가 같은 종류의 블록들을 모두 고를 때까지 이 과정을 반복한다.

이 실험의 핵심은 피실험자가 블록에 적힌 단어가 폭과 높이라는 두 차원으로 구성된 신(新)개념을 지니고 있음을 깨닫는 데 있다. 이러한 개념을 지닌 어휘가 자연 언어에는 없으므로 피실험자는 자신이 지닌 사전(事前) 지식이나 암기력으로는 문제를 풀 수가 없다.

결과적으로 이 실험은 피실험자가 이미 알고 있는 개념이 아닌 '새로운' 개념을 어떻게 형성하는지를 테스트할 수 있는 것이다. 폭과 높이라는 두 차원을 동시에 나타내는 어휘들을 새롭게 고안하여 새로운 개념을 형성해 가는 과정을 테스트한 이 실험에서 Vygotsky의 천재성을 엿볼 수 있다.

위의 실험을 바탕으로 이제 <그림 2.9>에서 이미 제시한 Vygotsky의 사고 발달 3단계를 살펴보자. Vygotsky가 3단계를 밝혔지만 각 시기가 언제부터 언제까지인지 명확한 수치로 밝히진 않았다. 그러나 연령층을 추정해 볼 수 있는 몇몇 단서들이 있다.

우선 Vygotsky가 '보육원생'(preschool years)부터 '청소년기 중반'(middle adolescence)까지의 연령층을 실험 대상으로 삼았다고 했으므로 만 4세부터 15~16세까지를 그 실험 대상으로 했다고 추정해 볼 수 있다. 그리고 3단계는 사춘기(puberty) 때부터 시작된다고 했으므로 사춘기를 12~13세로 보면 3단계가 12~13세부터 시작된다고 추정해 볼 수 있다.[9] 2단계는 자기중심적 언어 단계 이후에 시작된다고 했으므로 자기중심적 언어

---

[9] Vygotsky의 『Thought and Language』는 그가 죽은 1934년에 발행됐다. 그의 책이 집필된 1920년대 말과 1930년대 초의 관점에서 보았을 때 '사춘기'를 지금보다 다소 늦은 12~13세로 보는 것이 더 타당할 것 같다.

단계를 7세까지로 본다면 2단계는 7세 이후에 시작된다고 추정해 볼 수 있다. 이렇게 추정해 보면 그 나머지인 1단계는 7세 이전으로 추정된다.

위와 같이 추정하면 사고 발달의 첫 단계는 7세까지이며 이 시기는 '비조직적 사고'(Thinking in unorganized congeries or heaps) 단계이다. 이 시기엔 어린이들이 자신의 지각 범위 내에서 무원칙적 그룹을 만들거나, 우연히 눈길이 가거나 자신에게 가까이 있는 것들을 그룹으로 만든다. 이 단계에는 아직 어린이가 주관적 인상에 의존해서 분류하는 단계이다.

두 번째 단계는 '복합적 사고'(Thinking in complexes) 단계이다. '복합적'(complex)이란 아이가 주관적 인상뿐만 아니라 사물들 사이에 존재하는 객관적 연관성(bonds)에도 바탕을 두고 분류한다는 의미이다. 가령, 색깔이나 형태, 폭, 높이와 같은 한 가지의 객관적 사실에 바탕을 두고 블록을 고른다는 의미이다. 그러나 아직도 폭과 높이를 동시에 고려하는, 즉 두 가지 이상의 속성을 동시에 고려하는 추상적인 개념엔 도달하지 못한 단계이다.

마지막 세 번째 단계는 '개념적 사고'(Thinking in concepts) 단계이다. 이 단계에서는 비슷한 것들은 합치고, 다른 것들은 분류해서 사물들이 지닌 '추상적'인 속성을 파악하고 분류한다는 것이다. 부연하자면 폭과 높이를 동시에 고려하는, 즉 두 가지 이상의 속성을 동시에 고려하는 추상적 개념에 도달한 단계이다.

언어 발달 단계에서 초기 어린이의 능력을 과소평가했듯이 사고 발달 단계에서도 1단계를 7세까지로 본 것은 어린이의 능력을 과소평가한 듯하다. 초등학교 입학 직전의 아동들이 과연 완전히 '비조직적인' 사고를 하는지는 의심스럽다. 그리고 3단계에 도달한다는 연령대도 15~16세로 모든 사람에게 동등하게 적용할 수는 없을 것이며, 개인차에 따라 훨씬 늦어지거나 평생 도달하지 못하는 사람도 있을 것으로 추정된다. 그래서 3단계 청소년의 능력은 과대평가했다.

2.6.2.2. Vygotsky의 언어와 사고의 관계

지금까지 논의한 것을 바탕으로 사고와 언어의 관계를 설명해 보자. <그림 2.9>의 하단에서 언어와 사고가 서로 겹치지 않는 독립적인 두 원으로 표시되어 있듯이 이들은 독립적이다. 첫 번째 원은 '비개념적 언어'(nonconceptual speech), 즉 의미 없는 발화를 나타내고, 두 번째 원은 '비언어적 사고'(nonverbal thought), 즉 말로 표현할 수 없는 생각을 나타낸다.

어린이가 성장함에 따라 두 원이 만나서 겹치기 시작한다. 이 두 원의 공통부분이 '언어적 사고'(verbal thought)를 나타내는데 아이들이 '이름이 붙여진 것,' 예를 들자면 *cat*에 대하여 '개념'(concept)을 갖기 시작했음을 의미한다. Stern이 말한 바에 따르면 아이의 삶에서 가장 위대한 진일보(進一步)를 이룬 셈이다.

어휘 *cat*은 특정한 고양이만을 가리키는 것이 아니고 다양한 고양이 중에 아무 녀석이라도 가리킬 수 있다. 따라서 'cat'의 개념을 안다'는 것은 '다양한 고양이들이 지닌 공통점을 안다'는 것을 의미한다. '다양한 고양이들이 지닌 공통점'은 '추상적인 것'(abstraction)이다. 결국 어린이가 'cat'에 대하여 개념을 갖기 시작했다'는 것은 '다양한 고양이들이 지닌 공통점'을 파악했으며 '추상적인 것' 내지 '추상화된 것'을 이해했음을 뜻한다.

언어와 사고의 두 원은 평생 완전히 겹치지는 않는다. 어린이가 성장함에 따라 두 원의 공통부분은 늘어갈지라도 어느 정도의 '비개념적 언어'와 '비언어적 사고'는 남는다. 그리고 언어와 사고라는 두 원의 이합집산(離合集散)은 평생 계속된다.

성인의 경우에 있어서 '비개념적 언어'는 애창곡 부르기, 시 낭송하기, 기억하는 전화번호 말하기, 봉두난발이나 ChatGPT와 같은 모르는 표현에 맞닥뜨렸을 때 등에서 나타난다.

비언어적 사고는 운전하기와 같이 도구를 능숙하게 사용하거나, 추우면 옷을 입듯이 일상적인 활동을 할 때, 그리고 생각을 표현할 방법을 몰라, 예를 들면 '뙤창'이라는 단어를 몰라, 절절맬 때 나타난다.

2.6.3. Wittgenstein의 사고와 언어의 관계

이제 사고와 언어의 관계를 거의 등가적으로 보는 Wittgenstein (1922)의 입장으로 돌아가 보자. Wittgenstein은 생각은 세상을 구성하고 있는 사실들(Tatsachen, facts)에 대한 논리적 그림이라고 정의했다. 논리적 그림은 화가들이 그린 '채색된 그림'(das farbige Bild, colored picture)이나, 조각가나 건축가가 만든 '공간적 그림'(das raumlich Bild, spatial picture)과는 다른 우리들의 의식 속에 그려진 '논리적 그림'이다. 각주 8에서 이미 지적했지만 Wittgenstein(1922)은 각 명제에 일련번호를 붙였다.

> (2.23) 사실들에 대한 논리적 그림이 생각이다(3).
> (= Das logische Bild der Tatsachen ist der Gedanke.)
> (= The logical picture of the facts is the thought.)

Wittgenstein은 채색된 그림, 공간적 그림, 그리고 논리적 그림을 언급했다. "표현의 형태가 '논리 형태'(Logical Form)이면 논리적 그림이다(2.181)."라고만 언급했는데, '논리 형태'가 무엇인지를 명시적으로 밝히지 않았다. Chomsky(1981)의 지배·결속이론(Government-Binding Theory)에서 논리 형태는 언어와 인지의 중간에 있는 의미, 문법 및 논리를 표현하는 형태를 의미한다.

Chomsky의 이론을 따라 해석해 보면 '논리 형태'는 '사실을 나타내는 의미, 문법 및 논리를 나타내는 보편적 그림'이다. 이것은 아직 문장으로 표현되기 전(前) 단계이며, 개별 언어의 차이와 상관없이 화자가 갖는 그림이다. 이 책에서는 '사실을 나타내는 의미, 문법 및 논리를 나타내는 보편적 그림'을 줄여서 '논리 형태적 그림'이라 칭하기로 한다.

가령 눈앞에 있는 두 그루의 나무를 보고 아래 (2.24)와 같은 논리 형태적 그림을 그렸다면 그것이 생각이다.

(2.24) "저 나무가 이 나무보다 크다."라는 사실에 해당하는 논리 형태적 그림, [저 나무$_R$ > 이 나무$_R$]

(2.24)에서 [저 나무$_R$ > 이 나무$_R$]는 "저 나무$_R$'의 지시물(指示物, Bedeutung, referent)이 '이 나무$_R$'의 지시물보다 크다(>)'를 나타낸다. 이런 그림이 머릿속에 떠오르는 논리 형태적 그림인데 더 이상 구체적으로 보여주지 못하는 것이 한계이지만, 이것은 허구가 아니라 현재로서는 더 이상 설명할 수 없는 현상이다.

위의 논리 형태적 그림은 아직 표현되기 전 단계의 생각이다. 이 생각은 언어 이전의 그림으로 개별 언어가 달라도 같은 그림을 갖게 된다. 즉, 한국인이든, 미국인이든, 일본인이든 머릿속에 떠오른 논리 형태적 그림은 같은 것이다. 이런 의미에서 위에서 '사실을 나타내는 의미, 문법 및 논리를 나타내는 보편적인 그림'이라는 설명에서 '보편적인'(universal)이라는 용어를 썼다.

위의 논리 형태적 그림, 즉 생각이 입 밖으로 표현되어 나오면 그것은 우리가 느낄 수 있는 문장이 된다. 한국어 화자는 (2.25a) 문장, 영어 화자는 (2.25b)를, 일본인 화자는 (2.25c)를 발화할 것이다. 논리 형태적 그림은 보편적이며, 그 그림/생각은 개별 언어에 따라 다르게 표현되는 것이다.

다시 강조하자면, 세상에 대한 같은 사실(두 그루의 나무가 있고 멀리 있는 나무가 가까이 있는 나무보다 큰 사실)에 대해 우리는 [저 나무$_R$ > 이 나무$_{Rl}$]와 같은 동일한/보편적인 논리 형태적 그림, 즉 생각을 갖게 되며, 그 생각을 배경 언어에 따라 (2.25a-c)와 같이 달리 표현하는 것이다.

(2.25) a. 저 나무가 이 나무보다 크다.
　　　 b. That tree is taller than this tree.
　　　 c. あのきが このきより おおきい。

이러한 생각들을 바탕으로 Wittgenstein은 아래 (2.26)에 나오는 "생각은 곧 의미 있는 명제이다(4)."라고 선언할 수 있었다. 물론 (2.26)에는 '표현되면'이라는 말이 생략된 것으로 봐야 할 것이다. 즉 '생각이 표현되면 곧 의미 있는 명제이다'로 이해하는 것이 더 타당할 것이다.

(2.26) 생각은 의미 있는 명제이다(4).
　　　 (= Der Gedanke ist der sinnvolle Satz.)

(= The thought is the significant proposition.)

Wittgenstein(1922)에 따르면 생각이 표현되면 명제가 된다. 보통 명제는 진위 판정이 가능한 평서문이다. 그는 명제 중심의 언어관을 보이면서 '명제의 총합'이 '언어'라고 했다. Wittgenstein의 생각을 요약하자면 '생각들 전체'가 표현되면 '명제의 총합'이 되고, '명제의 총합'이 '언어'가 되므로, 논리의 전이성에 따라 '생각들 전체'는 '언어'가 된다. 사고와 언어의 등가성(等價性)을 주장한 것이다.

여기서 생각한 것을 표현하지 않고 침묵하면 어떻게 되는가? 또 언어, 특히 뜻을 모르는 어휘나 문장을 발견하면 어떻게 되는가? 이 부분에 대해서 Wittgenstein은 침묵하였다. 말할 수 없는 영역으로 간주했다고 본다.

생각한 것을 표현하지 않고 침묵하면 그것을 알 수 없다. 관심법(觀心法)을 써서 상대방의 마음을 읽어내는 것은 과학이 아니다. 그리고 뜻을 모르는 어휘나 문장을 발견하면 그것을 이해할 때까지는 아직 언어가 아니다. 언어가 아니므로 역시 관심의 대상이 아니다.

마지막으로 생각과 말이 다른, 즉 거짓말을 하는 상황은 어떻게 하는가? 언어의 실제 활용을 연구하는 화용론(pragmatics)의 과제이다. Grice(1975)의 '논리와 대화'(Logic and Conversation)에 나오는 '대화의 격률들'로 해석해야 한다. 그리고 거짓말이 사회에 해(害)를 입힌다면 수사(搜査)의 대상이다.

2.6.4. 사고와 언어의 관계 : 결론

이제 Vygotsky의 생각과 Wittgenstein의 생각을 어떻게 연결 지을 수 있는지를 생각해 보자. Wittgenstein의 '생각'은 Vygotsky 의 '언어적 사고'를 의미한다. 그렇다면 Wittgenstein은 Vygotsky 의 '비개념적 언어'와 '비언어적 사고'는 왜 언급하지 않았는 가? 그의 금언인 "말할 수 없는 것에 대해서는 침묵(沈默)해야 한다(7)."라는 말을 실천했다고 본다.

'비개념적 언어'와 '비언어적 사고'를 함께 고민한 Vygotsky 도 이 두 영역에 대해 2.6.2.2에서 지적했듯이 상식적인 수준 의 주장밖에 할 수 없었다. 따라서 Vygotsky도 '언어적 사고'가 사고의 핵심임은 인정했고, Wittgenstein도 이 영역의 중요성 을 강조한 것이다.

이런 점에서 보면 Wittgenstein과 Vygotsky는 같은 주장을 편 것이다. 이 책은 이러한 학자들의 주장에 동의한다. 단지 사고 와 언어의 역할이 무엇인가를 명제의 역할 분석을 통해 구체 적으로 밝힌 것이 이 책이 더한 일이다.

사고와 언어는 등가적이며, 사고는 사실에 대한 논리 형태 적 그림이다. 논리 형태적 그림이 발화되면 명제들이 모여 언 어가 된다. 이런 의미에서 언어는 사고의 도구이고 결과물이 다. 이제 다음의 결론에 도달했다.

(2.27) 사고와 언어는 등가적이고, 그 역할은 이름이 없는 어떤 것에는 이름을 지어 개체화하고, 개체는 그 속성을, 개체 간에는 그 관계를 정의한다.

3. 사고와 언어 : 어떻게, 그래서?

3.1. '어떻게' 사고하고 말하는가?

3.1.1. 프로세스로서의 사고와 언어

2.1에서 언급했듯이, '의식'(consciousness)은 우리가 뇌를 통해 지각할 수 있는 모든 것이며, 고정된 '사물'(thing)이 아니라 끊임없이 변하는 '과정'(process)이다.

1장의 <그림 2.1>에서 Edelman이 든 의식의 흐름을 모식도로 나타내면서 의식은 시간의 흐름에 따라 시시각각 변하고 있으며, 이 변화의 무수한 점들이 이어져 우리의 하루가 되고 우리의 일생이 됨을 이미 지적했다.

의식이 끊임없이 변하는 과정이므로, 의식의 일부인 사고도 끊임없이 변하는 과정이다. 사고가 과정이므로 사고를 표현하는 언어도 과정이다. 2.6에서 Wittgenstein이 "사실들에 대한 논리적 그림이 생각이다(3),", "생각은 의미 있는 명제이다(4)."라고 했을 때, 그리고 아래 (3.1)의 명제를 생각했을 때, 완성된 그리고 고정된 하나의 그림으로 생각했다면 잘못된 것이다. 생각의 '초점'을 /저 나무가/, /이 나무보다/, /크다/에 순차적으로 이동시키면서 언어적 그림을 또박또박 표현한 것이 아래 (3.1)의 명제이다.

(3.1) /저 나무가/ /이 나무보다/ /크다/.

위에서 생각의 '초점'이라는 용어를 썼는데 이것은 인지심리학에서 말하는 '주의'(attention)을 가리킨다. '주의'는 '어떤 생각이나 활동, 혹은 주변 환경의 특정한 부분들에 의식을 집중시키는 과정'이다(Goldstein 2005 : 100). 특정 부분에 주의를 집중시키는 것은 그 외의 다른 부분에는 주의를 배제하는, 즉 무시하는 결과를 낳는다.

그렇다면 '주의'를 특정한 그 무엇에 기울이지 않고 깨어있을 수 있는가? 있다. 필자는 그러한 상태를 '멍때리기'로 본다. 2022년 9월 4일 저녁 TV 뉴스에 '2022 한강 멍때리기 대회'가 열렸다고 했다. 그날 우승자는 인터뷰에서 "자신이 좋아하는 야구팀의 야구 경기를 눈앞에 그렸다."라고 멍때리기를 잘한 이유를 설명했다. 필자는 우승자가 잘못 선정됐다고 생각했다. 우승자는 특정한 장면에 주의를 쏟은 것, 즉 집중한 것이지 주의를 아무것에도 쏟지 않고 있는 진짜 멍때리기를 한 것이 아니라고 보았다.

우리말 사전에는 '멍때리다'를 '정신이 나간 것처럼 아무 반응이 없는 상태'를 의미한다고 한다. '멍때리다'를 영어로는 'to space out'이라고 하는데 ① '주의를 쏟는 것을 멈추다'(to stop paying attention), 또는 ② '주변에서 일어나는 일을 인지하지 못하는'(to become unaware of what is happening around you), 또는 ③ '현재 순간에 초점을 쏟지 않는'(to be unfocused from the present moment) 등으로 정의하고 있다. ①의 정의가 멍때리기에 대한 핵심이고, ②는 주의를 쏟지 않은 결과 발생하는 일로 판단된다. ③의 'unfocused'(초점이 없는)는 '주의를 안 쏟는'을 다르게 표현한 것이다.

이처럼 멍때리기를 하는 상태가 아니라면 우리는 어딘가에 주의를 쏟게 되어 있고 주의를 이동시키면서 우리들의 생각을 전개한다.

1장의 <그림 2.1>에서 예로 든 '의식의 흐름 모식도'를 의식의 흐름으로 볼 수도 있지만, '사고의 흐름'으로 볼 수도 있다. 가령 글쓰기를 하고 있으면서도 창문으로 들어오는 햇빛으로 주의를 이동시켜 "햇빛이 들어온다."라고 생각할 수도 있으며, 길 건너 쪽에서 들려오는 소음에 주의를 이동시켜 "조금 시끄럽다."라고 생각할 수도 있고, 왼쪽 다리에 약간의 통증이 있음에 주의를 이동시켜 "다리가 불편하네."라고 생각할 수도 있는 것이다. 이러한 것을 생각하면서도 글쓰기 작업은 계속될 수 있다. 물론 주의를 자주 이동시킴으로써 글쓰기에 집중하지 못해 글쓰기의 능률이 떨어질 수는 있다.

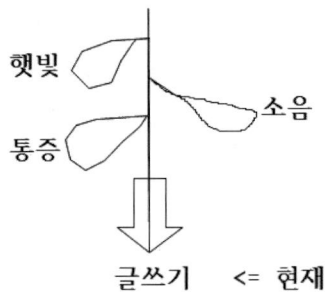

〈그림 3.1〉 사고의 흐름 모식도

주의의 이동은 일의 난이도나 집중도(集中度)에 따라 달라진다. 난이도나 집중도가 높아지면 주의의 이동은 줄어든다. 운전에 익숙한 사람은 운전 중에 "오늘 수업을 어떻게 시작할까? 음, 아들 녀석은 일어나서 학교에 갔겠지. 설마 수업을 빼먹지는 않겠지. 그런데 어제 그 친구는 왜 내게 그런 말을 했지?" 등등을 생각할 여유가 있다.

그런데 앞차가 갑자기 멈춰 선다면, 누가 뛰어든다면, 그래서 급제동을 건다면, 그 순간엔 주의를 운전 이외의 것에는 쏟을 수가 없다. 학생들이 시험을 칠 때도 주의를 온통 답안 작성에만 쏟을 뿐 복도에서 나는 소음 따위엔 주의를 기울일 수가 없는 것이다.

정리하자면 주의를 이동시키며 생각하고, 그 생각한 것을 언어로 표현한다. 이렇듯 사고와 언어는 하나의 프로세스로 진행되는 것이다. 이러한 작업은 말을 할 때뿐만 아니라 글을 쓸 때도 마찬가지이다.

알렉산드르 솔제니친이 쓴 『이반 데니소비치, 수용소의 하루』(1998. 이영의 역. 민음사. 49쪽)에 나오는 아래 구절을 읽으며 '사고와 언어의 이동'을 생생하게 느껴보길 바란다. 주의를 순간순간 이동시키며 생각하고, 그 생각한 것을 내뱉는 과정을 느낄 수 있다.

> (3.2) 죄수들은/ 생각조차/ 자유롭지 못하다./ 그 생각이라는 것이,/ 언제나/ 제자리에서/ 뱅뱅 돌게 마련이다./ 누군가/ 매트 속에/ 감춰둔 빵 조각을/ 뒤지지는 않을까?/ 저녁에/ 의무실에 가서/ 작업 면제를/ 받을 방법이 없을까?/ 중령을/ 기어이 영창에 집어넣을까,/ 아니면/ 용서를 해줄까?/ 체자리는/ 도대체/ 어디서/ 그 하얗고 / 포근한 셔츠를/ 손에 넣었을까?/ 틀림없이/ 사물보관소에/ 뇌물을 집어주고/ 얻은 것이겠지,/ 그렇지 않고서야/ 어디에서/ 그걸 손에/ 넣을 수 있단 말인가?/

이번엔 조두진 작가가 쓴 『도모유키』(2023년 개정판. 326-7)의 아래 구절을 읽으며 주인공 도모유키 혹은 이 장면을 묘사한 작가가 되어보라. 주의의 이동, 그것에 따른 생각과 말의 이동을 느낄 수 있길 바란다.

> (3.3) 도모유키는/ 숨을 몰아쉬었다./ 명외의 집이/ 눈앞에 있었다./ 일어서고 싶었지만/ 일어설 수 없었다./ 도모유키는/ 두 팔과 무릎으로/ 기었다./ 얼어터진 손으로/ 얼어붙은 땅을/ 기었다./ 손톱 아래에/ 붉은 피가/ 고였다./ 도모유키는/ 멈추지 않았다./ 눈이/ 초점을 잃어갔다./ 명외가/ 달려오고 있었다./ <중략> 명외,/ 내가 왔습니다./ 당신을/ 만나러 왔습니다./ '도모유키님,/ 도모유키님.'/ 명외가 보였다./ 미소 짓는/ 얼굴이었다./ 도모유키가/ 손을 뻗었지만/ 닿지 않았다./ 명외의 따뜻한 얼굴을/ 만질 수 없었다./ 눈앞이/ 점점/ 어두워졌다./

본 장의 주장을 요약하자면 다음과 같다. 의식은 과정이며 흐름이다. 의식의 중심축인 생각도 그리고 생각이 표현된 언어도 과정이며 흐름이다. 생각의 흐름은 생각의 초점인 주의의 이동이다. 주의를 이동시키며 생각하고 말하고 글을 쓴다. 주의를 아무것에도 쏟지 않는 상태가 멍때림이고 뇌가 휴식을 취하는 시간이다.

3.1.2. 사고와 언어의 전략

사고는 누가 하는가? 전전두엽피질들이다. 따라서 전전두엽피질들의 역할을 살펴보면 우리가 사고할 때 쓰는 전략(strategies)을 알 수 있다. 사고가 표현되면 언어다. 그래서 생각의 전략은 곧 말하기의 전략이다. 생각하고 말하는 근원인 전전두엽피질들의 역할이 그대로 생각, 말하기 및 글쓰기의 전략이 되는 것이다.

전전두엽피질들의 역할은 Baars & Gage(2007)가 인간 두뇌에서 가장 뛰어난 인지기능을 맡은 부분이며 Goldberg(2001)가 인간 행동의 '총괄 기능'(總括機能, executive function)을 지닌 부분으로 부른 것에 잘 요약되어 있다. 전전두엽피질들이 행동의 총괄 기능을 지녔음은 목적 성취를 위해 의사(議事)를 결정할 수 있는 능력을 지녔음을 뜻한다.

아래에서는 Goldberg(2001), Edelman(2004) 및 Baars & Gage(2007)를 중심으로 사고의 일곱 가지 전략을 살펴본다. 결론부터 이야기하자면 전전두엽피질들을 통해 ① 과업의 목적을 설정하고, ② 목적 달성에 필요한 작은 과업들을 실행할 계획을 세우고, ③ 일의 효율성 혹은 경제성을 평가하여 작은 과업들의 우선순위를 정해 주며, 그리고 ④ 실행된 과업의 결과를 평가하며 본래 의도한 목적의 성취 여부를 감독한다. 나아가 ⑤ 이 과정에서 과업의 수행에 방해를 줄 수 있는 해로운 간섭을 억제하고, ⑥ 과업 수행 중에도 더 긴급하거나 더 중요한 다른 과업으로, 혹은 과업 완성 후에 다른 과업으로 우리의 의식을 전환하기도 한다. ⑦ 마지막으로, ①부터 ⑥까지를 수행하는 과정에서 필요한 언어적 혹은 비언어적 행위를 실행할 수 있게 뇌의 각 부분에 명령을 전달한다. 이것이 전전두엽피질들의 역할이고 우리가 생각할 때 쓰는 전략들이다.

3.1.2.1. 목적 설정

전전두엽피질들은 과업의 목적을 설정한다. 이것을 위해서는 과거의 일이나 약속, 그리고 현재 자기 자신이 필요로 하는 것들을 생각할 필요가 있다. 과거의 일이나 약속을 떠올리기 위해서는 뇌의 각 부분에 분산 저장된 장기기억을 소집해야 한다. 그리고 현재의 자신이 필요로 하는 것들을 생각하기 위해서도 전신에 퍼져있는 수많은 신경세포 망을 통해서 뇌의 각 부분에 전달되는 정보를 모아야 한다.

Goldberg(2001 : 35-6)에 따르면 뇌의 각 부분 중에서도 전전두엽피질들만이 지닌 독특한 특징이 있는데 그것은 뇌의 각 부분과 긴밀하고도 풍부한 '신경 정보 전달 통로망'을 구축하고 있다는 것이다. 이러한 이유로 Goldberg는 전전두엽피질들이 두뇌에서 하는 역할을 교향악단의 지휘자에 비유하였다. 전전두엽피질들은 과거 혹은 현재와 관련된 정보를 모으고, 모인 정보를 합치고 조화시켜, 수행해야 할 일의 목적을 지휘

설정·설정하는 것이다.

수행하는 과업이 대화, 연설 또는 논술(論述)이라 해도 그 목적을 생각지 않을 수 없으며, 목적에 도달하는 전략에 맞춰 말로나 글로 표현해야 한다.

3.1.2.2. 계획 세우기

전전두엽피질들은 목적을 설정할 뿐만 아니라 목적에 이를 수 있는 '계획'(plans)을 구체적으로 세운다(Baars & Gage 2007 : 138). 가령 A 식당에서 친구와 만나기로 한 약속이 있다고 가정해 보자. A 식당의 위치를 기억해야 할 것이고, 만약 위치를 모른다면 인터넷 검색 등을 통해 우선 위치를 확인해야 할 것이다. 그리고 이동할 거리와 이동할 때 걸리는 시간 등을 계산하여 이동 수단을 도보로 하든지 아니면 승용차, 버스, 지하철 중 어느 하나를 선택할 것이다. 그리고 그 수단을 이용하는 데 필요한 것들, 예를 들자면 자동차 키나 대중교통 패스를 준비할 것이다.

이러한 준비 과정에서 전전두엽피질들은 계획의 실행에 '방해가 되는 것들'(conflicting plans)을 미리 탐지하고 해결하기도 한다(Baars & Gage 2007 : 138). 예를 들자면 자신의 승용차가 작동하지 않거나, 대중교통 수단이 제때 마련되지 않는다면 그 대안으로 택시를 이용할 준비도 하게 될 것이다.

이때 수행하는 과업이 대화, 연설 또는 논술이라 해도 목적에 부합되는 세부 계획을 세우고 그 계획에 따라 적절하게 말로나 글로 표현해야 한다.

이러한 '계획 세우기'가 가능한 것은 전전두엽피질들이 '작업 기억'(working memory)을 갖고 있기 때문이다(Baars & Gage 2007 : 138). Baddeley(2000)의 정의에 따르면 '작업 기억'은 복잡한 과업들(예를 들자면 낯선 곳을 찾아갈 때, 어떤 것을 이해할 필요가 있을 때, 어떤 것을 학습할 필요가 있을 때, 어떤 것을 추리할 필요가 있을 때 등)을 수행해야 할 때마다 필요한 정보를 '수집'(storage)하고 '조작'(manipulation)할 수 있는 능력을 의미한다.[10]

Baddeley(2000)에 의하면 작업 기억은 언어·청각적 정보 수집 부분, 시각·공간적 정보 수집 부분, 그리고 중앙 총괄 부분이라는 세 가지 부분으로 구성되어 있다. 전전두엽피질들 내에 있는 중앙 총괄 부분은 언어·청각적 정보 수집 부분과 시각·공간적 정보 수집 부분의 정보를 결합할 뿐만 아니라 장기기억에서 이끌어온 필요한 정보까지 모두 엮어서 각 사안에 따라 적절한 결정을 내리게 된다.

각 과업에 필요한 계획이라고 뭉뚱그려 표현하였지만 사실

---

[10] Baddeley(2000)의 정의 속에는 단순한 정보 '수집'이 아니라 '일시적 수집(temporary storage)'이라고 하고 있으며 단순한 '능력'이 아니라 '제한된 능력(limited capacity)'이라고 하였다. 이 책은 '일시적(temporary)'이라는 용어를 '주어진 목적 혹은 과업에 따라 필요한 정보들이 그때마다 새롭게 수집·저장·해체한다'는 의미로, '제한된'이라는 용어는 '작업 기억의 용량이 개인차가 있겠지만 크지 않음'을 뜻하는 것으로 보았다. 그리고 영어 단어 *storage*를 수동적인 '저장'이라는 의미가 아니라 적극적인 '수집'으로 이해했다.

각 계획은 수많은 작은 계획들의 연속으로 구성되어 있다. 따라서 중앙 총괄 부분은 한 가지 작은 결정을 내리고 나면 주의를 그다음 작은 계획으로 옮기는 역할도 하는데 이러한 작업을 짧은 시간 내에 수도 없이 반복하는 것이 우리의 일상생활이다. 두뇌의 용량을 어떻게 측량할 수 있겠는가?

Edelman(2004)이 그의 책 목차 앞쪽에 시인 Emily Dickinson이 1862년경에 쓴 3연으로 된 시 '뇌는 하늘보다 넓어라'를 인용했는데 각 연의 첫 줄만을 아래에 인용해 보면 다음과 같다. Edelman(2004)이 시인의 통찰력을 극찬한 것이 결코 지나친 것이 아님을 독자들도 깨닫게 될 것이다.

> (3.4) 뇌는 하늘보다 넓어라.
> (= The Brain—is wider than the Sky.)
> …
> 뇌는 바다보다 깊어라.
> (= The Brain is deeper than the sea.)
> …
> 뇌는 신(神)의 무게와 같구나.
> (= The Brain is just the weight of God.)
> …

3.1.2.3. 실행 순서 결정

한 가지 큰 과업을 수행하는 데는 수많은 작은 과업들을 적절하게 결합할 필요가 있다. 결합 과정에는 시간적 혹은 논리적으로 모순이 생기지 않도록 하여야 할 것이며, 일의 효율성 혹은 경제성을 평가하여 작은 과업들의 우선순위를 정해 주는 역할도 해야 한다.

이러한 일을 수행하기 위해서는 과거뿐만 아니라 미래를 예견할 수 있어야 하고 관련된 사실들을 종합적으로 평가할 수 있어야 함을 의미한다. 바로 이러한 역할들을 전전두엽피질들이 수행하므로 전전두엽피질들을 뇌의 CEO, 지휘자 혹은 '지휘소'(command post)라고 부르는 것이다.

그리고 과업이 대화, 연설 또는 논술이라 해도 위에 제시된 설명처럼 논리성과 효율성을 고려해서 실행 순서를 정한 다음 말로나 글로 적절하게 설명해나가야 한다.

3.1.2.4. 실행 결과 감독

행동이 실행된 이후에는 행동의 성취 여부를 감독한다(Goldberg 2001 : ix ; Baars & Gage 2007 : 138). 이를 위해서는 행동의 목적과 결과를 비교해 보아야 한다. 목적이 성취되었다면 그리고 그 결과가 자신에게 이롭다면 그 경험을 장기기억으로 저장해두었다가 필요한 경우에 유용한 작업 기억으로 이용할 수가 있다.

반대로 목적이 실패하였다면 위에서 기술한 ① 목적 설정, ② 계획 세우기, 그리고 ③ 실행 순서 결정의 어느 과정에서 어느 정도로 실패하였는지를 검토한 후에 잘못된 부분을 수정하여 다시 실행할 수도 있다.

그러나 목적 자체가 현재 상황에서는 실현 불가능한 것으로 판단되면 목적 달성을 포기할 수도 있을 것이며 이 경우에도 관련된 경험을 장기기억으로 저장해 두었다가 다음에 필요할 때 참조할 수가 있을 것이다.

과업이 대화, 연설 또는 논술이라 해도 과업 수행 결과를 평가하게 될 것이고, 필요하다면 수정도 할 것이다. 한번 던져진 말과 글은 수정한다 해도 후유증이 남을 수 있으므로 말을 할 때나 글을 발표할 때 신중할 수밖에 없다.

3.1.2.5. 해로운 간섭 억제 기능

위 ①, ②, ③, 그리고 ④의 과정을 성공적으로 수행하기 위해서는 우리의 의식을 한 가지 과업에 집중할 필요가 있다. 그것은 우리의 '작업 기억'이 무제한이 아니라 제한되어 있기 때문이다. 따라서 주어진 과업에 주의를 집중할 필요가 있으며, 주의집중을 방해하는 '간섭'(干涉, interference)에 대비할 필요가 있다.

인지심리학에서 '간섭'은 주로 주 과제 수행에 불필요한 것으로 간주하지만, 이 책은 유익하지 않은 간섭과 유익한 간섭으로 나눠 처리하고, 유익하지 않은 불필요한 간섭은 억제할 필요가 있으며, 유익한 간섭은 그것을 적절하게 이용해야 한다고 본다.

앞 장에서 이미 언급했듯이, 주의는 어떤 생각이나 활동, 혹은 주변 환경의 특정한 부분들에 의식을 집중시키는 과정이고 어느 한 가지 것에 집중한다는 것은 환경 내의 다른 요소들에는 주의를 쏟지 않는다는 것을 의미한다.

주어진 과업이 '임의의 직각삼각형에서 빗변을 한 변으로 하는 정사각형의 넓이는 다른 두 변을 각각 한 변으로 하는 정사각형의 넓이의 합과 같다'라는 피타고라스의 정리를 학습하는 것으로 가정해 보자. 중학교 시절을 회상해 보면 이 정리를 증명하는 과정이 쉽지 않음을 독자들은 느끼고 있을 것이다.

이것을 학습하는 과정에서 '낮에 학교에서 친구와 다툰 일', '옆방에서 가족들이 보고 있는 TV', 그리고 '엘리베이터에서 마주친 같은 라인에 사는 이성 친구' 등 수많은 것들이 떠오를 수가 있다. 이러한 것들은 과업 수행에 방해가 되는 것인데 전전두엽피질들은 자신에게 해로운 이러한 간섭을 억제하는 역할을 한다(Baars & Gage 2007 : 138).

물론 주의력이 떨어지는 학생들은 쉽게 억제가 되지 않을 수도 있다. 결국 주의력이 높으냐 아니면 낮으냐의 문제, 즉 학교 성적이 좋으냐 아니면 나쁘냐의 문제도 전전두엽피질들의 결정과 자신의 의지에 달려있음을 느끼게 해주는 대목이다.

강의 중 강의 담당자에게 미리 생각지 못했던 많은 것들이 떠오를 수가 있다. 더 좋은 예들이나 설명 방법과 같이 유익한 것도 있겠지만 강의 내용과 직접 혹은 간접적으로 관련된 각종 기억, 그리고 강의 담당자의 사생활과 관련된 것까지 떠오를 수가 있다. 이러한 유익하거나 해로운 각종 간섭을 어떻게 다루느냐에 강의의 성패가 달려있다.

결국 횡설수설하며 삼천포로 빠지는 강의를 하는 교수와 수업 중에 집중하지 못하고 몸을 비비 꼬는 학생은 같은 문제, 즉 해로운 간섭을 억제하지 못하는 문제를 지녔다고 볼 수 있다. 우리에게 유익한 간섭도 있을 수 있는데 그것은 다음 장에서 다루기로 한다.

수행하는 과업이 대화, 연설 또는 논술일지라도 과업에 집중할 필요가 있다. 특히 대화 도중에 엉뚱한 생각을 하다가 상대방의 말을 놓치거나 동문서답을 하지 않도록 해야 하며 연설이나 논술에서도 본래의 목적에서 너무 벗어나지 않도록 주의해야 한다.

3.1.2.6. 의식 전환 기능

전전두엽피질들은 인간 행동의 총괄 기능을 맡은 부분으로써 어떤 한 가지 생각에서 다른 생각으로 '의식의 상태'(mental set)를 바꿀 수 있게도 한다(Baars & Gage 2007 : 138). 즉 A 과업에서 B 과업으로 주의를 전환하게 하는 것이다. 위 ①, ②, ③, ④, 그리고 ⑤의 과정을 통해 A 과업(예를 들자면, 친구 만나기 혹은 피타고라스 정리 학습 등)이 완성되었다면 그 결과로 얻은 소중한 경험을 장기기억으로 전환하면서 당연히 다른 B 과업으로 의식의 상태를 전환하게 될 것이다.

그런데 의식 전환은 반드시 주어진 과업이 완성된 뒤에만 일어나는 것이 아니라 A 과업의 수행 과정에서도 일어날 수가 있는데, 이것을 가능하게 하는 것은 ⑤에서 설명한 간섭현상 때문이다. 이렇게 의식 전환을 가져오는 간섭을 이 책은 유익한 간섭으로 보는데 주어진 과업이 너무 어렵거나 비효율적인 경우와 주어진 과업을 수행하는 중에 더 긴급하게 수행해야 할 B 과업이 있다고 판단했을 경우가 이에 해당한다.

전전두엽피질들은 주어진 과업이 너무 어렵거나 비효율적이면 그 과업을 당장 해결하는 것을 막아주는 역할을 한다. 이것은 과제 수행 과정에서 느낄 수 있는 것인데, 주어진 A 과업을 미완성으로 남긴 채 우리의 주의를 다른 B 과업으로 전환하게 한다. 몇 시간을 들여다봐도 피타고라스 정리가 무슨 소리인지 이해가 되지 않는다면 내일 선생님께 다시 여쭤보거나 친구의 도움을 받을 수도 있을 것이다.

이때 너무 어렵거나 비효율적이라는 판단은 전전두엽피질들이 내릴 것이며, 이 판단의 책임도 그 개인이 져야 한다. 너무 쉽게 포기해도 이롭지 않을 것이며, 너무 실현이 어렵거나 불가능한 한 가지 과업에 오랜 시간을 보내는 것도 이롭지 않을 것이다. 앞으로 나아갈 것이냐 아니면 멈출 것이냐는 우리가 매일, 혹은 평생 직면하게 되는 선택의 문제인 것이다.

주어진 과업을 수행 중에 멈출 필요가 있는 두 번째 경우는 전전두엽피질들이 더 긴급하게 수행해야 할 B 과업이 있다고 판단했을 경우이다. 이 경우는 B 과업을 잠시 망각하고 있다가 A 과업의 수행 중에 갑자기 생각났을 경우이다. A 과업과 B 과업의 중요도와 시간상의 긴급성을 비교해 보고 B 과업의 수행이 더 절실할 때 우리의 주의를 B 과업으로 전환해야 한다.

수행하는 과업이 대화, 연설 또는 논술일지라도 의식의 전환이 필요할 때가 있다. 특히 대화나 연설 중이라면 상대나 청중에게 양해를 구하고 바꿔야 할 것이고, 논술이라면 글을 처음부터 다시 계획해서 써야 할 것이다.

3.1.2.7. 실행 명령 전달

과업의 목적과 실행계획, 실행 순서가 정해지면 전전두엽피질들은 인간의 행동을 시작하게 한다(Baars & Gage 2007 : 138). 전전두엽피질들이 내린 결정이 위에서 언급한 운동 피질들에 전달되면 각 운동피질은 전전두엽피질들이 내린 결정에 따라 몸의 각 근육에 행동의 실행을 지시한다.

이때 비언어적 행위, 즉 자리에서 일어나 걸어 나가는 행위 같은 것은 운동피질들에 곧장 명령이 전달되지만, 언어적 행위는 전전두엽피질들 뒤쪽에 있는 브로카 영역을 거쳐서 운동피질들에 전달된다. 비언어적 행위에 비해 브로카 영역을 거쳐서 혀, 입술, 아래턱, 연구개, 성대 등과 같은 발음기관들을 형성하는 근육들에 전달되는 정보의 속도는 경이롭게도 빠르며 발음기관들이 움직이는 속도도 경이롭게 빠르다. 이 점에 관해서는 3.3.2의 '말하기의 신비'에서 더 자세하게 논의할 것이다.

전전두엽의 폭발적인 발달로 오직 인간만이 전략적으로 생각하고, 말하고, 글을 쓸 수 있게 되었는데, 신을 믿는 독자들은 신이 준 선물이라고 불러도 좋을 정도로 놀라운 일이다.[11]

3.2. 'ㄱ'자 발음기관의 진화

사고와 언어는 동적인 프로세스이고 이것을 수행하는 데 쓰는 일곱 가지 전략을 고찰하였다. 그러나 아직도 인류에겐 다양한 소리를 자유자재로 낼 수 있는 악기, 즉 발음기관이 필요하다.

조현욱 옮김 『사피엔스』(2015)에 따르면 인류의 먼 조상은

---

[11] Goldberg(2001)에 따르면 생각의 주체인 전전두엽피질들에 이상이 생기면 각종 문제를 유발할 수 있음을 설명하고 있다. 전전두엽피질들은 동기부여 및 주의력을 관장하므로 인지능력의 발달 및 학습 능력에 결정적 역할을 한다. 전전두엽피질들의 이상은 '주의력 결핍 장애'(ADD, attention deficit disorder) 및 '과잉 행동 장애'(ADHD, attention deficit hyperactivity disorder)를 유발할 수도 있다.

나아가서 전전두엽피질들은 사회적 성숙과 책임 의식도 관장하므로 이 부위의 장애는 사회적 책임감 결여를 가져올 수 있고 각종 범죄를 저지를 수도 있으며 각종 신경학적 및 정신과적 병증을 유발할 수도 있다.

250만 년 전부터, 인류의 직접 조상인 호모 사피엔스(슬기로운/지혜로운/생각하는 인간)는 30만 년 전부터 진화를 시작했다고 한다. Lieberman(1991)에 따르면 인류는 호모 사피엔스로 불리는 현생인류로 진화하는 과정에서 'ㄱ'자 발음기관을 진화시켰으며, 이러한 하드웨어의 진화로 인해 인류는 마침내 호모 로쿠엔스(말하는 인간)가 될 수 있었다.

그렇기에 언어의 사용은 2.3장에서 다룬 전전두엽피질들의 발달, 2.5장에서 본 언어 센터들의 발달, 그리고 본 장에서 다룰 'ㄱ'자 발음기관의 진화가 이루는 3각 공조의 결과물이다.

침팬지와 같은 유인원의 성도(聲道, vocal tract)는 그 모양과 성능이 확실히 다르다. <그림 3.2>는 침팬지의 후두(喉頭, larynx) 상부의 모양을 보여주고 있다.

얼굴의 옆모습을 절개한 그림인데 입천장(palate), 연구개(軟口蓋, velum), 혀(tongue), 후두, 후두개(後頭蓋, epiglottis), 그리고 설골(舌骨, hyoid bone)이 표시되어 있다. 그리고 성도를 형성하는 3곳의 공간인 비강(鼻腔, nasal cavity), 구강(口腔, oral cavity) 및 인강(咽腔, pharynx)이 표시되어 있는데 소리를 낼 때 쓰이는 공간들이다.

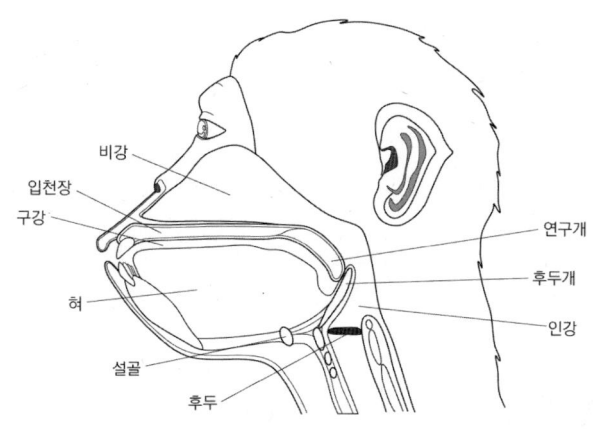

〈그림 3.2〉 침팬지의 후두 상부(Lieberman(1991) 응용)

침팬지의 입천장은 평평한 일자(一字)형을 하고 있으며 입천장의 후반부는 아래로 휘어져 있다. 입천장은 딱딱한 골격으로 이뤄져 있으며 후반부의 휘어진 부분은 연골조직으로 되어 있으므로 연구개라고 불린다.

입천장과 연구개 위쪽의 얼굴 속에 있는 산 모양의 큰 공간이 비강이다. 혀는 근육 덩어리로써 입안을 거의 가득 채우고 있다. 혀와 입천장은 거의 나란히 놓여있으며 그사이에 있는 좁고 긴 일자형 통로가 구강이다.

설골은 말발굽 모양으로 생긴 뼈이며 하악골(下顎骨, mandible)과 갑상연골(thyroid cartilage) 사이에 있다. 혀의 움직임, 삼킴, 그리고 후두와 후두개의 움직임에 관여한다.

후두 아래쪽 관은 폐(肺, lungs)로 가는 관, 즉 기관(氣管, trachea)이다. 폐는 어류의 부레(bladders)에서 출발하여 많은 진화를 거쳐 현재의 모습과 기능을 갖게 되었다. 후두의 1차 기능은 폐에 이물질이 들어가는 걸 막아주는 것이었다. 현재는 이러한 1차 기능뿐만 아니라 후두 내에 발달한 성대로 음성신호, 즉 소리를 내는 출발점 역할을 한다. 즉 피리의 리드(reed, 혀, 떨림판) 역할을 한다.

침팬지의 경우 후두는 설골과 거의 같은 높이, 즉 경부(頸部)의 제4 경추(頸椎) 윗부분에 있다. 경부는 척추동물의 머리와 몸통을 잇는 잘록한 부분이고, 척추 뼈 가운데 가장 위쪽 목에 있는 7개의 뼈를 가리킨다.

아래 <그림 3.3>에서 곧 보게 되겠지만 사람의 후두는 아래로 하강하여 목 가운데, 즉 경부의 제5 경추와 제6 경추 사이에 있다(김진우 2010 : 57). 이 점이 유인원과 사람 간의 가장 중요한 차이점이다.

후두개는 음식을 섭취할 때 음식이 후두를 통과하여 폐 쪽으로 가는 것을 막아주는 역할을 한다. 침팬지의 후두개는 사람보다 훨씬 크게 잘 발달했으며 후두개의 위쪽이 연구개의 오른쪽 끝부분을 밖에서 덮고 있다. 이 점도 유인원과 사람 간의 중요한 차이점이다.

후두에서 후두개 끝 부근까지의 공간이 인강이다. 유인원의 경우 인강은 비강과 항상 연결되어 있고 구강의 오른쪽 끝부분으로 볼 수도 있으므로 인강을 별도로 인정하지 않을 수도 있다. 참고로 후두 오른쪽에 있는 벽의 오른쪽에 있는 좁은 통로는 음식이 위장으로 내려가는 식도(食道, esophagus)이다.

아래 <그림 3.3>은 사람의 후두 상부를 보여 주고 있다. 침팬지와 비교해 보면 비강의 크기에는 별 차이가 없다.[12] 그러나 구강(입술에서 연구개의 끝부분인 목젖(uvula)까지의 수평관)과 인강(목젖에서 후두까지의 수직관)의 크기에 있어서는 침팬지의 그것보다 현생인류의 것이 훨씬 크다. 이렇게 확장된 구강과 인강을 이용하여 사람은 다양한 소리를 자유자재로 발화할 수 있게 된 것이다. 침팬지와 사람의 후두 상부를 비교해 보았을 때 여덟 가지 점에서 큰 차이가 난다.

첫째, 사람으로의 진화 과정에서 후두가 아래로 하강하게 되었다. 위에서 지적하였듯이 침팬지의 경우 후두는 설골과 거의 같은 높이, 즉 목 위(경부의 제4 경추 윗부분)에 있다. 그러나 사람의 후두는 아래로 하강하여 목 가운데(경부의 제5 경추와 제6 경추 사이)에 있다(김진우 2010 : 57).[13] 후두가 아래로 하강하게

---

[12] 그러나 침팬지와 비교해 보면 형태에는 차이가 있다. 특히 비강 위쪽의 형상에는 큰 차이가 있는데 침팬지의 비강은 위쪽이 포물선 형상을 하고 있으며 가장 높은 점이 눈꼬리 바로 밑에까지 치솟아 있다. 그러나 사람의 비강의 위쪽 형상은 눈높이에서 거의 수평적이다. 이 형상의 차이는 부분적으로는 입술에서 후두까지의 수평 길이의 차이에서 기인하는 것으로 판단된다. 침팬지의 수평 길이가 사람보다 훨씬 긴데 이 수평 길이의 변화 과정에서 비강의 위쪽 모양에 차이가 생긴 것으로 보인다. 그런데 이 형태상의 차이는 언어 사용에 영향을 미치지 못하므로 중요한 차이가 아님을 밝힌다.

[13] <그림 3.3>에서 일곱 개의 경추가 현재 위치에서 아래로 5mm 정도 내려와야 한다. 그래야

된 것은 직립보행과 관련이 있다.

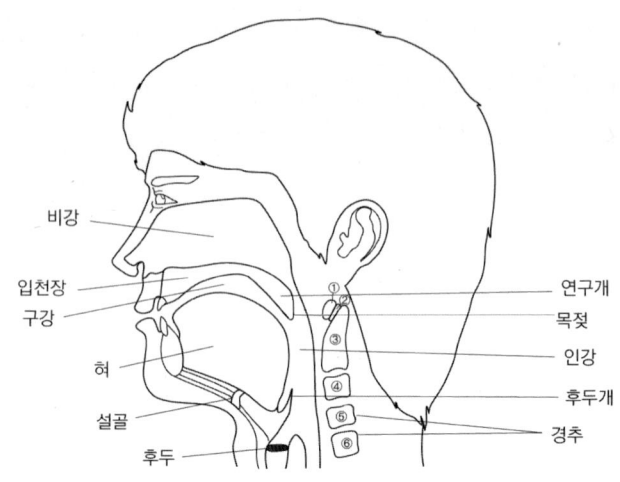

〈그림 3.3〉 사람의 후두상부(Lieberman & Blumstein(1988)과 Lieberman(1991) 응용)

두 번째, 침팬지의 경우에는 하악골, 설골, 후두가 거의 수평을 이루고 있다. 그러나 사람의 경우에는 하악골에서 설골을 거쳐 후두의 앞쪽 외부를 둘러싼 갑상연골로 나아가면서 점차 아래로 기울어져 있는데 이러한 구조는 아래턱과 혀의 움직임을 통제하는 데 도움이 된다. 이러한 변화를 거치면서 후두개도 결과적으로 후두의 하강과 더불어 많이 하강하게 되

만 후두가 경부의 제5 경추와 제6 경추 사이에 위치하게 된다. 그림을 그릴 때 바로잡지 못했다.

었다.

　세 번째, 침팬지의 얼굴 옆모습은 거의 5각형의 형상을 하고 있다. 눈에서 코와 입으로 가는 윤곽이 45도 각도로 앞쪽으로 기울어 있다. 아랫니를 지지하고 있는 하악골은 반대쪽으로 기울어져 있다. 결과적으로 사람보다 입천장의 좌우 길이가 훨씬 길다.

　한편 사람의 얼굴 옆모습은 좌우 수평 길이가 훨씬 짧은데 씹는 기능의 퇴화가 치열의 후퇴를 가져왔고 치열의 후퇴가 그 뒤쪽 공간을 협소하게 하여 결과적으로 후두가 하강하는 데 일조한 것으로 판단된다. 이것이 사람의 얼굴 형상에도 변화를 가져와 수평 길이보다 수직 길이가 더 긴 직사각형이 되었다.

　네 번째, 입천장의 길이뿐만 아니라 형상에도 차이가 난다. 침팬지의 입천장은 거의 좌우 일직선상의 수평을 이루고 있다. 그러나 사람의 입천장은 좌에서 우로 나아가면서 위쪽으로 활처럼 휘어져 있다. 침팬지의 5각형 얼굴 옆모습이 인간의 직사각형으로 변하는 과정에서 인간의 위쪽 입천장이 아치형으로 변한 것으로 추정된다. 이러한 사람의 입천장 모양은 음식을 씹는 데는 절대로 불리하겠지만 구강의 상하 폭을 넓혀 주므로 발화에 필요한 구강의 크기를 확보하는 데 기여했다.

　다섯 번째, 침팬지의 혀는 근육 덩어리로써 입 안을 거의 가득 채우고 있다. 혀와 입천장은 거의 나란히 놓여있으며 입천장의 길이가 길었듯이 혀도 좌우 수평 길이가 상하 수직 길이보다 훨씬 길다. 입천장과 혀 사이에는 좁은 통로로 된 구강이 있다. 발화를 위해서는 민첩한 혀의 움직임과 움직임을 허락할 수 있는 충분한 공간이 필요하다. 침팬지의 좁은 구강과 입 안을 거의 가득 채운 혀는 음식을 씹고 삼키는 데는 유리할 수 있을지라도 발화에는 도움이 되지 않는다.

한편 사람의 혀는 좌우 수평 길이와 상하 수직 길이가 거의 같아졌다. 침팬지에 비해서 좌우의 수평 길이는 짧아졌으며 상하의 수직 길이는 길어진 것이다. 혀의 뒷부분과 우측의 상하 수직면은 거의 원형으로 연결되어 있다. 혀의 우측 상하 수직면을 설근(舌根, tongue root)이라고 부른다. 혀의 윗부분에는 구강이 발달해 있고 설근과 뒤쪽 인강벽(咽腔壁, pharynx wall) 사이에는 인강이라고 불리는 공간이 있다.

상하좌우로 거의 같은 길이로 발달한 인간의 혀는 상하좌우로 민첩하게 움직일 수 있게 되었다. 혀의 1차 기능이 음식을 맛보고 삼키는 것이었지만 이제 혀는 발화를 위한 가장 중요한 발음기관(articulator)의 역할을 떠맡게 되었다.

여섯 번째, 침팬지의 후두개는 사람보다 훨씬 크게 발달했으며 후두개의 위쪽이 연구개의 오른쪽 끝부분을 밖에서 덮고 있다. 침팬지의 구강과 인강은 후두개에 의해 단절되어 있는 것이다.

그러나 사람에게는 후두의 하강과 더불어 후두개도 하강하였고 그 크기도 훨씬 작게 퇴화하였다. 결과적으로 사람에게는 구강과 인강이 연결되어 하나의 'ㄱ'자 관을 형성하게 된 것이다. 후두개의 하강과 퇴화로 인하여 사람은 다양한 소리를 자유자재로 낼 수 있는 악기를 갖추게 된 것이다.

일곱 번째, 사람과 달리 침팬지의 후두개는 위쪽이 연구개의 오른쪽 끝부분을 밖에서 덮고 있다. 즉 침팬지는 연구개를 올려서 비강으로 가는 공기 통로를 막을 수가 없다. 따라서 침팬지가 내는 소리는 모두 비음(鼻音, nasal sound) 내지는 비음성을 지닌 소리이다.

그러나 사람에게 일어난 후두개의 하강과 퇴화는 구강과 인강의 연결뿐만 아니라 연구개도 자유롭게 움직일 수 있게 하였다. <그림 3.3>은 사람이 잠을 잘 때나, 편하게 숨을 쉬고 있을 때의 연구개를 보여주고 있다. 연구개가 소위 말하는 '중립 위치'(neutral position) 또는 '쉬고 있는 위치'(rest position)에 있는 모습이다.

그런데 말을 할 때는 대체로 연구개가 위로 올라가서 비강과 인강 사이의 통로를 가로막게 된다. 이렇게 되면 허파에서 출발한 공기가 후두와 인강을 거쳐 구강으로 나아가면서 소리를 내게 된다.

구강과 인강만을 이용해서 내는 소리를 구강음(口腔音, oral sound)이라고 하며, 인간 언어에 사용되는 대부분 음은 구강음이다. 침팬지가 내는 소리가 모두 비음 내지는 비음성이었던 것과는 대조가 되는데 Lieberman(1991 : 44)에 따르면 구강모음(口腔母音, oral vowel)에 비해 비음화된 모음, 즉 비음성이 있는 모음은 잘못 청취될 수 있는 비율이 30에서 50%까지 높아진다. 즉 비음은 본질적으로 구강음보다 청취가 어려운 것이다.

요약하자면 사람에게 일어난 후두개의 하강과 퇴화는 연구개의 상승을 쉽고 편하게 해줬으며 결과적으로 청취 효과가 좋은 구강음을 발화할 수 있게 해주었다.

여덟 번째, 후두 안에는 2조각의 근육 조각으로 된 성대(聲帶, vocal folds or cords)가 있다. 남성의 성대는 평균 2cm로 굵고 길며, 어린이(평균 0.9cm)와 여자(평균 1.5cm)의 성대는 가늘고 짧다.

성대의 초당 열리고 닫힘, 즉 진동수는 음의 높낮이를 결정하게 되는데 약간 저음인 필자의 경우 성대의 열리고 닫힘, 즉 진동이 초당 120회 정도 반복되며 여성이 비명을 지를 때는 초당 350회 이상 반복한다.

척추동물 중에서도 양서류와 포유류에만 성대가 발달해 있으며 파충류와 조류에는 발달하지 않았다. 채은진 역(2008 : 252)에 따르면 현대 인류의 성대는 바이올린의 현처럼 진동하며 광범위한 소리를 내지만, 침팬지의 성대는 으르렁거리는 소리와 울음소리밖에 내지 못한다고 한다.

침팬지의 성대는 완전히 닫히지도 않으며 그 유연성도 떨어져 인간 언어에 등장하는 모든 다양한 소리를 태생적으로 낼 수 없는 것이다. Lieberman 등의 실험에 의하면 침팬지는 인간 소리의 일부분, 즉 비음성의 모음 [ɪ], [e], [æ]와 [u], 그리고 자음 [t], [d], [b]와 [p] 정도만을 발성할 수 있다고 한다(Lieberman 1968 ; Lieberman 외 1972 ; Richman 1976).

지금까지 침팬지와 사람의 후두상부 간에는 위에서 지적한 여덟 가지 점에서 큰 차이가 남을 살펴보았다. 사람에게는 ① 후두와 ② 후두개의 하강으로 구강과 인강이 연결되어 'ㄱ'자 관을 형성하게 되었다. 그리고 ③ 얼굴의 전체 형상과 입천장의 변화로 넓은 구강을 갖추게 되었으며, ④ 후두와 후두개의 하강 및 후두개의 퇴화로 길어진 인강을 갖추게 되었다. 또한 ⑤ 설골과 후두의 외벽인 갑상연골의 하강으로 아래턱과 혀의 움직임이 쉽고 편하게 되었고, ⑥ 혀는 좌우 수평 길이가 짧아지는 대신 우측 설근 부분의 상하 수직 길이가 길어져서 넓어진 구강과 인강 내에서 민첩하게 움직일 수 있게 되었다. 게다가 ⑦ 후두개의 하강과 퇴화로 인하여 연구개가 상승하여 인강에서 비강으로 가는 통로를 차단하는 것이 가능해졌고 용이해졌으며, 마지막으로 ⑧ 성대가 완전히 닫히거나 빠르게 진동할 수 있게 진화하였다.

지금까지 설명한 것 중에서 말을 할 때 가장 중요한 요소는 ① 성대의 상태와 ② 혀 및 연구개의 상태에 따라 변하는 구강, 인강 및 비강이 만드는 성도의 크기와 형태이다. 성대의 상태는 소리의 근원(根源, source)을, 성도의 크기와 형태는 소리의 질(質, quality)을 정하는 요인이다.

성대는 '후두벽'(喉頭壁, larynx wall) 내에 두 조각의 근육으로 되어 있다. 성대는 피리의 리드(reed, 혀, 떨림판)에 해당하며 소리의 근원을 만들어 낸다.

<그림 3.4>에서처럼 성대가 열렸을 때 그 사이의 공간을 성문(聲門, glottis)이라 부른다. 이처럼 성대가 활짝 열린 상태에서는 성문 사이로 기류가 통과할 때 성대의 진동을 거의 일으키지 않는다. 이런 상태에서 만들어지는 소리를 무성음(無聲音, voiceless sound)이라고 한다.

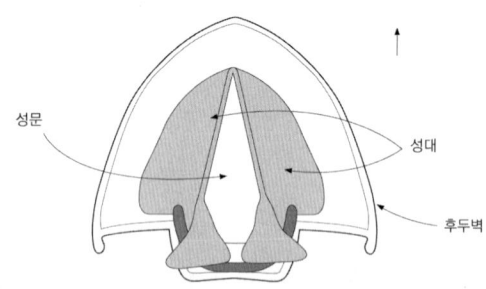

〈그림 3.4〉 무성음을 낼 때 성문의 상태를 위에서 내려다본 모습(Mihalicek & Wilson 편집(2011) 응용)

<그림 3.5>에서처럼 성대가 거의 닫혔을 때 좁은 성문으로 기류가 통과하면 성대는 열리고 닫힘을 반복하게 된다. 이때 열리고 닫힘은 ① 허파에서 올라오는 기류의 압력, ② 성대를

형성하는 근육의 탄성(彈性, elasticity), 그리고 ③ 기류가 좁은 성문 사이를 빠르게 통과할 때 발생하는 기압의 하강(下降)이라는 세 가지 물리적 요인에 의해 일어난다(Lieberman & Blumstein 1988 : 101-103). ①의 기류의 압력은 성문을 열리게 하고, ②의 근육의 탄성과 ③의 기압의 하강은 성문을 닫히게 하는 요인이다. 이 세 가지 물리적 요인들에 의해 성대가 빠르게 진동할 수 있게 되었다.

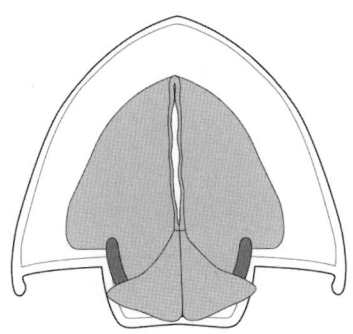

〈그림 3.5〉 유성음을 낼 때 성문의 상태를 위에서 내려다본 모습
(Mihalicek & Wilson 편집(2011) 응용)

성대의 앞부분을 감싸고 있는 갑상연골은 성인 남성의 경우 변성기를 지나면서 앞으로 돌출하게 되는데 이것이 소위 '후골'(喉骨, Adam's apple)이라 부르는 것이다. 성대가 아래 그림과 같은 상태에서 내는 소리를 유성음(有聲音, voiced sound)이라고 하며 손가락을 후골 부분에 대면 실제로 진동을 느낄 수가 있다.

이 진동의 횟수가 많고 적음에 따라 소리의 높낮이, 즉 '음조'(音調, pitch level)가 정해진다.

성대를 통과한 기류는, ① 성대의 상태에 따라 유·무성음이 정해지며, ② 유성음의 경우엔 음조, 즉 음의 높낮이만 정해질 뿐이고, ③ 무성음의 경우엔 아무것도 정해지지 않은 상태이다. 이 상태를 가리켜 음향 이론에서는 소리의 '근원'(根源, source)이 만들어졌다고 한다.

성대를 통과한 기류가 성도를 통해 나아갈 때 구강, 인강 및 비강이 만드는 ① 관의 형태(shape)와 ② 관의 길이(length)가 소리의 '질'(質, quality)을 정한다. 즉 아래턱, 입술, 연구개 및 혀와 설근의 움직임이 관의 형태와 길이에 영향을 주며, 이것들에 의해 '걸러져'(filtered) 만들어진 소리가 실제 언어에 사용되는 자음과 모음, 즉 지구상에서 있는 7,000종이 넘는 언어에 사용되는 80여 개의 분절음이 된다.

비자음(鼻子音, nasal consonant)을 낼 때는 연구개가 상승하지 않고 중립 위치에 있다. 중립 위치란 <그림 3.4>에서처럼 연구개가 내려와 있는 것을 뜻한다. 이때는 비강으로 가는 통로가 열려있으므로 기류가 비강을 통해 코로 나갈 수 있다.

비강으로 나가는 기류는 그 세기가 미약하므로 보통 비자음들은 구강이 차단된 상태에서 만들어진다. 가령 'ㅁ'을 발음할 때는 구강으로 나가는 공기의 흐름을 양 입술을 닿아 차단하고, 'ㄴ'을 발음할 때는 혀끝을 윗니와 잇몸의 경계선에 대고 차단한다.

　비음성의 모음을 발음할 때는 기류가 구강과 비강으로 동시에 흐르게 되는데 말을 할 때 이런 경우는 자주 발생하지는 않는다. 비강은 소수의 비자음과 비음성 모음들을 낼 때만 사용되고 그 외에는 연구개를 상승시켜 비강으로 가는 공기의 흐름을 차단한다. 따라서 'ㄱ'자 관이라는 용어는 비강을 무시한 채 구강과 인강이 만드는 성도의 모양을 가리키고 있다.

　언어에 쓰이는 대부분의 소리는 구강음(口腔音, oral sound)이다. 구강음은 연구개의 상승으로 비강으로 가는 통로가 차단된 상태에서 난다. 침팬지는 구강, 인강, 후두가 거의 일직선상에 있는 일자관(一字管), 그것도 비강으로 가는 통로가 열린 불완전한 일자관의 악기를 갖고 있지만, 사람은 비강으로 가는 통로가 완전히 차단된 구강과 인강으로 만들어진 'ㄱ'자 관을 가지고 있다. 청취상의 정확도가 높은 구강음을 자유자재로 낼 수 있는 것이다.

　이 'ㄱ'자 관의 효용성을 김진우(2010 : 57)는 다음과 같이 설명하고 있다. 원문에는 pharynx를 '인두'(咽頭)라고 하였지만 '인강'(咽腔)으로 부르는 것이 더 타당하므로 용어를 바꿨다.

> (3.5) 인간의 경우 구강과 [인강]이 합해서 ㄱ자 모양의 이관형 기관(two-tube track)을 갖게 되나, 원속(猿屬) 동물의 경우는 [인강]의 부재로 구강 하나로만

구성된 일관형 기관(one-tube track)을 갖게 된다는 사실이다.

　이러한 사실이 발성의 다양성에 미치는 영향은 매우 크다. 일정한 길이의 공명관(共鳴管)은 오르간의 파이프처럼 거기서 나오는 소리가 정해져 있다. 그러나 두 개의 공명관이 이어져 있는 경우, 그리고 상대적인 길이를 바꿀 수 있는 경우, 여기서 나오는 소리는 그만큼 다양하다. 여기서 우리는 원속 동물의 일관형 기관이 발성기관으로서 매우 제한되어 있으나 인간의 이관형 기관은 혀를 앞뒤와 아래위로 그 위치를 바꿈으로써, 구강과 인강의 상대적 크기를 변화시켜 다양한 소리를 낼 수 있음을 알게 된다.

　사람이 지닌 'ㄱ'자 관의 효용성은 기본 세 모음인 [i], [a], [u]가 'ㄱ'자 관내에서 어떻게 만들어지는가를 살펴보면 실감할 수 있다. <그림 3.6~3.8>은 세 기본 모음을 만들 때 혀의 위치와 구강과 인강의 형태를 보여주고 있다. 좌측의 얼굴 옆 모습은 이 세 모음을 만들 때 혀, 구강 및 인강의 실제 모습을, 오른쪽의 그림은 그것을 도식적으로 표현한 것이다.

　<그림 3.6>에 제시되어 있듯이 모음 [i]를 발음할 때는 혀의 앞부분이 구강의 앞쪽으로 올라간다. 따라서 구강은 좁아졌으며 인강은 혀뿌리가 앞으로 나아간 관계로 넓어졌다.

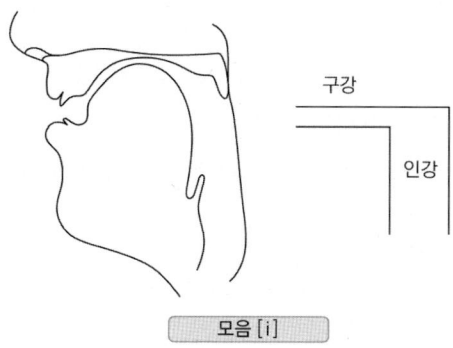

〈그림 3.6〉 영어 모음 [i]를 발음할 때 구강과 인강의 상대적 크기
(Ladefoged(2006)과 김진우(2010) 응용)

또한 <그림 3.7>에 제시되어 있듯이 모음 [a]를 발음할 때는 혀와 아래턱이 아래로 내려갔고 혀뿌리가 뒤로 후퇴했으므로 구강은 넓어졌지만 인강은 좁아졌다.

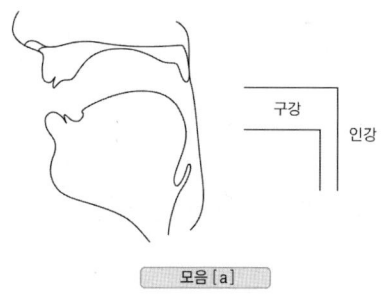

〈그림 3.7〉 영어 모음 [a]를 발음할 때 구강과 인강의 상대적 크기 (Ladefoged(2006)과 김진우(2010) 응용)

마지막으로 <그림 3.8>에 제시되어 있듯이 모음 [u]를 발음

할 때는 혀의 뒷부분이 연구개 쪽으로 상승하였다. 이때 혀뿌리도 위쪽으로 상승한 관계로 앞쪽으로 약간 이동했음을 볼 수 있다. 결과적으로 구강의 앞부분과 인강은 넓어졌지만 위로 올라간 혀의 뒷부분에 의해 구강 앞부분과 인강으로 공간이 양분된 상태임을 볼 수 있다.

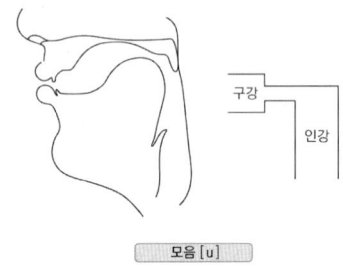

모음 [u]

〈그림 3.8〉 영어 모음 [u]를 발음할 때 구강과 인강의 상대적 크기 (Ladefoged(2006)과 김진우(2010) 응용)

이 세 모음은 거의 모든 언어에서 발견되는 음들이며 언어를 배우는 어린이들이 가장 먼저 배우는 모음들이다(Schane 1973). 이 모음들은 화자들이 가장 안정적으로 발화할 수 있으며 청자들이 가장 쉽고 편하게 청취할 수 있는 음향적 특징을 지녔다(Stevens 1972, Lieberman 1991). 인간만이 'ㄱ'자 발음 기관과 유연한 혀를 이용해 이 세 기본 모음을 발화할 수 있는 것이다.

Lieberman(1991)에 따르면 후두와 후두개의 하강은 'ㄱ'자 발성기관을 만들어 주었고 연구개의 움직임을 자유롭게 하였지만 인간 생존에 불리한 점도 생겨났다. 즉 음식이, 후두를 보호하고 있는 후두개를 넘어, 식도로 가는 과정에서 음식이 후두 쪽으로 떨어져 사람이 질식할 수도 있게 되었다. 지구상의 포유류 중에서 질식사할 수 있는 동물은 인간밖에 없다고 한다.

침팬지의 후두는 사람처럼 낮은 곳에 있지도 않으며 후두가 잠망경(periscope)처럼 위로 올라가 비강과 연결될 수도 있다고 한다. 따라서 침팬지는 인간과는 달리 숨을 쉬는 역할과 물 또는 음식을 삼키는 역할을 동시에 수행할 수 있다.

인간은 숨쉬기와 물 또는 음식을 삼키는 역할을 동시에 수행할 수 없으며 음식을 삼키는 과정에서 위험을 초래할 수도 있다. 언어 사용 능력을 갖추기 위해 생존에 불리한 요인도 감수한 것이다.

같은 사람과(科)이면서도 네안데르탈인들이 약 3만 년 또는 3만 5천 년 전에 멸종한 이유는 무엇인가? Negus(1949), Lieberman & Crelin(1971)과 Lieberman(1991) 등의 연구에 따르면 네안데르탈인들은 사람의 혀와 인강을 갖추지 못했다고 한다. 네안데르탈인들의 화석 유골을 통해 발음기관을 재구성해 본 결과 그들은 세 기본 모음, [i], [a], [u]를 만들 수 없었다고 한다. 언어 사용 능력의 부재가 결국 그들을 멸종의 길로 가게 했을 것이다.

3.3. 듣기와 말하기의 신비

청각피질을 포함한 뇌의 언어 센터들과 'ㄱ'자 발음기관의 발달로 언어 사용의 기본이 되는 듣기(listening)와 말하기(speaking)를 하는 과정을 살펴보고 듣기와 말하기에 관한 신비로운 점을 정리해 본다.

3.3.1. 듣기의 신비

듣기를 위해서는 ① 좌뇌 청각피질(left-hemispheric auditory cortex)과 ② 편도, ③ 베르니케 영역 및 측두엽, 그리고 ④ 전전두엽 피질들의 공조가 필요하다.

첫째, 좌뇌 청각피질은 실비안열 우측 아래쪽 측두엽 내에 있다. 발화된 말은 50~150ms 후에 청자의 청각피질에 도달하는데 청각피질은 청각 신호를 받아서 확인하고 뇌의 다른 부분들이 이해할 수 있는 형태로 전환한다.

전환된 정보 중 언어와 직접 관련된 것은 베르니케 영역으로, 리듬, 억양, 감정 등은 다른 관련 부분으로 전송된다. 리듬과 억양은 우뇌로 전송되고 감정과 관련된 것은 편도로 전달된다. 그리고 문장의 글자 그대로의 의미를 넘어서는 농담, 은유, 반어법과 같은 것은 ① 문장 자체는 베르니케 영역으로, 그리고 ② 문장 이외의 것, 예를 들면 억양 등은 우뇌로, 감정적 요소는 편도로 전송된다.

둘째, 발화 후 150~200ms 사이에는 감정, 어투 같은 것들이 편도에 전달되어 처리되고 편도는 청자에게 적절한 정서적 반응을 일으킨다(Carter 2009 : 148).

셋째, 전달된 단어나 문장은 음성 정보가 베르니케 영역에서 해독되고, 해독된 음성 정보와 매치(match)되는 어휘가 측두엽 내의 어휘사전에서 선택된다. 여기서 음성 정보와 측두엽에서 선택된 어휘가 지닌 의미 정보가 서로 연결되어 단어의 의미를 파악할 수 있게 된다. 이 과정은 발화 후 250~300ms 사이에 일어난다(Carter 2009 : 148).

마지막으로 단어의 의미를 완전하게 파악하기 위해서는 이 단어와 관련된 장기기억을 참조할 필요가 있다. 이것은 전전두엽피질들에서 일어나며 이 과정은 발화 후 400~550ms 사이에 일어난다(Carter 2009 : 148).

지금까지 듣기 과정을 간단하게 설명하였지만 듣기와 관련해서도 더 생각해야 할 점들이 많다. 듣기 능력을 설명하기 위해서 다음과 같은 기본적인 문제를 설명할 수 있어야 하지만 현재로서는 불확실한 점이 많다. 이 책은 밝혀진 사실에 근거하여 답을 추론해 본다.

첫째, 언어 센터들이 좌뇌에 있는 사람들에게는 좌뇌 청각피질은 언어적 소리를 처리하지만, 우뇌 청각피질은 주로 비언어적 환경음, 예를 들면 자동차의 경적, 물소리, 동물의 울

음소리 등을 처리한다(Akmajian 외 2010 : 545). 그렇다면 어떻게 우리가 언어적 소리와 비언어적 소리를 구분할 수 있는지를 설명해야만 한다.

인류는 인종, 피부색, 성별이 다르지만 99.9% 같은 유전자를 공유하고 있다. 비록 서로 다른 언어를 사용하고 있을지라도 거의 같은 입술, 입천장, 혀, 아래턱, 성대 등의 발음기관을 지니고 있으므로 인간 언어에 쓰이는 분절음의 수는 제한되어 있다. 1993년에 국제 음성학 기구(International Phonetic Association)에서 만든 자, 모음 표에 따르면 기본 자음은 총 58개이며 모음은 28개이다.

언어학자 Harrison(2013)에 따르면 지구상에서는 7,000종이 넘는 다양한 언어들이 있다. 이렇게 다양한 언어들이 쓰이고 있지만 그 언어들에 나타나는 분절음들은 위에서 지적한 총 86개의 일부이다. 따라서 좌뇌 청각피질은 인간 언어에 쓰이는 이러한 분절음들의 소리와 그 밖의 비언어적 소리를 구분할 수 있을 것이다. 일단 언어적 소리로 판단되면 좌뇌 청각피질 내에서 그다음의 필요한 과정을 거칠 것이지만 비언어적 소리로 판단되면 우뇌 청각피질이 그다음에 필요한 조치를 할 것으로 추론된다.

비언어적 소리는 크게 두 종류, 즉 '위험한 소리'와 '안전한 소리'로 구분될 것이다. 길을 걷다가 자동차 소리, 사이렌 소리, 무거운 돌이나 사물이 떨어진 소리, 사람이나 동물의 비명

소리, 동물이 으르렁대는 소리 등과 같은 위험한 소리를 듣는다면 긴장하면서 소리의 근원 쪽으로 고개를 돌리고 왜 그러한 소리가 났거나 나는지 확인하려 할 것이다. 그래서 그 결과에 따라 적절하게 반응을 보일 것이다.

그러나 바람 소리, 계곡물 흐르는 소리, 새가 우는 소리, 온갖 곤충이 내는 소리, 잔잔한 노래 또는 악기 소리 등은 안전한 소리로 판단할 것이다. 그러면 더 이상 그 소리를 해독하지 않아도 되므로 뇌가 휴식을 취하며 편하게 듣게 될 것이다.

산기슭의 둘레길이나 자락길 또는 오솔길을 따라 산책하는 동안 안전한 소리를 듣고 뇌가 휴식을 취했으므로 몸과 마음은 상쾌하게(refreshed) 될 것이다. 그러나 위험한 소리를 듣게 되면, 그것에 온갖 신경을 써야 하므로 그러한 소리가 장시간 지속되면 우리는 피곤해지는 것이다. 그리고 언어적 소리, 예를 들자면, 강의나 강연, 상대의 주장 등을 장시간 듣고 나면 피곤해지는데 그것은 들은 소리를 청각피질이 해독하고, 그것에 맞는 어휘를 찾아내며, 그 의미를 파악하느라 많은 에너지를 쓰기 때문이다.

둘째, 만일 "경북대학교가 세계 100대 대학이 되어야만 해."라고 말을 했다면 이 발화는 많은 분절음의 연속으로 구성되어 있다. 이 발화에는 네 가지의 놀라운 사실이 숨어있다.

① 사람의 발화 속도는 초당 20~25개의 분절음을 발화할 정도로 빠르다. 빠른 발화 속도를 유지한다는 것은 빠른 발화를

무리 없이 이해해 내는 청자가 있음을 전제로 한다. 말하는 목적은 상대방에게 자신의 발화를 이해시키는 데 있기 때문이다.

② 각 분절음은 'ㄱ-ㅕ-ㅇ-ㅂ-ㅜ-ㄱ…'처럼 분명하게 단절된 음들이 아니라 서로 연결되어 있거나 심지어 중첩되어 있다. 아래 <그림 3.9>는 "경북대학교가 세계 100대 대학이 되어야만 해."라는 문장을 여성 화자가 보통 속도로 발화한 것을 프라트(Praat) 음성 분석 프로그램을 이용하여 소리의 지문에 해당하는 스펙트로그램(spectrogram)을 만든 것이다.

<그림 3.9>에서 상단부는 이 발화에서 음파(waveform)의 변화를 나타내는 그림이며, 중간의 것이 발화된 음성의 지문에 해당하는 스펙트로그램이다. 하단부에는 각 음절의 시작 지점에 해당하는 곳을 표시하고 그 음절에 해당하는 음을 표기하였다.

'음절'은 원어민이 쉽게 독립적으로 발화할 수 있는 언어 단위인데 주로 모음을 중심으로 그 앞, 혹은 뒤에 자음이 0개에서 3개 정도까지 올 수 있으며, 허용되는 자음의 수는 언어마다 다르다. 영어에서는 최대 3개까지 올 수 있으나 한국어에서는 최대 1개밖에 올 수 없다.

한글은 자음과 모음을 나타내는 분절음을 결합하여 완성된 각 글자(character)가 하나의 음절을 나타내는 '음절문자'(syllabary)이다. 따라서 한국인들에게는 음절은 어려운 개념이 아니다. 가령 *경-북-대-학-교*는 다섯 글자로 구성되어 있으며 각 글자가 음절을 나타내므로 다섯 음절로 구성된 단어이다. "경북대학교가 세계 100대 대학이 되어야만 해."는 18음절로 구성되어 있고 이 속엔 총 39개 분절음이 있다.

이 문장을 발화하는 데 3.17초가 걸렸으므로 초당 약 12개의 분절음을 발화했음을 알 수 있다. 프라트 음성 분석 프로그램 상에서는 각 구간마다의 실제 음성을 들을 수 있으므로 분절음 구분이 가능하지만 <그림 3.9>만 가지고는 각 분절음의 시작점을 찾기가 매우 어렵다. 왜냐하면 전체 발화가 하나의 연속체로 나타나기 때문이다.

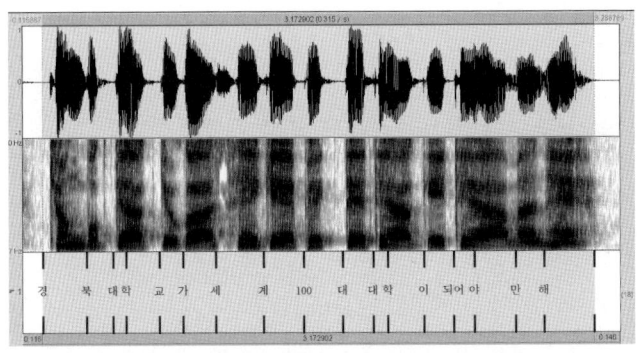

〈그림 3.9〉 "경북대학교가 세계 100대 대학이 되어야만 해."라는 발화의 음파 형태와 스펙트로그램

'분절음'이라는 말은 본래 '나누어진 조각'이라는 뜻이다. 자·모음을 분절음이라고 부르는 이유는 현실 속에서도 분명하게 나누어져 있기 때문이 아니라 우리의 뇌가 소리를 인식

할 때 '나누어진 조각들'로 인식하기 때문이다. <그림 3.9>에서 보았듯이 현실 속에서 실제로 발화된 것들은 더 이상 분절음이 아니라 하나의 긴 연속체(continuum), 혹은 하나의 덩어리이다. 다시 말하자면 현실 속의 아날로그식 음성 연속체를 우리 뇌는 디지털식 분절음의 연속으로 받아들인다.[14]

우리 뇌에는 정보를 주고받을 수 있게 특화된 1,800억 개의 신경세포들이 있으며 각각의 신경세포들은 1,000개의 다른 신경세포들과 연결되어 정보를 주고받을 수 있다(Goldstein 2005 : 36). 신경세포 간에 정보를 주고받을 때 신경세포가 활성화(firing)되는 데, 활성화되는 방식이 이분법적이다. 즉 'On'(활성화됨) 아니면 'Off'(비활성화됨)이다. 뇌가 외부의 정보를 받아들이는 것이 철저하게 디지털식인 이유는 이렇게 신경세포들이 이분법적으로 활성화되기 때문이다.

③ 각 분절음은 그 주변 음의 영향을 받아 각 분절음의 음성학적 특징이 약간씩 달라진다. '가'와 '기'를 각각 발화했을 때 모음 'ㅏ' 앞에 나오는 'ㄱ'과 모음 'ㅣ' 앞에 나오는 'ㄱ'의 음성학적 특징은 같지 않다. '가'와 '마'를 각각 발화했을 때는

---

[14] 부연하자면 우리 뇌는 외부의 정보를 받아들이는 방식이 철저하게 디지털식이며 연속체, 혹은 덩어리로 받아들이는 것을 용납하지 못한다. '바다'와 '육지'조차도 연결된 연속체이지만 우리는 독립된 개체로 인식한다. 을숙도에 가보라. 낙동강과 남해 사이에 선이 그어져 있는 것이 아니지만 우리는 남해와 낙동강을 분리된 개체로 인식하면서 살고 있다. 분리된 것으로 인식하는 '바람', '구름', 그리고 '안개'도 현실에선 분명하게 구분되어 있지 않으며, '남자'와 '여자', 그리고 '삶'과 '죽음'조차도 연속체지만 우리는 별개의 것으로 인식하며 살고 있다.

자음 'ㄱ' 뒤에 나오는 모음 'ㅏ'와 '비자음'(nasal consonant) 'ㅁ' 뒤에 나오는 'ㅏ'는 음성학적 특징이 같지 않다. 현실 속에서는 조금씩 다르게 실현되는 'ㄱ'이나 'ㅏ'의 무리 속에서 우리 뇌는 사소한 차이를 무시하고 'ㄱ'이나 'ㅏ'를 인식해 내는 것이다.

④ 마지막으로 발화자들 간에는 발음의 차이가 있으며, 심지어 같은 사람이 두 번 발화할 때도 똑같지 않다. 위 ③에서와 마찬가지로 우리 뇌는 약간씩 다른 음들의 무리를 특정한 음, 예를 들면 'ㄱ'이나 'ㅏ'로 인식해 내는 것이다.

위에서 지적한 문제들을 우리 뇌가 어떻게 풀어내는지는 모두 밝혀져 있는 것이 아니다. 그러나 분명한 것은 우리는 어려움 없이 다른 사람의 강의나 이야기를 듣고 이해해 낸다는 사실이다. 인간만이 지닌 이 놀라운 일이 ① 좌뇌 청각피질 ② 편도, ③ 베르니케 영역 및 측두엽, 그리고 ④ 전전두엽피질들의 공조로 가능한 것이다.

운동 이론(motor theory)이라고 불리는 음성 지각 이론은 음성의 지각 과정에서 음성신호 자체뿐만 아니라 청자 자신이 그 음성신호를 어떻게 발화하는지도 참조해서 지각(知覺)한다고 한다(Raphael 외 2007). '음성신호를 어떻게 발화하는지를 참조'한다는 것은 듣기 작업이 ① 좌뇌 청각피질 ② 편도, ③ 베르니케 영역 및 측두엽, 그리고 ④ 전전두엽피질들의 협력으로만 가능한 것이 아님을 암시한다. 왜냐하면 '어떻게 발화하는가?'의 문제는 브로카 영역과 운동피질들이 담당하고 있기 때문이다.

Kwon(2014)은 한국어를 배우는 중국인들을 상대로 한 청취 실험에서 한국어 발음을 더 능숙하게 발음하는 중국인이 한국인들의 발화를 더 잘 청취한다는 실험 결과를 보고하였다. 이 실험의 결과는 음성 지각 이론에서 운동 이론의 타당성을 지지하고 있다.

3.3.2. 말하기의 신비

말하기를 위해서는 ① 측두엽 ② 베르니케 영역, ③ 궁속, ④ 브로카 영역, ⑤ 운동피질, 그리고 ⑥ 소뇌까지 최소 여섯 부분의 공조가 필요하다(Carter 외 2009 : 149).

첫째, 우리가 ☎와 같은 사물의 이름을 발화하기를 원한다면 그 사물에 관한 생각 혹은 개념을 떠올릴 필요가 있고, 개념에 해당하는 단어를 뇌 속에 있는 어휘사전에서 찾아내는 작업이 필요하다. 뇌 속에 있는 어휘사전에서 *telephone*이라는 단어를 찾아내는 작업을 측두엽이 한다. 측두엽은 장기기억의 저장에 중요한 역할을 하고 있으므로 뇌 속에 든 어휘사전(mental lexicon)의 전부 혹은 상당 부분이 기억되어 있을 것으로 추정된다.

측두엽 속에 저장된 어휘사전의 각 어휘가 어떤 정보를 지니고 있는지는 명확하지 않다. 언어학 이론을 동원해 추정해 보면 각 어휘는 ① 그 단어를 어떻게 발음하는가를 알려주는 음성·음운론적 정보, ② 그 단어가 문장에서 어떤 역할을 하는지에 관한 형태·통사론적 정보, 그리고 ③ 그 단어가 지닌 의미론적 정보를 지니고 있을 것으로 추정된다. 예를 들면 *telephone*이라는 어휘는 [télɪfoʊn]으로 발음해야 하며, 품사는 명사이고, 그리고 의미는 무엇인지가 기록되어 있을 것이다.

개념과 단어가 측두엽에서 연결됨(matching)은 무엇을 의미하는가? 개념에 해당하는 의미 정보를 지닌 어휘가 선택되었음을 의미하며 어휘가 가지고 있는 의미 정보가 활성화된 것으로 추정된다. 이것은 발화하기 약 250ms 전에 일어난다고 한다(Carter 외 2009 : 149).

둘째, 측두엽 내에서 ☎에 해당하는 개념의 의미 정보를 지닌 *telephone*이라는 어휘를 찾아내면 베르니케 영역은 *telephone*이라는 어휘가 지닌 의미 정보를 [télɪfoʊn]이라는 음운론적 정보와 연결한다. 간단하게 여기서는 [télɪfoʊn]이라는 음성부호로 나타냈는데 이 단어가 많은 자음 또는 모음의 연속으로 되어 있음을 알 수 있다.

그리고 첫음절 [té]에는 제1 강세(´)가 놓이고 마지막 음절 [foʊn]에는 제2 강세(`)가 놓이는데 여기서는 단어의 운율적 특징은 무시하기로 한다. [télɪfoʊn] 내에 있는 [t, l, f, n]과 같은 자음들과 [ɛ, ɪ, oʊ]와 같은 모음들을 분절음이라고 부르는데 언어학적으로 이 분절음들은 여러 개의 음성 자질들(phonetic features)로 구성되어 있다고 본다. 이 자질들은 분절음의 조음 위치, 조음방법, 그리고 운율적 특징을 나타내는 것들인데 이 정보는 궁속을 통해서 브로카 영역으로 전송된다. 이것은 발화하기 약 200ms 전에 일어난다(Carter 외 2009 : 149).

셋째, 궁속은 베르니케 영역에서 해독된 음운 정보를 브로카 영역으로 전송하는 '활 모양의 신경 섬유 다발'을 가리킨다. 다른 동물에 비하여 인간의 뇌에는 궁속이 더 두껍게 발달해 있으며 이 정보 전송로는 언어 사용에 매우 중요한 역할을 한다(Carter 외 2009 : 149).

넷째, 브로카 영역은 궁속을 통해서 전달받은 음성학적 정보를 이용하여 조음 패턴을 구성한다. '조음 패턴을 구성한다'고 하는 것은 특정한 음을 발화하는 데 동원되는 입술, 혀, 아래턱, 연구개, 성대 등의 발음기관을 찾아 실제 발화에 필요한 동원령을 마련하는 것이다. 이러한 작업은 브로카 영역에서 발화하기 약 150ms 전에 일어난다(Carter 외 2009 : 149).

구체적인 예를 들자면, 자음 [t]를 발화하기 위해서 우리는 입을 약간 연 채로 혀끝(tongue tip, 설첨)이나 혓날(tongue blade, 설단)을 치경(alveolar ridge, 위 앞니의 뿌리 부분에서 약 7 내지 10mm 뒤쪽에 돌출해 있는 부분)에 대고 공기의 흐름을 막았다 터트려야 하며 입천장의 뒷부분인 연구개를 올려 비강이라 불리는 코 속 공간으로 공기가 흐르는 것을 막아야 한다. 그리고 성대를 열어 성대 사이의 성문으로 공기가 계속 흐르게 해야 한다.

이러한 조음기관들의 동작은 거의 동시에 이루어져야 하며 또 [t]음 이후에 연이어 나오는 모음 [ɛ]를 발화할 준비를 하여야 한다.

모음 [ɛ]로 전이하는 과정에서 연구개를 계속 위로 올려 비강으로 공기가 흐르는 것을 막아야 하며 아래턱을 아래로 적당하게 내려야 하고 혀는 [ɛ] 모음에 적합한 형태를 취해야 한다. 그리고 성대를 닫아 좁은 성문 사이로 공기의 흐름이 차단되었다가 다시 흐르게 하는 동작을 매우 빠른 속도로 반복해야 한다. 이처럼 특정한 음을 발화하는 데 필요한 발음기관들이 동시에 혹은 순차적으로 동원될 수 있도록 준비 태세를 갖추게 하는 것이다.

다섯째, 브로카 영역에서 준비된 명령은 운동피질에 전달되며 운동피질은 각종 발음기관을 움직이는 근육들을 신속하게 움직이게 한다. 이 작업은 발화 100ms 이전에 일어나는데 발음기관들의 신속한 움직임은 아래에서 소뇌의 역할을 설명한 이후에 다시 언급할 것이다.

마지막으로 소뇌는 운동피질과 연결된 회로를 통해 근육들의 미세한 움직임을 조절한다. 각 근육의 동작 순서와 시간을 조절하며 근육의 수축과 이완 시기를 조절한다. 발화의 타이밍(timing)을 조절하여 대화를 조화롭게 만드는 것과 관련이 있다. 소뇌의 미세한 조절은 발화 직전에 일어난다(Carter 외 2009 : 115, 149).

위에서 첫음절 [té]를 발화하는 데 필요한 발음기관들의 움직임을 독자들에게는 불필요할 정도로 자세히 설명하였다. 각 음을 정확하게 발음하기 위해서는 많은 발음기관이 서로 공조하며 상상 이상으로 빠르게 움직이고 있음을 보여주기 위해서였다.

2010년 3월 한국일보 문화면에 실린 임귀열이 쓴 칼럼에 따르면 이탈리아 사람들은 1초당 6.4음절, 네덜란드 사람은 6.1음절, 독일 사람들은 5.5~5.7음절, 영어권 사람들은 3.3~5.9음절을 발화한다고 한다.

음절은 주로 모음을 중심으로 그 앞, 혹은 뒤에 자음이 0개에서 3개 정도까지 올 수 있는데 허용되는 자음의 수는 언어마다 다르다. 자음이 최대 1개밖에 올 수 없는 한국어와 달리 영어는 모음 앞, 뒤에 자음이 0개에서 3개까지 올수 있으므로 영어 단어를 음절로 나누는 것은 상대적으로 어려운 과제이다. 자세한 설명은 언어학, 그중에서도 음운론에 대한 지식이 더 필요하므로 생략하기로 한다. 그 대신 영어 단어에서 음절을 구분할 필요가 있을 때는 음절 사이에 하이픈(hyphen) "-"을 넣어 음절 구분이 표시된 자료를 제시할 것이다. 예를 들면, [té-lɪ-fòʊn]은 표기한 것처럼 세 음절로 구성되어 있다.

임귀열이 제시한 초당 발화 음절수가 언어마다 다른 것은 조사 자료로 쓴 데이터가 복잡한 음절을 많이 포함하고 있는지, 아니면 간단한 음절을 많이 포함하고 있는지에 따라 달라질 수 있으며, 각 언어가 허용하는 음절의 복잡도가 다를 수 있기 때문이다.

어쨌든 인구어족(印歐語族, Indo-European language family)에 속하는 이탈리아어, 네덜란드어, 독일어, 영어에서 초당 약 5~6음절을 발화하는 것으로 볼 수 있다. 각 음절이 단순한 [자음 + 모음]으로 구성되었다고 봐도 초당 10~12분절음을 발화하며 만약 음절이 [자음+모음+자음]으로 구성되었다면 초당 15~18분절음을 발화하는 셈이 된다.

2012년 11월 구글에 게재된 Andrew Dlugan의 "평균 발화 속도"(=What is the average speaking rate?)라는 논문에 따르면 Al Gore는 분당 200음절, Steve Jobs는 분당 232음절, Jacqueline Novogratz는 분당 271음절을 발화한다고 한다. 초당으로 계산하면 Al Gore는 약 3.3음절, Steve Jobs는 3.9음절, Jacqueline Novogratz는 4.5음절을 발화하는 셈이다.

위에서 지적하였듯이 영어는 음절구조가 매우 복잡한 언어 중의 하나이므로 Dlugan이 제시한 통계를 따른다고 해도 초당 많은 분절음을 발화하는 것을 알 수 있다. Raphael 외(2007)에 따르면 초당 20~25개까지의 분절음을 빠른 속도로 발화할 수도 있다고 한다.

2장에서 지적하였듯이 전전두엽피질들이 내린 결정이 운동피질들에 전달되면 각 운동피질은 전전두엽피질들이 내린 결정에 따라 몸의 각 근육에 행동의 실행을 지시한다. 이때 비언어적 행위, 즉 자리에서 일어나 걸어 나가는 행위는 운동피질들에 곧장 명령이 전달되지만, 언어적 행위는 브로카 영역을 거쳐서 운동피질들에 전달된다.

자메이카 출신의 단거리 스프린터인 Usain Bolt를 빠르다고 생각할 것이다. 그러나 브로카 영역을 거쳐서 궁극적으로 혀, 입술, 아래턱, 연구개, 성대 등과 같은 발음기관들을 형성하는 근육들에 전달되는 정보의 속도는 경이롭게 빠르며 발음기관들이 움직이는 속도 또한 경이롭게 빠르다.

Usain Bolt보다 더 빠르게 달리는 치타는 여전히 말을 할 수 없지만 그보다 느린 우리는 자유자재로 말하는 것이 신비롭기까지 한데 치타에겐 전전두엽피질들이 인간만큼 발달하지 않았고, 뇌의 언어 센터들, 그중에서도 브로카 영역이 없으며, 다양한 소리를 내게 해주는 'ㄱ'자 발음기관도 없기 때문이다. 오직 인간만이 지닌 진화의 산물이다.

3.4. 그래서 인간은 어떻게 되었는가?

진화를 통해 인간이 추상적 사고를 할 수 있게 되었고 그 결과 자아와 메타 자아를 갖게 되었다. 이것은 어휘를 포함한 언어 사용으로 이어졌고 사고와 언어를 통해 과학 또는 학문을 할 수 있게 되었다. 나아가서 문학과 예술을 창작하며 자선을 베풀고 종교를 가질 수도 있게 되었다. 인간을 인간답게 하는 모든 것을 이룰 수 있게 한 것이다.

3.4.1. 자아와 메타 자아를 찾아서

전전두엽피질들의 발달로 추상적 사고 능력, 즉 '고차 의식'(higher-order consciousness)을 갖게 된 인간은 자아 개념을 형성하게 되었다.

침팬지나 인간과 같은 고등 동물을 제외한 동물들은 '1차 의식'(primary consciousness)만을 지니고 있다. 1차 의식은 현재적·현장적이다. 즉 과거나 미래에 대한 개념이 없이 현재 현장에 있는 어떤 한 장면에만 관심의 초점을 집중시켜 생존에 필요한 행위를 본능적으로 수행하는 데 동원되는 의식을 가리킨다(Edelman 2004; 박문호 2008).

이 단계에서는 본인이 본인을 의식할 수 없고, 관찰할 수가 없다. 그러므로 "자신이 누구인가?" 혹은 "어떻게 살아야 하는가?"를 생각할 수 없다. 따라서 자아 정체성(自我正體性, ego-identity), 즉 '자신이 자신에게 지닌 자아상'을 지닐 수 없다.

침팬지나 인간과 같은 고등 동물들은 전전두엽피질들의 발달로 인해 1차 의식뿐만 아니라 고차 의식을 갖게 되었다. 고차 의식은 현재라는 비연속적 장면뿐만 아니라 과거, 현재, 그리고 미래에 대한 연속적인 상황 인식을, 그리고 눈에 보이는 것뿐만 아니라 눈에 보이지 않는 비현장적인 상황도 예측할 수 있게 하였다.

그리고 고차의식을 지닌 고등 동물은 본인이 본인을 의식하고 있음을 의식할 수 있으며 본인이 본인을 관찰할 수도 있다. Edelman(2004 : 9)은 이 부분에서 다음처럼 역설하고 있다.

> (3.6) 고차의식은 의식하고 있다는 것을 의식하는 능력과 관련이 있다(= Higher-order consciousness involves the ability to be conscious of being conscious.).

본인이 본인을 의식/관찰할 수 있음은 '관찰의 대상이 되는 현재의 자신$_1$'과 '자신$_1$을 의식하거나 바라보는 또 다른 자신$_2$'를 인식할 수 있음을 의미한다. '자신$_1$을 의식하거나 바라보는 또 다른 자신$_2$'는 무엇인가?

이것을 '자아 정체성' 또는 줄여서 '자아'(自我)라고도 부를 수 있을 것이고, '양심'이라고 부를 수도 있을 것이다. 이것은 '자신$_1$'이 사회 속에서 생활하는 과정에서 '자신$_1$'이 스스로 만든 '이상화된 자아상'일 수도 있으며, 사회 내의 타인과의 관계 속에서 만들어진 '일반화된 타자'(generalized other)일 수도 있다.[15] 어쨌든 이 책에서는 현재의 자신을 자신$_1$로, 자신$_1$을 바라

---

[15] '일반화된 타자'는 사회학자 George Herbert Mead의 용어인데 '일반화된 타자'는 '사회 전반의 공통된 기대, 태도, 표준의 집합체'로써 일반화된 타자의 견해로부터 자신을 볼 수 있는 능력을 말하는데 이것은 자아 발달의 마지막 단계에 생겨난다고 한다.

보는 자신₂를 자아정체성 또는 줄여서 자아로 부를 것이다.

　자아를 찾는 것은 많은 사람의 관심사이며 이러한 관심은 문학 작품에도 많이 반영되어 있다. 가령, 헤세(Herman Hesse)의 『페터 카멘친트』, 『수레바퀴 아래서』, 『데미안』, 『싯다르타』, 『황야의 이리』, 『나르치스와 골드문트』 등의 작품들도 주인공이 자아를 찾아가는 여정을 묘사하고 있다.

　『데미안』에서도 주인공 에밀 싱클레어는 "내 속에 솟아 나오려는 것, 바로 그것을 나는 살아보려고 했다. 왜 그것이 그토록 어려웠을까?"라고 읊조린다. 내 속에서 솟아 나오려는 것, 그것은 '자아'이며, 자아를 찾고, 자아가 시키는 대로 사는 걸 누구나 바라지만, 그렇게 사는 게 쉬운 일은 아니다.[16]

　나쁜 것이 솟아 나오면 자제력을 발휘하여 억눌러야 하고, 좋은 것이 솟아 나와도 사회적 제약이나 자신₁의 능력 부족 때문에 좇지 못할 수도 있기 때문이다. 어쨌든 개인의 삶은 자신₁에서 출발해서 자아를 정립해가는 여행이다.

　손리사(2019)는 『메타인지 학습법』에서 '메타인지'라는 용어

---

[16] '내 속에서 솟아 나오려는 것'을 '자아'가 아닌 '감정 또는 충동'으로 보면 어떻게 될까? 이렇게 보면 '내 속에서 솟아 나오려는 것'은 '감성'이 되며 자신₁이 된다. 그러면 자신₂나 이성은 '내 속에서 솟아 나오려는 것'을 통제하는 것이 된다. 여기서 자신₁은 감성의 덩어리이며 자신₂는 이성의 덩어리인가라는 문제에 직면한다. 그렇지 않다. 자신₁과 자신₂는 감성과 이성의 비율이 다를 수는 있지만 모두 감성과 이성의 결합체이다.
　따라서 이 책은 자신₁은 현재의 감성과 이성의 결합체이며 자신₂는 자신₁이 바라는 감성과 이성의 결합체로 본다. 이렇게 보면 '내 속에서 솟아 나오려는 것'은 현재의 자신₁이 아닌 현재의 자신₁이 바라는 자신₂, 즉 자아가 된다.

를 소개하였다. 메타인지란 자신의 현재 인지 상태를 모니터링 하는 능력이다. 예를 들어 수학을 공부할 때, 현재 자신이 무엇을 알고 무엇을 모르는지, 자신의 공부 방법이 옳은지 그른지, 더 좋은 공부 방법은 없는지를 생각해 보는 능력이 메타인지이다. 이 개념을 '자아' 개념에 적용한다면 '메타 자아'가 된다.

자신$_1$을 의식하거나 바라보는 또 다른 자신$_2$를 자아라고 불렀다. 가끔씩 멈춰 서서 "자신$_2$는 제대로 된 자아상인가?"를 되물어 볼 수도 있다. 그래서 가던 길의 궤도를 수정할 수도 있다. 자신$_2$를 모니터링하는 '자신$_3$'을 메타 자아라고 부를 것이다.

메타인지의 발달이 학습 능력을 키운다면, 메타 자아의 발달은 삶의 지향점과 지향점에 도달하는 방법을 개선할 것이다. 때로는 속도보다 방향이 더 중요하지 않은가?

요약하자면, 우리네 삶은 사고를 통해 현재의 자신$_1$을 감시·감독하는 자신$_2$인 자아, 그리고 자아를 모니터링하는 자신$_3$인 메타 자아를 정립하는 과정이다.

3.4.2. 사고, 언어 사용의 기초 제공

전전두엽피질들의 발달로 고차 의식을 갖게 된 인간은 어휘를 사용할 수 있는 기초를 갖추게 됨으로써 언어를 사용할 수 있는 길로 나아가게 되었다.

Hayagawa(1939/1978)가 지적하였듯이 1차 의식만을 지닌 동물들은 눈앞에 보이는 '먹이'(food)를 얻기 위해서 애를 쓸 수는 있어도 '먹이'를 상징하는 돈을 얻기 위해 애를 쓰지는 않는다. 다시 말하자면 '어떤 개체 A가 B를 상징한다'(=A stands for B).는 개념을 지닐 수가 없다. 즉 돈이 먹이를 상징한다는 아래의 도식을 이해할 수 없는 것이다. 그들에게 ₩(돈)과 🐾(먹이)는 서로 상관관계가 없는 별개의 사물일 뿐이다.

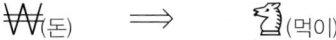

〈그림 3.10〉 돈과 먹이의 관계

위의 도식을 이해할 수 없는 1차 의식만을 지닌 동물들은 언어 사용의 기초가 되는 어휘를 사용할 수가 없다. 왜냐하면 어휘의 사용은 'A가 B를 나타낸다'는 개념을 전제로 하고 있기 때문이다.

예를 들자면 *전화기*라는 어휘는 현실에 존재하는 그림 ☎와 같은 사물을 가리킨다. 이때 *전화기*라는 용어는 실물인 ☎를 가리키는 '심볼'(symbol) 혹은 어휘라고 하며 심볼 혹은 어휘가 가리키는 사물을 '지시물'(referent)이라고 한다.

전화기(심볼, 어휘) ⇒ ☎(사물, 지시물)

〈그림 3.11〉 어휘와 지시물의 관계

현재의 어떤 한 장면에만 관심의 초점을 집중시키는 1차 의식만을 지닌 동물들은 위 <그림 3.11>에 제시된 도식을 이해할 수 없다. 현장에 있는 사물인 ☎는 인식할 수 있어도 이 사물의 이름이라고 볼 수 있는 *전화기*라는 어휘는 어떤 소리 내지는 소음으로 들릴 뿐 그 소리가 현장에 있는 사물인 ☎를 가리키거나 상징한다는 것을 인식할 수 없다. 결과적으로 *전화기*라는 심볼이 ☎라는 사물을 가리킬 수 있다는 위의 도식을 이해할 수 없으므로 어휘의 사용이 불가능하게 되는 것이다. 어휘를 사용할 수 없으므로 어휘 사용보다 더 고차원의 능력인 문장의 사용은 더욱 불가능하게 되는 것이다.

그러나 고차 의식, 즉 추상적 사고력을 갖춘 침팬지나 인간은 관찰되는 현재의 자신$_1$이나 자신$_1$을 의식하거나 바라보는 또 다른 자신$_2$의 존재를 인식할 수 있다. 자신$_2$를 자아, 양심, 이상화된 자화상, 일반화된 타자 등 그 무엇이라고 부르든 간에 그것은 자신$_1$을 가리키고 있으며 자신$_1$을 '상징하고' (stand for)있는 것이다. 자신$_2$가 어휘인 *전화기*에 해당한다면 자신$_1$은 ☎에 해당한다. 자신$_2$가 자신$_1$을 나타내거나 상징하는 것을 인식하듯이 어휘인 *전화기*가 지시물인 ☎을 나타내거나 상징한다는 것을 인식할 수 있는 것이다. 따라서 고차 의식, 추상적 사고력을 지닌 침팬지나 인간은 어휘를 사용할 수 있는 것이다.

자신2 ⇒ 자신1( )

전화기 ⇒ 지시물(☎)

〈그림 3.12〉 자신2와 자신1 그리고 어휘와 지시물의 관계

 침팬지와 같은 유인원도 소수의 어휘를 사용할 수 있다는 보고는 있지만 그들이 문장, 특히 새로운 상황에서 새로운 문장을 구사할 수 있다는 보고는 없다. 오히려 문장을 구사할 수 없다는 보고만 있을 뿐이다.

 언어 사용의 요체는 어휘와 문장의 사용임을 이미 강조하였다. 어휘보다도 더 중요한 것은 문장을 자유자재로 사용하는 능력이다. 따라서 침팬지와 같은 유인원은 진정한 의미의 언어, 즉 어휘뿐만 아니라 문장까지도 사용할 수 있는 능력은 갖추지 못했다. 결과적으로 진정한 의미의 언어를 사용할 수 있는 종은 인간밖에 없는 것이다.

3.4.3. 과학, 문학과 예술, 자선과 종교를 가능하게

 4장에서 논의하겠지만 Wittgenstein(1922)은 "참인 명제의 총합은 과학"이라고 정의했다. 참인 명제의 총합은 언어의 일부이다. 그러므로 과학은 언어의 일부이다. 그리고 인간만이 말을 할 수 있으므로 결국 인간만이 과학을 할 수 있는 것이다.

2.6.4장에서 논의했듯이 사고와 언어는 등가적이고, 그 역할은 이름이 없는 어떤 것에는 이름을 지어 개체화하고, 개체는 그 속성을, 개체 간에는 그 관계를 정의하는 것이다. 4장에서는 과학의 역할도 사고와 언어의 역할과 같음을 주장할 것이다. 인간의 생각하는 능력이 말하는 능력으로 나아갔으며, 이제 말하는 능력은 과학을 하는 능력으로 발전한 것이다.

사고는 다시 '사실적 사고'(thinking of something real)와 '비사실적 사고'(thinking of something unreal)로 나뉜다. '사실적 사고'란 생각하는 주체가 '사실이라고 믿는 사실에 대한 생각'이며 '비사실적 사고'란 '사실이 아니라고 믿는 비사실에 대한 생각이다. 공상, 상상, 창의는 모두 비사실적 사고이다. 그러나 시간이 지남에 따라 비사실적 사고라고 믿었던 공상, 상상, 창의가 사실로 판명되는 경우도 수없이 많으므로 비사실적 사고는 사실적 사고를 확장하는 기반이 된다.

위에서 언급한 과학을 하는 것은 사실적 사고의 폭을 넓히는 행위이지만 문학과 예술은 비사실적 사고의 영역을 확대하는 것이다. 과학, 그리고 문학과 예술은 서로 연결돼 있으며 이것들은 새로운 세계, 새로운 미를 찾는 인간의 본능이며 이러한 것도 생각하고 말하는 인간만이 할 수 있는 영역이다.

그리고 인간에겐 자신$_1$을 지켜보는 자신$_2$, 즉 자아가 있고 나아가서 자신$_3$, 즉 메타 자아가 있다고 했다. 이렇게 자신$_1$을 지켜보는 자아 또는 양심이 존재하므로 늘 자신$_1$을 돌아볼 수 있다. 자신₁이 한 행동을 되돌아볼 수 있으므로 자신의 행위가 옳은지 그른지를 평가할 여력이 있다. 따라서 양심의 가책을 느낄 수 있다. 사회의 규범과 다른 사람들의 기대를 의식할 수 있으므로 도덕성을 지닐 수 있고, 자선을 베풀고 자기희생도 할 수 있다. 세상의 시작과 인류의 출현을 상상할 수 있고, 자신의 출생과 죽음, 그리고 사후(死後) 세계까지 상상할 수도 있으므로 종교를 가질 수도 있다.

그러나 1차 의식만을 지닌 동물은 다르다. 인성과 도덕성은 개인의 자아 개념에서 비롯되는데 동물에겐 자신₁을 관찰하는 자신₂, 즉 자아가 없다. 자아가 없으므로 자신₁을 돌아볼 수 없고 당연히 자신₁의 언행(言行)에 대한 '양심의 가책'도 없다. 더 나아가서 도덕성을 지닐 수 없으며 자선을 베풀거나 종교를 지닐 수도 없다.

결국 사람을 사람답게 하는 모든 것의 출발은 생각하는 능력과 말하는 능력이다. 그래서 파스칼이 사람을 생각하는 갈대에 비유했다. 사람은 생각하고 서걱대는/말하는 갈대이다.

4. 과학과 과학을 하는 방법

　지금까지 뇌의 전전두엽피질들의 발달, 언어 센터들의 발달, 그리고 'ㄱ'자 발음기관의 발달로 인간은 추상적인 사고를 할 수 있게 되었고 사고를 언어로 표현할 수도 있게 되었음을 고찰했다. 본 장에서는 '세상, 사고 및 명제의 관계', '명제와 언어의 관계', '언어와 과학의 관계,' '과학의 역할,' '개체란 무엇인가?', 그리고 '과학을 하는 방법'을 살펴볼 것이다. 개체를 논하는 과정에서 Frege(1892)의 '의의'(意義, Sinn, sense)만 지닌 용어의 중요성도 지적할 것이다.

　본 장은 '사고'와 '언어'에 관한 Vygotsky(1962), Wittgenstein(1922) 그리고 필자(2012)의 생각을, '과학'에 관한 Frege(1892), Wittgenstein(1922)과 필자(2012)의 생각을 중심으로 전개한다. 책의 개정 과정에서 개체의 정의와 과학을 하는 방법에서 중요한 변화가 있었다.

4.1. 세상, 사고 및 명제

Wittgenstein(1922)은 그의 『논리철학논고』(=『Tractatus Logico-Philosophicus』)에서 '세상', '사고' 및 '명제'를 각각 정의하였다. Wittgenstein은 자신의 주장을 일련번호를 붙인 명제로 표시하였는데 이 책에 인용된 명제 뒤에 붙은 번호는 Wittgenstein이 붙인 고유 번호이다. 이해도를 높이기 위하여 한국어 번역문 다음에 독일어 원문과 Ogden의 영어 번역문을 첨가하였다.

Wittgenstein은 "세상은 사례인 것의 모두이다."라고 정의하였다. 여기서 '사례'(Fall, case)라는 용어는 '사고'라는 용어와 마찬가지로 집합 명사로 쓰여 '지금까지 실제로 일어난 사건들의 총합'을 나타내지만 집합 명사로 쓰였다.[17] 어떤 사람에게 이 세상을 정의해 보라고 한다면 이것보다 더 완벽한 정의를 내릴 수 있겠는가? 대폭발(Big Bang)에서부터 지금까지 일어난 사례의 총합이 이 세상 아닌가?

(4.1) 세상은 사례인 것의 모두이다(1).
 (= Die Welt ist alles, was der Fall ist.)
 (= The world is all that is the case.)

---

[17] 2.1장에서 '생각' 혹은 '사고'라는 용어는 동의어이지만 그 용법에 차이가 있음을 밝혔다. '생각'이라는 순수 우리말은 '보통 명사로 썼지만 '사고'는 '집합 명사(예를 들면 family, team 등)로 썼는데 '사례'도 '사고'와 마찬가지로 집합 명사이다.

나아가서 Wittgenstein은 "세상은 개체들(Dinge, things, entities)의 총합이 아니라 사실들(Tatsachen, facts)의 총합이다."라고 정의하였다.

> (4.2) 세상은 개체들의 총합이 아니라 사실들의 총합이다 (1.1).
> (= Die Welt ist die Gesamtheit der Tatsachen, nicht der Dinge.)
> (= The world is the totality of facts, not of things.)

보통 사람들이라면 세상을 개체들의 총합으로 정의했을 수도 있다. 그러나 개체들의 총합은 각 개체의 속성과 개체 간의 관계가 정의되어 있지 않은 오합지졸들의 무질서한 덩어리일 뿐이다. 그래서 Wittgenstein은 개체들의 총합이 아닌 '사실들'(Tatsachen, facts)의 총합으로 세상을 정의한 것이다.

더구나 각주 2에서 개체(entity)에는 세 종류가 있으며 대상(object), 속성(property) 및 관계(relationship)가 그것들임을 지적하였다. 이것들의 속성과 관계가 모두 정의된 총합이 세상이다. 이것을 Wittgenstein은 '사실들의 총합'이라고 하였지만 결국 '대상, 속성 및 관계의 속성과 그것들 간의 관계를 정의한 것들의 총합'이다. 이 점은 4장의 논의를 통해 더 분명하게 정의될 것이다.

더 나아가서 세상을 구성하고 있는 "사실들에 대한 논리적 그림이 생각/사고이다."라고 정의하였다.

> (4.3) 사실들에 대한 논리적 그림이 생각이다(3).
> (= Das logische Bild der Tatsachen ist der Gedanke.)
> (= The logical picture of the facts is the thought.)

(4.3)에서 '사실들'은 복수로, '그림'이나 '생각'은 단수로 썼다. 왜 이렇게 했을까? '사실들' 대신 단수 명사인 '사실'(Tatsache, fact)이 어쩌면 더 논리적으로 보일 수 있는데 왜 복수형을 썼을까? (4.2)나 (4.3)에서 '사실들'은 우리의 눈앞에 펼쳐진, 또는 상상 속에 펼쳐진 사실들이다. 이 사실들은 독립적으로 존재하지 않고 서로 얽혀 있다.

가령 꽃 한 송이를 바라본다고 치자. 꽃의 배경과 꽃의 모양, 색깔, 형태, 크기, 꽃나무의 줄기와 가지 및 잎사귀 등과 관련된 사실들의 덩어리가 눈앞에 펼쳐져 있는 것이다. 이 사실들의 덩어리 중에서 어떤 한 조각이 우리의 생각이 되고, 그 생각이 표현되면 언어/명제가 되는 것이다.

이렇게 눈앞에 펼쳐진 세상에서는 단일한 사실이 독립적으로는 존재할 수가 없다. 여러 가지 사실들이 복합적으로 뒤엉켜서 존재하므로 (4.3)에서 '사실들'(Tatsachen, facts)이라는 복수형을 썼다. 뒤엉킨 사실들을 바라볼 때 어떤 한순간 머릿속에 떠오르는 논리적 그림, 즉 생각은 한 가지다. 그래서 '그림'(Bild, picture)이나 '생각'(Gedanke, thought)은 단수로 썼다.

2장에서 이미 언급했지만, '논리적 그림'은 '표현의 형태가 논리 형태'인 것이다. 이것을 2장에서 '논리 형태적 그림'이라 칭했고 '사실을 나타내는 문장 속에 든 의미, 문법 및 논리를 나타내는 보편적 그림'으로 정의했다.

가령 눈앞에 펼쳐진 복잡하게 뒤엉킨 사실들을 관찰하고 한 그루의 꽃을 보고, 두 그루의 나무를 보고 아래 (4.4ab)와 같은 논리 형태적 그림들을 그렸다면 그것이 생각들이다.

(4.4) a. "저 꽃은 분홍색이다."라는 사실에 해당하는 논리 형태적 그림, $[(저\ 꽃_R \in U), U = 분홍색을\ 띤\ 개체들의\ 전체\ 집합]$

b. "저 나무가 이 나무보다 크다."라는 사실에 해당하는 논리 형태적 그림, $[저\ 나무_R > 이\ 나무_R]$

(4.4a)는 "'저 꽃$_R$'의 지시물(referent)이 전체 집합 U(분홍색을 띤 개체들의 전체 집합)의 원소이다($\in$)."라는 의미이다. (4.4b)는 "'저 나무$_R$'의 지시물(referent)이 '이 나무$_R$'의 지시물보다 크다($>$)."를 나타낸다. 이런 그림에 상응하는 것들이 머릿속에 떠오르는 논리 형태적 그림인데 더 이상 구체적으로 보여주지 못하는 것이 한계이지만, 이것은 허구가 아니라 현재로서는 더

이상 설명할 수 없는 현상이다.[18]

생각에는 참인 생각과 거짓인 생각이 있다. 참인 생각은 세상을 구성하고 있는 사실들과 일치하는 것이고 거짓인 생각은 세상을 구성하고 있는 사실들과 일치하지 않는 것이다. 거짓인 생각은 눈앞에 펼쳐진 또는 상상 속에 있는 사실들의 덩어리를 우리가 잘못 보고 그린, 즉 명제의 '진릿값'(truth value)이 위(僞, false)인 논리 형태적 그림이다.

위 (4.4)의 생각들은 이 세상을 구성하고 있는 사실들과 일치하는 것이지만 아래 (4.5)의 생각들은 이 세상을 구성하고 있는 사실들과 일치하지 않는 거짓된 생각들이다.

(4.5) a. 화성에도 사람이 산다.
b. 코끼리는 난생(卵生)이다.

위 (4.5a)의 명제는 현재로서는 사실이 아니다. 그러나 훗날 사실이 될 가능성은 존재한다. (4.5b)의 명제도 현재로서는 사실이 아니다. 그러나 이 광활한 우주 어딘가에 난생인 코끼리가 존재할 수도 있다. 그러한 것이 발견된다면 (4.5b)도 참이 될 수 있다.

이렇게 현재로서는 사실이 아니지만 사실이 될 가능성이 있

---

[18] "저 꽃은 분홍색이다."라고 생각하는 순간 뇌의 반응을 동영상으로 촬영해서 보여줄 수는 있다. 그러나 그 영상의 의미를 현재의 과학 수준에서는 더 이상 설명할 수가 없다.

는 명제를 Wittgenstein은 '사실'(Tatsache, fact)이 아닌 '사태'(Sachverhalt, state of affairs)라고 불렀다. 사태에 대해서는 4.5장에서 더 자세히 다룰 것이다.

Wittgenstein에 따르면 참인 한 가지 생각은 이 세상에 대한 한 조각의 그림인 것이다. 각각의 조각이 모여 그 사람의 전체 참인 생각들이 될 것이고 그 사람의 세계관이 될 것이다. 그래서 Wittgenstein은 "참인 생각들의 총합은 이 세상의 그림이다."라고 하였다. 개인이 지닌 (4.4)와 같은 생각들을 모두 모은 것이 그 개인이 지닌 세계관이며 이 세상에 대한 묘사(description)이다.

> (4.6) 참인 생각들의 총합은 이 세계의 그림이다(3.01).
> (= Die gesamtheit der wahren Gedanken ist ein Bild der Welt.)
> (= The totality of true thoughts is a picture of the world.)

생각은 머릿속에 든 보편적인 논리 형태적 그림이지만 그것을 타자는 인지할 수 없다. 아래 (4.7)에 제시되어 있듯이 그러한 생각이 문장으로 표현되어 나오면 우리가 지각할 수 있게 된다.

(4.7) 명제에서 생각은 감각적으로 지각될 수 있게 표현된다(3.1).
   (= Im Satz drückt sich der Gedanke sinnlich warhnehmbar aus.)
   (= In a proposition a thought finds an expression that can be perceived by the senses.)

한국어 화자라면 (4.4)의 두 가지 생각을 (4.8ab)처럼, 영어 화자라면 (4.9ab)처럼, 일본인 화자라면 (4.10ab)처럼 발화할 것이다. 생각, 즉 논리 형태적 그림은 같지만/보편적이지만, 개별 언어에 따라 달리 표현되는 것이다.

(4.8) a. 저 꽃이 분홍색이다.
   b. 저 나무가 이 나무보다 크다.

(4.9) a. That flower is pink.
   b. That tree is taller than this tree.

(4.10) a. あのはなが ももいろだ。
   b. あのきが このきより おおきい。

다시 강조하자면, 세상에 대한 같은 사실들(① 저 앞에 꽃이 있고 그 색깔이 분홍색이고, ② 두 그루의 나무가 있고 멀리 있는 나무가 가까이 있는 나무보다 큰 사실들)에 대해 우리는 (4.4)와 같은 보편적인 논리 형태적 그림들을 그릴 수 있다. 그리고 그 생각들은 말하는 사람의 배경 언어에 따라 (4.8)~(4.10)에서처럼 다르게 표현될 수가 있다.

이러한 생각들을 바탕으로 Wittgenstein은 아래 (4.11)에 나오는 "생각은 의미 있는 명제이다."라고 선언할 수 있었다. 이 명제에서 '표현되면'이라는 말이 생략되었다고 본다. 즉 "생각이 [표현되면] 의미 있는 명제이다."라고 이해해야 한다.

    (4.11) 생각은 의미 있는 명제이다(4).
        (= Der Gedanke ist der sinnvolle Satz.)
        (= The thought is the significant proposition.)

세상을 구성하고 있는 사실들에 대한 각각의 논리 형태적 그림이 사고였고, 사고가 표출된 것이 명제이므로 논리 관계의 전이성(轉移性, transitivity)에 의해 명제들도 세상을 구성하고 있는 사실들의 '언어적' 그림이라고 볼 수 있다.

이러한 맥락에서 Wittgenstein은 '명제는 실재의 그림'임을 선언하였다. 명제는 실재의 '언어적' 그림이다.

    (4.12) 명제는 '실재'(實在)의 그림이다(4.01).
        (= Der Satz ist ein Bild der Wirklichkeit.)

(= The proposition is a picture of reality.)

요약하자면 세상은 사실들로 구성되어 있고, 사실들에 대한 논리 형태적 그림이 생각이다. 생각들에는 세상을 구성하는 사실들과 일치하는 참인 것들과 세상을 구성하는 사실들과 일치하지 않는 거짓인 것들이 있다. 이 생각들이 명제들로 표현되며, 명제들은 세상의 언어적 그림들이다.

이제 '세상'과 '사고'의 관계를 생각해 보자. 우리는 세상을 구성하고 있는 사실들의 총합을 전부 생각할 수 없다. 단지 우리는 세상의 일부, 즉 사실들의 일부를 생각할 수가 있다. 그런 의미에서 사고는 세상보다 범위가 작다. 즉 '세상>사고'의 관계이다.

그러나 생각들 가운데에는 참인 생각들과 거짓인 생각들이 있다. 거짓인 생각은 아직 세상에 실현되지 않은 것들이며 상상하는 것들의 상당수가 여기에 속한다. 앞에서 Emily Dickinson의 시 '뇌는 하늘보다 넓어라'에서 보여주었듯이 인간의 상상력은 무한하다. 이런 의미에서는 사고가 세상보다 범위가 더 넓다. 즉 '세상<사고'의 관계이다.

그런데 참인 생각들은 세상과 일치한다. 이런 의미에서 세상과 사고는 같을 수도 있다. 즉 '세상=사고'의 관계이다. 그래서 아래 <그림 4.1>에서 세상과 사고의 관계를 "클 수도, 같을 수도,

그리고 작을 수도 있다."라는 뜻으로 ''로 표시했다.

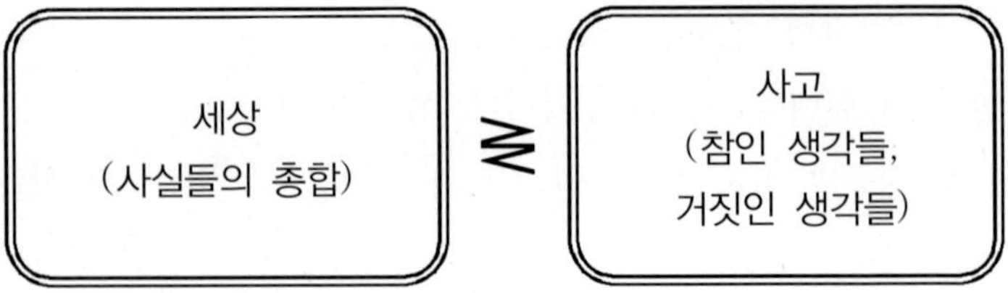

〈그림 4.1〉 세상과 사고의 관계

그런데 우리가 지닌 참인 생각들의 범위는 세상보다 작다. 우리가 세상 전부를 볼 수 없기 때문이다. 즉 '세상>참인 생각들'의 관계이다. 아래 <그림 4.2>에서 이러한 생각을 부등호 '>'로 표시했다.

참인 생각이 표현되면 참인 명제가 되고 거짓인 생각이 표현되면 거짓인 명제가 된다. 결과적으로 참인 생각들은 참인 명제들과 등가적이라고 볼 수가 있다.

물론 여기서 참인 생각들이 마음속에 머물고 표현되지 않는 경우도 있을 수 있지만 그러한 경우는 무시하기로 한다. 참인 생각들이 표현되지 않는 경우를 무시하면 참인 생각들과 참인 명제들이 같아지므로 아래 <그림 4.2>에서 참인 생각들과 참인 명제들을 등호 '='로 표현했다.

〈그림 4.2〉 세상, 참인 생각들, 참인 명제들의 관계

<그림 4.2>에서 참인 생각들에 거짓인 생각들을 합치면 사고가 된다. 마찬가지로 참인 명제들에 거짓인 명제들을 합하면 언어가 된다. 명제들의 총합이 언어라는 명제 중심의 언어관은 다음 장에서 자세하게 논할 것이다.

결국 세상과 사고와 언어의 관계를 도식으로 표현해 보면 <그림 4.3>에 도달한다. 사고는 세상보다 '작거나, 같거나, 크다'. 그러나 사고와 언어는 등가적인, 즉 한 몸이면서도 두 얼굴을 가진 야누스 상인 것이다.

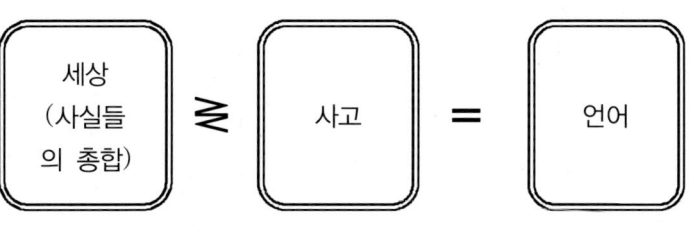

〈그림 4.3〉 세상, 사고, 언어의 관계

4.2. 명제와 언어

Wittgenstein은 명제 중심의 언어관을 펴면서 "명제들의 총합이 언어이다."라고 정의하였다.

> (4.13) 명제들의 총합이 언어이다(4.001).
> (= Die Gesamtheit der Sätze ist die Sprache.)
> (= The totality of propositions is the language.)

위에 표현된 것은 『논리철학논고』(1922)에 나타난 Wittgenstein의 언어관이며, 이것을 '그림 이론'(picture theory of language)이라고 하는데 이 이론에 의하면 명제가 지시하는 실재와 명제와의 관계는 증명사진을 찍는 대상과 증명사진과의 관계와 같다고 보았다. 참인 명제는 실재를 바르게 묘사한 언어적 그림이며, 거짓인 명제는 실재와 달리 그린 언어적 그림이다.

이 책 2.4장 '무엇을 말하는가?'에서 <그림 2.7>에 소개된 문장의 종류들을 보았다. 그리고 특별히 음영 처리한 평서문들을 언어의 핵심으로 간주하였다.

평서문1은 *My office is in the next building.*(=내 사무실은 옆 건물에 있다.)와 같이 사실 주장을 나타내거나, 감탄문은 *What a beautiful flower it is!*(=그 꽃이 참으로 아름답구나!)와 같이 사실을 강조해서 감정을 표현한다. 그리고 평서문2는 *John **may** be a thief.*(=John이

도둑인 것 같아.)나 *John **may** leave now.*(=John은 이제 떠나도 돼.)와 같이 가능성이나 필요성을, 즉 비사실을 나타낸다.

〈그림 2.7'〉 평서문의 범위

그러나 Wittgenstein은 여기서 한 걸음 더 나아가 평서문의 일부인 명제를 언어의 핵심으로 보고 (4.13)에서처럼 "명제들의 총합이 언어이다."라고 했다. Wittgenstein이 사실 판단이 가능한 명제만을 언어의 중심으로 본 것은 감탄문을 포함한 평서문 전부를 언어의 핵심으로 본 2.4장의 견해보다 언어의 범위를 좁힌 견해이다.

이 책 2.4장에서는 평서문1, 감탄문, 평서문2를 평서문으로 보고 평서문을 언어의 핵심으로 보았다. 그러나 Wittgenstein의 입장을 엄격하게 따르면 평서문1의 일부만 명제가 되므로 Wittgenstein의 명제 중심 언어관은 2.4장의 견해보다 언어의 범위를 훨씬 좁힌 견해이다.

본 장에서는 명제의 범위를 넓게 잡아 비사실을 표현하는 평서문2를 제외한 '감탄문을 포함한 평서문1'(이하 평서문1)을 명제로 볼 것이다. 이러한 견해를 반영한 것이 아래 <그림 4.4>에 표시되어 있다. 음영 처리된 평서문1(감탄문 포함)을 명제로 볼 것이며, 이에 대한 자세한 설명을 아래에 제시할 것이다.

〈그림 4.4〉 명제의 범위

논리학이나 수학에서는 명제를 '객관적으로 진위(眞僞) 판정이 가능한 평서문'으로 정의한다. 영어를 중심으로 이야기하자면 위 <그림 2.7'>에서 법조동사가 쓰인 평서문2는 평서문일지라도 진위 판정이 불가능하기에 명제에서 제외된다.

영어에는 9개의 법조동사가 있는데 그것들은 (4.14)에 열거된 것들이다. Ehrman(1966)이나 Kim(1985)에 따르면 9개의 법조동사 중에서도 *shall*은 현대영어에서 사라져가는 법조동사로 간주하므로 괄호 속에 넣었고 아래에 예문들을 제시할 때 무시하기로 한다.

(4.14) must, should, will, (shall), would, may, can, might, could

위 (4.14)의 법조동사들이 쓰인 문장은 현실 세계에서 진위 판정이 불가능한 '가능성' 또는 어떤 일이 실현되어야 할 '필요성'을 나타낸다(Kim 1985).

가령 *John is/was a thief*.(=John이 도둑이다/도둑이었다.)와 같이 사실을 선언하는 문장과 달리 (4.15a)의 문장들은 그러할 가능성의 정도만 나타내고 있다. 또 *John leaves/left for Seoul*.(=John이 서울로 떠난다/떠났다.)과 같은 문장과 달리 (4.15b)의 문장들은 그러한 일이 일어나야 할 필요성 또는 의무감의 정도만을 나타내고 있다.

물론 법조동사의 종류에 따라 가능성이나 필요성/의무감의 정도가 달라지지만 여기서는 자세한 설명을 생략하기로 한다. 어쨌든 법조동사가 쓰인 평서문은 진위 판정이 불가능하므로 <그림 2.7'>에서 평서문2로 분류하였고 이것들은 명제가 아닌 것으로 간주한다.

(4.15)
a. 가능성/추측의 세계　　　b. 필요성/의무의 세계

John **must** be a thief.　　　John **must** leave for Seoul.
John **should** be a thief.　　John **should** leave for Seoul.
John **will** be a thief.　　　John **will** leave for Seoul.
John **would** be a thief.　　John **would** leave for Seoul.
John **may/can** be a thief.　John **may/can** leave for Seoul.
John **might/could** be a thief. John **might/could** leave for Seoul.

그렇다면 평서문의 일종으로 본 평서문1은 모두 명제인가? 이 물음에 대한 답은 명제의 진위 판정을 얼마나 엄격하게 정의하느냐에 달려있다.

앞에서 언급했듯이 논리학이나 수학에서는 명제를 '객관적으로' 진위(眞僞) 판정이 가능한 평서문으로 정의한다. 예를 들면 평서문 가운데에서 (4.16a)는 참인(眞인, true인) 명제이고 (4.16b)는 거짓인(僞인, false인) 명제이다. 이 평서문들의 진위 판정은 객관적으로 가능하며 그 누구도 이의를 제기하지 않을 것이다.

(4.16) a. 2는 4의 약수이다.
　　　 b. 3은 4의 약수이다.

그러나 (4.17)과 같은 평서문의 진위는 객관적으로 판단할 수가 없다. (4.17a)의 '너'가 가리키는 대상이 훌륭한지 아닌지는, 그리고 (4.17b)의 '나'가 가리키는 대상이 큰지 아닌지에 대한 판단은 사람마다 다를 수 있기 때문이다.

(4.17) a. 너는 훌륭하다.
b. 나는 키가 크다.

이렇게 명제를 '객관적으로' 진위(眞僞) 판정이 가능한 평서문으로 보는 데에는 모든 사람이 동의할 수 있는 논리적 혹은 수학적인 체계를 만들 필요가 있기 때문일 것이다. 이렇게 명제를 엄격하게 정의하면 (4.16)은 명제이지만 (4.17)은 명제에서 제외된다. 이렇게 하면 위 <그림 2.7'>에서 평서문1의 일부만 명제로 정의될 것이다.

그러나 이 책은 각 개인이 지닌 세상에 대한 사고와 언어에 초점이 맞춰져 있으므로 명제의 범위를 넓게 잡고자 한다. 즉 명제를 '객관적으로'라는 조건을 지우고 단순하게 '진위(眞僞) 판정이 가능한 평서문'으로 정의하여 위 (4.17)과 같은 평서문도 명제로 간주하기로 한다.

이러한 견해는 A, B 두 사람이 (4.17)의 두 문장에 대해 내리는 진위 판정이 다를 수도 있음을 인정하는 것이다. 가령 A는 (4.17)의 두 문장이 참이라고 믿지만, B는 거짓이라고 믿는다고 가정해 보자. A와 B, 두 사람은 이 세상에 대해 서로 다른 생각들을 가지고 있는 것이 되며 두 사람이 가지고 있는 세상에 대한 그림 혹은 세계관이 서로 다를 뿐이다. 이렇게 명제의 범위를 넓게 잡아 각자가 지닌 세계관에 차이가 있을 수 있음을 이 책은 인정하고 있다.

논리학이나 수학에서는 명제가 아닌 것으로 여기지만 이 책에서 명제로 간주하는 또 다른 유형의 문장들이 있다. 보통 감탄문으로 분류되는 (2.7'bc)와 같은 문장들이다. (4.17)의 문장들과 마찬가지로 (2.7'bc)의 문장들도 객관적인, 그래서 모든 사람이 동의하는 진위를 가릴 수가 없다. 그러나 각 개인이 지닌 사고에 초점이 맞춰져 있는 이 책에서는 (2.7'bc)의 문장들도 명제로 간주한다. 감탄문을 평서문1의 일부로 간주함은 이미 앞에서 여러 번 언급했다.

> (2.7') b. 그 꽃이 참으로 아름답구나!
> (= What a beautiful flower it is!)
> c. 그 소년이 참으로 훌륭하구나!
> (= How good a boy he is!)

요약하자면 이 책은 객관적으로 진위 판정이 가능한 (4.16)과 같은 문장들뿐만 아니라 화자 개인의 주관적 표현들인 (4.17) 및 (2.7'bc)와 같은 문장들도 명제로 간주한다. 그래서 이미 제시한 <그림 4.4>에 사실 판단이 불가능한 평서문2를 제외한 평서문1(명령문 포함)만을 명제로 간주하고 그것들을 음영 처리하였다.

Wittgenstein이 명제들의 총합을 언어로 정의할 때 명제가 아닌 문장이나 표현이 있을 수 있다는 것을 인지하지 못했다기보다는 이러한 것들보다도 명제가 사고 표현의 주된 수단이며 세상을 기술하는 수단이므로 언어를 구성하는 핵심 요소로 간주했다고 여겨진다.

명제가 아닌 것들도 일반 언어학자들에게는 언어의 일부로 여겨지고 있으며 언어학의 관심 대상이 되고 있음을 이 책이 부정하려는 것은 아니다. 다만 이 책은 명제가 언어를 구성하는 핵심이라는 Wittgenstein의 견해에 동의하고 있으며 '명제들의 총합은 언어'라는 그의 말을 '명제들의 총합은 언어의 핵심'으로 이해하고 있음을 밝힌다.

4.3. 언어와 과학

더 나아가서 Wittgenstein은 '참인 명제의 총합이 곧 자연과학'이라고 정의하였다. 명제의 총합을 언어로 정의했으므로 '참인' 명제의 총합은 언어의 일부분이다. 왜냐하면 언어에는 참인 명제들뿐만 아니라 거짓인 명제들도 있기 때문이다. 참인 명제들은 참인 생각들이 외부로 표현된 것들이며 참인 생각들은 세상을 구성하고 있는 사실들과 일치하는 것들이다.

(4.18) 참인 명제의 총합이 전체 자연과학이거나 자연과학들의 총합이다(4.11).

   (= Die Gesamtheit der wahren Sätze ist die gesamte Naturwissenschaft oder die Gesamtheit der Naturwissenschaften.)

   (= The totality of true propositions is the total natural science or the totality of the natural sciences.)

지금까지의 설명을 정리해 보면 다음과 같다. 세상은 사실들의 총합으로 구성되어 있고, 사실들과 일치하는 생각들이 참인 생각들이며, 참인 생각들이 표현된 것이 참인 명제들이다. 그리고 참인 명제들을 모두 모으면 현재의 자연과학이 된다.

이 관계를 그림으로 표현해 보면 다음과 같다. 즉 참인 생각들은 사실들의 총합인 세상의 일부이다. 그래서 부등호 '>'로 나타냈다. 그리고 참인 생각들의 총합은 참인 명제들의 총합과, 참인 명제들의 총합은 자연과학과 등가적(等價的)이므로 <그림 4.5>에서 등호 '='로 나타냈다.

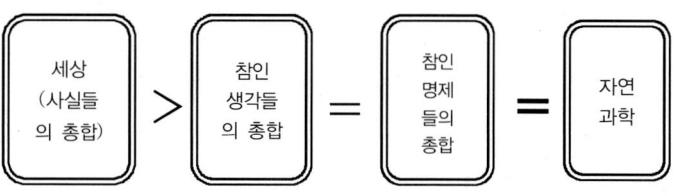

〈그림 4.5〉 세상, 참인 생각들, 참인 명제들 및 자연과학의 관계

(4.18)의 명제에서 Wittgenstein은 '참인 명제의 총합이 전체 자연과학이거나 자연과학들의 총합'으로 정의하였다. 우선 이 명제에서 '자연과학'(Naturwissenschaft, natural science)이라는 용어를 '헤아릴 수 없는 명사'로도 또는 '헤아릴 수 있는 명사'로도 보았음을 지적하고자 한다. 헤아릴 수 없는 명사로 보고 자연과학 전체를 한 덩어리로 간주하여 단수로, 또는 물리나 화학 같은 개별 과학들을 염두에 두고 헤아릴 수 있는 명사로 간주하여 '자연과학들'(Naturwissenschaften, natural sciences)처럼 복수형으로도 표현하였다.

이제 왜 Wittgenstein이 'Wissenschaft'(Science, 과학)가 아닌 'Naturwissenschaft(en)'(Natural Science(s), 자연과학(들))라고 했을까를 생각해 보자. Wittgenstein이 '인문, 사회과학을 배제하고 있는가?'라는 의문을 제기할 수 있기 때문이다.

인문, 사회과학에는 자연과학적 접근법을 쓰는 분야와 그렇지 않은 분야가 있다. 전자는 인간과 사회도 자연과학적 방법으로 연구할 수 있다는 견해이고 후자는 인간과 사회를 자연과학적 방법으로 설명하는 데는 한계가 있다는 견해이다.

Wittgenstein이 인문과학, 사회과학을 과학 영역에서 배제했다기보다는 인문과학, 사회과학에도 자연과학적인 연구를 중요시한 것으로 본다. 따라서 '자연과학'이란 자연과학적 접근법을 쓰는 인문, 사회, 자연과학을 모두 포함한다.

이런 관점에서 보면 '자연'이라는 수식어는 불필요한 것이 된다. 이 책에서는 앞으로 '자연'을 생략한 '과학'이라는 용어를 쓸 것이고 수학, 논리학의 바탕 위에서 '검증이 가능한 자연과학적 접근법을 쓴 모든 인문, 사회, 자연과학'을 가리키는 것으로 간주할 것이다.[19] 검증의 기준은 ① 객관적으로 존재하는 이 세상과 ② 반복 가능성(repeatability)이다. 어떤 주장이 이 세상과 일치해야, 그리고 같은 실험을 통해 재현할 수 있어야 신뢰받을 수 있을 것이다.

요약하자면 언어는 참인 명제들과 거짓인 명제들로 구성되어 있다. Wittgenstein이 과학을 참인 명제들의 총합으로 정의하였는데 이것은 과학이 참인 명제들과 거짓인 명제들로 구성된 언어의 일부분임을 뜻한다.

주목할 점은 Wittgenstein이 '자연과학은 참인 명제들의 총합'이라고만 하였을 뿐, 더 이상 자연과학을 정의하거나 설명하지 않았다는 것이다. 자기 생각을 간략한 명제로 던질 뿐 더 이상의 자세한 주석을 다는 것을 거부했기 때문에 Wittgenstein의

---

[19] 본 단락의 논리 전개는 노동일(경북대학교 정치외교학과) 명예교수와의 토론에서 힌트를 얻었음을 밝힌다.

생각이 학자들 간에 다르게 해석되거나 불분명하게 보일 여지가 있다. 이것은 언어와 언어학에 대한 철학자들의 인식 부족 탓일 수도 있고, 언어학자들도 명제의 형식 구분에만 몰두해 왔을 뿐 명제의 역할에 관한 연구를 소홀히 했기 때문일 수가 있다.

다음 장에서는 2.4장에서 이미 밝힌 명제의 역할 분석에 바탕을 두고 Wittgenstein이 언급하지 않았던 과학의 역할에 대해 생각해 볼 것이다.

4.4. 과학의 역할

참인 명제의 총합이 과학이라고 해도 여전히 과학의 역할에 대해선 의문이 남는다. 과학의 역할은 사고와 언어의 역할 속에 들어 있다. 2.4장의 (2.17')에서 우리는 다음과 같은 결론에 도달했다.

> (2.17') 사고의 역할과 마찬가지로 언어의 역할도 이름이 없는 어떤 것에는 이름을 지어 개체화하고, 개체는 그 속성을, 개체 간에는 그 관계를 정의한다.

Wittgenstein에 따르면 세상은 사실들로 구성되어 있다. 사실에 대한 논리 형태적 그림이 생각이다. 생각이 표현되면 명제이다. 참인 생각이 표현되면 참인 명제가, 거짓인 생각이 표현되면 거짓인 명제가 된다. 참인 명제의 총합이 과학이다. 참인 명제의 총합은 언어의 일부분이므로 과학도 언어의 일부분이다. 따라서 과학의 역할은 언어의 역할 범위 내에 있다.

명제들에는 참인 명제들과 거짓인 명제들이 있다. 그러나 그 역할은 같다. 아래 (4.19)에 나오는 명제들을 살펴보자. 사람이 화성에 사는 것이 언젠가 가능해지겠지만 아직은 사실이 아닌 거짓이다. 코끼리가 난생(卵生)이라는 (4.19b)의 경우도 범위를 지구로 좁히면 거짓이다.[20] 이렇게 보면 (4.19ab)는 거짓이다. 그러나 대한민국의 수도는 서울이므로 (4.19c)는 참이다.

(4.19) a. 사람이 화성에도 산다.
b. 코끼리는 난생(卵生)이다.
c. 서울은 대한민국의 수도이다.

다음 (4.20)에 표시되어 있듯이 명제의 진위와는 별개로 명제들의 역할은 같다. 즉 거짓과 참이라는 명제의 진릿값과는 상관없이 주어 자리에 나오는 개체들의 속성을 정의하고 있다

---

[20] 먼 훗날 또는 다른 행성에는 난생인 코끼리가 존재할지도 모른다. 그러나 여태껏 확인되지 않았으므로 거짓으로 간주한다.

는 점에서 그 역할들이 같다. 더 엄밀하게 말하자면 '사람', '코끼리', '서울'과 같은 이름들이 가리키는 지시물들(referents)을 다른 지시물들을 가리키는 이름들(예를 들자면 '화성에도 산다', '난생이다', '대한민국의 수도이다')로 주어 자리에 나온 개체의 속성을 정의하고 있다.

(4.20) a. <u>사람이 화성에도 산다</u>.
 　　　　개체　　속성
　　　b. <u>코끼리는 난생(卵生)이다</u>.
 　　　　개체　　　속성
　　　c. <u>서울은 대한민국의 수도이다</u>.
 　　　　개체　　　속성

참인 명제의 총합인 과학은 참인 명제와 거짓인 명제를 모두 포함하는 언어의 일부분이다. (4.20c) 같은 참인 명제의 역할과 (4.20ab) 같은 거짓 명제들의 역할은 같다. 즉 다 같이 주어진 개체의 속성을 설명하고 있다.

명제들의 범위를 개체의 관계를 나타내는 3 또는 4형식으로, 관계와 속성을 나타내는 5형식 문장으로 넓혀도 마찬가지이다. 이렇게 과학(참인 명제의 총합)이 언어(참인 명제의 총합+거짓인 명제의 총합)의 일부이므로 과학의 역할도 언어의 역할 내에 갇혀 있다는 결론에 도달하게 된다.

이제 사고와 언어의 역할을 같게 정의했던 (2.17')은 사고와 언어 그리고 과학의 역할도 등가적으로 정의할 수 있다. 그래서 위 (2.17')은 아래 (4.21)로 수정되어야 한다.

> (4.21) 사고와 언어의 역할과 마찬가지로 과학의 역할도 이름이 없는 어떤 것에는 이름을 지어 개체화하고, 개체는 그 속성을, 개체 간에는 그 관계를 정의한다.

사고, 언어, 과학의 역할이 위 (4.21)에서 정의한 것이라면 왜 개별 과학이 매우 다르게 보이는가에 대해서도 생각해 볼 필요가 있다. 그 이유는 첫째, 다루는 개체의 종류가 다르며, 둘째, 개체를 다루는 방법과 도구가 다르기 때문이다.

개체 중에서는 일상생활에서 관찰 불가능한 미생물이나 나노 세계의 개체, 초고온이나 초저온 상태의 개체, 광입자와 같이 빨리 움직이는 개체도 있으므로 그러한 개체들을 연구하기 위해서는 실험실이나 특수시설이 필요하게 된다.

다루는 개체의 수가 늘어나면 개체 간의 가능한 관계 수도 늘어나는데, 개체를 다각형의 꼭짓점으로 간주하면 가능한 관계의 수는 '다각형의 변수와 대각선 수의 합'이다. 개체의 수가 4개이면 가능한 관계의 수는 $6(= n + \{n \times (n-3)\} \div 2)$이지만 개체가 1,200이면 가능한 관계의 수는 719,400으로 늘어남으로 표본조사나 통계 처리가 불가피해진다.

과학의 A 분야와 B 분야가 다르게 보여도 ① 개체를 다루는 방법과 도구의 차이라는 껍질을 벗겨내고, ② 다루는 개체의 종류 차이라는 껍질을 벗기고 나면 남는 것은 결국 이름이 없는 어떤 것에는 이름을 지어 개체화하고 개체는 그 속성을, 개체 간에는 관계를 정의하는 것이다.

이러한 점에서 모든 과학은 근본적으로는 동일하다. 전자현미경으로 미생물을 들여다보든 망원경으로 천체를 관찰하든 간에 결국 '이름이 없는 어떤 것에는 이름을 지어 개체화하고 개체는 그 속성을, 개체 간에는 관계를 바르게 정의하는' 작업을 하고 있다.

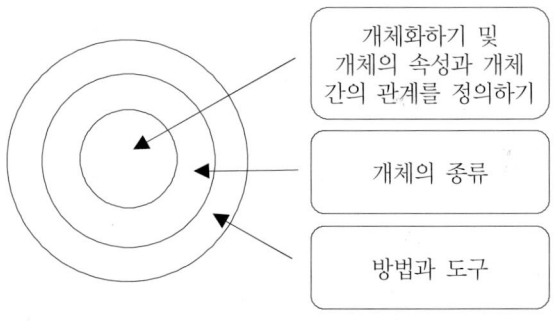

〈그림 4.6〉 과학의 근본 역할

4.5. 개체란 무엇인가?

사고, 언어, 과학의 역할이 '이름이 없는 어떤 것에는 이름을 지어 개체화하고, 개체는 그 속성을, 개체 간에는 그 관계를 정의하는 것'이라면 이제 '개체'가 무엇인지를 생각해 보자.

삼라만상의 모든 것이 '개체'는 아니다. '개체'(entities)는 그중에서 '이름이 붙여진 모든 것'이다. 이름은 무엇인가? 모든 용어가 이름이다. '이름 명'(名)이라는 자구(字句)에 현혹되어 명사 또는 명사구만이 이름을 나타낸다고 생각하면 안 된다. 모든 용어는 개체의 이름이다.

더 나아가기 전에 우선 용어 문제를 정리할 필요가 있다. 독일어 Gegenständen을 Ogden의 번역에서는 entities, objects 또는 things로 번역하면서 영어의 세 단어(entities, objects 또는 things)를 동의어로 썼다. 그러나 이 책은 Gegenständen을 실체가 눈에 보이는 사물에만 제한시켜서 이해해서는 안 되고 모든 용어가 가리키는 것을 개체로 간주해야 한다고 본다. 그래서 이 책에서는 독일어 Gegenständen을 entities로 번역하고 우리말로는 '개체들'로 번역한다. 개체는 최상위의 개념이다.

그러나 개체들에는 세 종류가 있는데 그중의 하나가 '대상'(object)이다. 대상은 개체의 하위 개념인데 명사나 명사구로 이름이 지어진 것들을 나타낸다.

대상들도 세 종류로 나눠지는데 그중 하나가 '사물'(thing)이다. 그러니까 사물은 '물질세계에 있는 모든 구체적이고 개별적인 존재'를 이르는 용어로 대상의 하위 개념이다. 대상 중에서 books, pens처럼 가리키는 것이 분명하게 존재한다고 믿는 것의 이름이다. 이제 개체에 관해 본격적인 논의를 시작하기로 한다.

개체는 크게 세 종류로 분리된다. 첫째, 명사 또는 명사구로 표현되는 '대상'(對象, objects), 형용사, 자동사, 부사 및 보어로 쓰인 명사구로 표현되는 '속성'(屬性, properties). 그리고 타동사로 표현되는 '관계'(關係, relationship)이다.

우선 대상은 명사나 명사구로 이름이 붙여진 것들이다. 대상 속에는 사물(事物, thing)뿐만 아니라 현상(現象, phenomenon) 및 상태(狀態, state)가 있다.

그래서 대상을 이해하는 것은 어떤 명사 혹은 명사구로 이름 붙여진 것들이 어떤 사물(thing), 현상(phenomenon) 혹은 상태(state)를 가리키는지를 이해하는 작업이 된다. 예를 들자면 *book*(책)으로 이름이 붙여진 사물이 어떤 사물인지, *butterfly effect*(나비효과)로 이름이 붙여진 현상이 어떤 것인지, 그리고 *beauty*(美)로 이름이 붙여진 상태가 어떤 것인지를 이해하는 작업이다.

둘째, 개체의 두 번째 종류는 속성이다. 속성은 형용사, 자동사, 부사, 또는 보어로 쓰인 명사구로 이름이 붙여진 것들이다. 이러한 '속성들의 이름들'을 이해하는 작업은 이것들이 어떤 개체들의 속성을 어떻게 나타내는지 이해하는 작업이다.

형용사와 자동사

아래에서 보듯이 형용사 또는 형용사구, 자동사 또는 자동사구는 대상, 즉 사물, 현상, 상태의 속성을 나타내는 이름이다. 아래 (4.22)에서는 *pretty*(예쁜)라는 형용사는 *girl*(소녀) 또는 *Mary*라는 대상의 속성을 나타내는 이름이다.

마찬가지로 아래 (4.23)에서 *sings*(노래한다), *runs*(달린다)와 같은 자동사는 *Mary*라는 대상의 속성을 나타내는 이름이다. 괄호 속에 든 표현은 '수의적'(隨意的, optional), 즉 문장에 있어도 되고 없어도 되는 표현이라는 표시이다.

(4.22) a. a pretty girl
       b. Mary is pretty.

(4.23) a. Mary sings (loudly).
       b. Mary runs (fast).

부사

부사는 '대상의 속성'이나 '속성의 속성' 및 '속성의 속성의 속성'을 나타내는 이름이며 부사가 나타내는 속성도 그 이름이 있으므로 개체이다. 아래에서 부사의 세 가지 용법을 살펴보자.

(4.24) a. <u>Happily</u>, *he did not die*.

    (= 다행히 그는 죽지 않았다.)

  b. The test was <u>surprisingly</u> *easy*.

    (= 그 테스트는 놀라울 정도로 쉬웠다.)

  c. They *live* happily.

    (= 그들은 행복하게 산다.)

  d. Mary sings <u>very</u> *loudly*.

    (= *Mary*는 매우 크게 노래한다.)

  (4.24a)의 문장에서 밑줄 친 부사 *Happily*는 이탤릭체로 된 문장 *he did not die*를 꾸미고 있다. 문장인 *he did not die*는 사실을 기술하고 있는 명제이며 여러 개체들로 구성된 복합개체(複合個體, complex entity)이다. 따라서 부사 *Happily*는 문장이라는 복합개체의 속성을 나타내고 있다.

  (4.24b)에서 밑줄 친 부사 *surprisingly*는 이탤릭체로 된 형용사 *easy*를 꾸미고 있다. 형용사 *easy*가 *the test*라는 구가 가리키는 대상의 속성을 나타내는 이름이므로 *easy*를 꾸미는 부사 *surprisingly*는 속성의 속성을 나타내는 이름이 되는 것이다. 마찬가지로 (4.24c)에서 이탤릭체로 된 자동사 *live*는 *They*가 가리키는 대상의 속성을 나타내는 이름이므로 *live*를 꾸미는 부사 *happily*는 속성의 속성을 나타내는 이름이 된다.

  (4.24d)에서 밑줄 친 부사 *very*는 이탤릭체로 된 부사 *loudly*를

꾸미고 있고 부사 *loudly*는 자동사 *sings*를 꾸미고 있다. 자동사 *sings*가 *Mary*가 가리키는 사람의 속성의 이름이므로, *loudly*는 '속성의 속성'을 나타내는 이름이다. 그래서 *loudly*를 꾸미는 *very*는 '속성의 속성의 속성'을 나타내는 이름이다.

요약하면, 부사는 '대상의 속성'이나 '속성의 속성' 및 '속성의 속성의 속성'을 나타내는 이름이 될 수 있다. 미시적으로 따지면 부사의 역할이 세 가지로 다르지만 크게 봐서 속성을 나타내는 용어로 분류하기로 한다.

보어로 쓰인 명사구

명사나 명사구는 대상의 이름이라고 하였다. 이것은 문장 내에서 주어나 목적어(타동사나 전치사의 목적어)로 쓰였을 때이다. 주격 또는 목적격 보어로 쓰였을 때는 독립적인 대상을 가리키지 않고 주어나 목적어가 가리키는 대상의 속성을 나타낸다.

(4.25) a. John is a student.
       주격 보어
   b. John found Mary a kind girl.
           목적격 보어

그리고 (4.20)에서 살펴봤던 한국어 예문에서도 '화성', '난생', '대한민국의 수도'가 명사구이지만 앞에 나오는 주어가 가리키는 대상의 속성을 나타내는 표현의 일부로 쓰였다.

  (4.20') a. <u>사람이</u> <u>화성에도 산다</u>.
      대상   속성
    b. <u>코끼리는</u> <u>난생(卵生)이다</u>.
      대상   속성
    c. <u>서울은</u> <u>대한민국의 수도이다</u>.
      대상   속성

 위에서 명사구가 주어나 목적어로 쓰였을 때는 대상의 이름이 되고 보어로 쓰였을 때는 속성의 이름이라고 했다. 대상의 이름일 때와 속성의 이름일 때의 차이는 무엇인가? 위 (4.25) 문장들을 아래 (4.25')에서 다시 살펴보자.

  (4.25') a. **John** is <u>a student</u>.
       주격 보어
    b. **John** found **Mary** <u>a kind girl</u>.
          목적격 보어

 위 (4.25')에서 주어와 목적어 자리에 나오는 볼드체로 표시된 명사구 ***John***과 ***Mary***는 독립적인 대상을 가리킨다. 즉 ***John***$_R$과 ***Mary***$_R$가 가리키는 사람이 따로 존재한다. 이렇게 명사구가 주어나 목적어의 자격을 획득하려면 '반드시' 독립적인 대상을 가리

켜야 한다.21

그러나 주격 보어나 목적격 보어로 쓰인 명사구는 앞에 나온 주어나 목적어가 가리키는 대상의 속성을 설명해 줄 뿐이며 독립적인 대상을 가리키지 않는다. (4.25'a)에서 주격 보어 명사구 *a student*는 앞의 *John*을 배제한 독립적인 대상을 가리킬 수가 없다. 마찬가지로 (4.25'b)에서 목적격 보어 명사구 *a kind girl*은 앞의 *Mary*를 배제한 독립적인 대상을 가리킬 수가 없다. 부정관사류 명사구인 *a student*와 *a kind girl*의 정확한 정의는 이 책 6.4.5장에 나온다.

그리고 관사, 접속사, 법조동사 등도 나름의 속성 또는 기능을 지닌 용어들이다. 그러나 이것들은 '속성의 이름'으로 간주하고 별도의 그룹으로 분류하지는 않는다.

셋째, 개체의 세 번째 종류는 관계이다. 관계는 타동사로 표현되는 개체들이다.22

(4.26) a. John loves the girl.
b. The mother gives the girl a dress.

---

21 '반드시'라고 했지만 목적어가 *himself*처럼 재귀대명사구일 때는 주어 *John*과 같은 대상을 가리킨다(예, *John loves himself.*). 이처럼 재귀대명사구가 목적어 자리에 쓰인 경우를 제외하면 주어와 목적어는 반드시 독립적인 대상을 가리켜야 한다.

22 [자동사 + 전치사]나 전치사도 관계를 나타내는 이름이 될 수 있지만, 여기서는 관계를 대표적으로 나타내는 타동사만 다룬다. 가령 *Mom lives for me.*라는 문장에서 밑줄 친 *lives for*는 *Mom*과 나의 관계를 나타내는 관계의 이름이며, *My doll is under the desk.*라는 문장에서 전치사 *under*는 *my doll*과 *the desk*의 위치 관계를 나타내는 이름으로 볼 수 있다.

위 (4.26a)의 문장에서 타동사 *loves*는 *John*이나 *the girl*이 가리키는 대상 간의 2자 관계를 나타내는 관계의 이름이다. (4.26b)의 문장에서는 타동사 *gives*는 *the mother, the girl,* 그리고 *a dress*가 가리키는 대상 간의 3자 관계를 나타내는 관계의 이름이다.

다시 강조하자면, 모든 용어는 개체의 이름이다. 대상의 이름이 가리키는 사물, 현상, 상태뿐만 아니라 속성의 이름이 가리키는 속성, 관계의 이름이 가리키는 관계도 개체이다.

모든 용어를 개체의 이름으로 보는 것은 Wittgenstein(1922)의 아래 명제에 바탕을 두고 있다.

(4.27) 사태는 개체들의 한 결합이다(2.01).
(= Der Sachverhalt ist eine Verbindung von Gegenständen. (Sachen, Dingen).
(= A state of affairs is a combination of entities.)

여기서 '사태'(der Sachverhalt, state of affairs)와 '사실'(die Tatsache, fact)을 구분할 필요가 있다. 사태는 '일어날 가능성은 있지만 아직 실현되지 않은 것'이다. 아래 (4.28a) 명제는 아직 실현되지 않은 사태이다. 사태가 실현되면 사실이 되는데 언젠가 달에 사람이 살게 되면 (4.28a)도 사실이 되는 것이다. 그러나 (4.28b) 명제는 실제로 실현되었기 때문에 사실이다.

(4.28) a. 사람이 달에 산다.
　　　 b. 사람이 제주도에 산다.

사태 중에서 실현된 것이 사실이라면 사태의 일부가 사실이다. 그래서 범위가 큰 사태가 개체의 결합이라면 그 일부분인 사실도 개체의 결합이 된다. 사실을 표현한 것이 명제이다. 따라서 사태가 개체의 결합이라면 명제도 개체의 결합으로 보아야 한다. 명제는 명사뿐만 아니라 다양한 품사들의 결합이다. 따라서 개체를 명사나 명사구가 가리키는 대상에 국한해서는 명제 (4.27)을 이해할 수 없다. 그래서 모든 용어는 품사의 종류에 무관하게 개체의 이름으로 간주해야 한다.

다음 (4.29)는 본 장에서 논의한 개체의 종류와 그 위상을 나타내는 수형도(樹形圖, tree diagram)이다. 요약하자면 개체(entity)는 크게 대상(object), 속성(property) 및 관계(relationship)로 나누어진다.

대상은 다시 사물(thing), 현상(phenomenon) 및 상태(state)로 나뉜다. 대상의 한 종류인 *book*, *pen* 등은 사물의 이름이며, *typhoon*, *earthquake* 등은 현상들의 이름이고, *beauty*, *goodness* 등은 상태들의 이름들이다.

(4.29) 개체의 종류

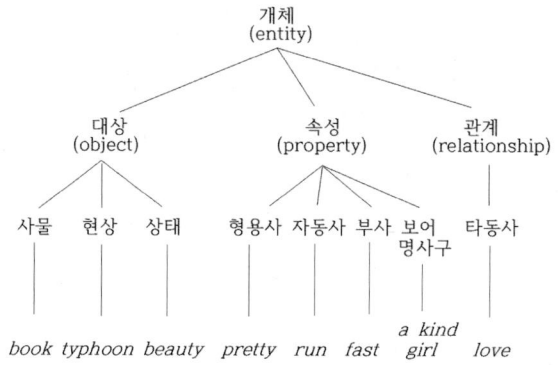

속성의 이름들인 *pretty, happy* 등은 형태적 특징과 문장내적 위치에 따라 형용사로 분류된다. 또 다른 속성의 이름들인 *run, walk* 등도 형태적 특징과 문장내적 위치에 따라 자동사로 분류된다. 그리고 *fast, slowly* 등도 속성의 이름들이며 형태적 특징과 문장내적 위치에 따라 부사로 분류된다. 명사구인 *a kind girl*도 문장 내에서 보어로 쓰이면 속성을 나타낸다.[23]

관계의 종류인 *give, love* 등은 관계의 이름들이며 형태적 특징과 문장내적 위치에 따라 타동사로 분류된다. 이상의 모든 것들이 개체들의 이름들이며 이것들이 가리키는 대상, 속성,

---

[23] 기능어들은 이 책에서 다루지 않았지만 *and, but*과 같은 접속사, *the, a(n)*와 같은 한정사, *must, should*와 같은 법조동사, *in, on*과 같은 전치사 등도 나름의 역할 이름이지만 여기서는 논의를 생략한다. 그래서 (4.29)의 분류에서 '전치사가 관계를 나타내는 경우'는 생략하였다.

관계가 개체를 구성한다.

4.6. 과학을 하는 방법

과학의 역할을 4.4장의 (4.21)에서 '이름이 없는 어떤 것에는 이름을 지어 개체화하고, 개체는 그 속성을, 개체 간에는 그 관계를 정의하는 것으로 정의했고, 개체를 4.5장에서 정의했으니 이제 '과학을 하는 방법'에 대해 생각해 보자.

'과학을 한다'는 것은 아래 (4.30)에 열거된 세 가지 작업을 하는 것이다. 우리가 미생물학을 하던 천체물리학 혹은 언어학을 하든지 간에 우리 앞에 놓여있는 개체들의 속성과 개체 간의 관계를 바르게 정의하려고 (4.30)에 열거된 작업을 할 뿐인 것이다.

    (4.30) 과학을 하는 방법
        a. 새로운 것(대상, 속성, 관계)을 찾아 이름을 지어 개체화하기
        b. 의의뿐만 아니라 지시물이 있는 개체(대상, 속성, 관계)의 속성을 더 바르게 정의하기
        c. 지시물 없이 의의만 있는 개체(대상, 속성, 관계)의 이름을 찾아 정리하기

여기서 첫 번째 작업은 '이름 짓기'(naming)에 해당하며, 두 번째와 세 번째 작업은 '개체의 이름인 용어 정리하기'에 해당한다. 용어가 가리키는 지시물이 있느냐 없느냐에 따라 두 그룹으로 나눈 것은 Frege(1982)의 영향임을 밝힌다.

첫째, '이름 짓기', 즉 이름이 없는 새로운 어떤 것(대상, 속성, 관계)을 찾아 이름을 지어 개체화하는 일이다. 각 학문 분야에서, 언어학은 물론이고 특히 물리학, 화학, 생물학, 지구과학, 공학 등에서 새로운 대상, 속성, 관계가 계속 발견되고 있다. 이 순간에도 학자들은 새로운 것을 찾아 개체화하는 작업을 계속하고 있다. 라듐이라는 개체는 1910년에 마리 퀴리가 순수한 금속 라듐을 얻는 데 성공함으로써 세상에 알려지게 되었다.

라듐을 처음에는 건강에 좋은 속성을 지닌 것으로 잘못 알고 치약이나 화장품에까지 넣어서 사용했다고 한다. 치명적인 방사선을 뿜어내는 라듐의 위험한 속성은 나중에 알려진 사실이다.

천동설이란 과거에 지구를 모든 우주의 중심으로 생각하고 그 밖에 보이는 다른 천체들이 지구를 중심으로 하늘에서 돈다고 생각한 잘못된 우주론이다.

그러나 16세기 코페르니쿠스의 생각으로부터 출발하여 그를 뒷받침할 수 있는 증거들을 갈릴레이가 망원경으로 관측해 냄으로써 지동설이 주목받게 되었다. 지동설은 현재 실제 태양계 모형과 부합되는 우주론으로 태양이 중심에 존재하며 태양을 중심으로 행성들이 일정 궤도를 따라 공전하고 있다는 이론이다. 천동설에서 지동설로 변하는 과정에서 지구를 포함한 행성들과 태양의 관계에 대한 큰 변화를 볼 수 있다.

둘째, 의의뿐만 아니라 지시물이 있는 개체(대상, 속성, 관계)의 속성을 더 바르게 정의하는 것이다. Frege(1892)는 개체의 이름을 정의할 때 의의(意義, Sinn, sense)와 지시물(指示物, Bedeutung, referent)의 두 차원으로 나누었다. 의의는 언어 내적 개념을 뜻하며 지시물은 그 단어가 언어 외적으로 가리키는, 즉 세상에 실재하는 것이다.

언어 내적 개념인 의의는 모든 용어들이 가지고 있지만 지시물은 있을 수도 있고 없을 수도 있다. 가령 'telephone'(전화기)은 나름의 의의(예, 말소리를 전파나 전기로 바꿨다가...)와 지시물(☎)이 있지만 'ghost'(귀신)는 의의(예, 생명체가 사후에 남기는 넋...)만 있고 지시물(ø)은 없다. '천동설', '연금술'과 같은 용어도 의의는 있지만 실재하는 지시물이 없음이 밝혀졌다.

과학을 하는 데는 지시물이 있는 용어가 더 중요하다. 그래서 이 그룹에 속하는 용어들은 ① 의의 차원에서, 그리고 ② 지시물 차원에서 잘못 정의되어 있는 것을 찾아 바르게 정의해야 한다.

셋째, 지시물이 없이 의의만 있는 개체(대상, 속성, 관계)가 존재할 수도 있다. 이런 경우엔 용어의 의의만 있고 그 용어가 가리키는 지시물이 없으므로 '의의의 집'에 따로 정리해 둘 필요가 있다.

이런 용어들도 첫째, 지시물이 정말 없는지 확인할 필요가 있고, 둘째, 의의만이라도 가급적 정확하게 파악하려 애를 써야 하고, 끝으로 의의의 집'에 정리 및 보관하면서 틈나는 대로 다시 생각해 봐야 한다.

이 그룹에 속한 용어들은 의의만 지녔지만 의의 자체만으로도 의미가 있으므로 폐기 처분하지 않고 보관해야 하는 것이다. 신화와 문학 작품들에 나오는 수많은 **대상들**(예를 들자면 제우스, 아킬레우스 등), **속성들**(거짓말을 하면 길어지는 피노키오의 코의 속성, 하룻밤에 지구를 한 바퀴 도는 산타클로스의 속성 등), **관계들**(지구와 천체들의 관계인 천동설, 로미오와 줄리엣의 관계, 지킬과 하이드의 관계 등)이 실존하는 그 무엇을 가리키지 않고 의의만 있다.

의의만 있는 용어들을 무시한다면 신화, 문학, 종교, 그리고 우리가 상상하는 많은 부분이 무의미하게 되고 삶이 건조하게 될 것이다. 과학을 하더라도 이러한 것들을 무시하지 않고 의의의 집에다 보관하는 이유가 여기에 있다. '의의의 집' 살리기는 창의성을 기르는 방법의 하나이기도 한데 이 점은 5.3장 '의의의 집 살리기'에서 더 자세하게 논의할 것이다.

아래 (4.31)에서는 개체 중에서 대상과 속성의 의의를 나름대로 정의하고 있다. 완전한 정의가 아니지만 대상과 속성을 정의하는 예로 보여준 것이다.

 (4.31) a. *Mary*   is very kind.
    대상의 이름   속성
    (Mary가 가리키는 대상은 매우 친절하다.)
   b. *Red*   is the color of blood or fire.
    속성의 이름   속성
    (Red가 가리키는 속성은 피나 불의 색깔이다.)
   c. *Quickly*   is moving in a rapid manner.
    속성의 이름   속성
    (Quickly가 가리키는 속성은 빠르게 움직이는 것이다.)
   d. *Live*   is sustaining life.
    속성의 이름   속성
    (Live가 가리키는 속성은 생명을 유지하는 것이다.)

위 (4.31)에서 주어 자리에 나오는 이탤릭체로 된 용어들은 대상이나 속성의 이름이다. (4.31a)는 *Mary*가 가리키는 대상이 매우 친절하다는 속성을, (4.31b)는 *Red*가 가리키는 속성이 피나 불 색깔의 속성을, (4.31c)는 *Quickly*가 가리키는 속성이 빠르게 움직이는 것을, (4.31d)는 *Live*가 가리키는 속성이 생명을 유지하는 것임을 설명하고 있다.

개체(대상, 속성, 관계)의 속성에 관한 것은 하나의 개체에 관한 것이다. 그런데 관계는 2개 이상의 개체 간에 존재하는 것이다. 개체 간에는 어떤 유형이든 서로 간에 관계를 맺을 가능성이 있다.

앞에서 개체를 다각형의 꼭짓점으로 간주하면 가능한 관계의 수는 '다각형의 변수와 대각선의 수의 합'이라고 하였다. 개체의 수가 4개이면 가능한 관계의 수는 6(= n + {n × (n−3)} ÷ 2)이지만 개체가 1,200이면 가능한 관계의 수는 719,400으로 늘어난다고 하였다. 개체의 수가 1,200개를 훨씬 넘으므로 719,400보다 훨씬 많은 수의 가능한 관계가 있는 것이 실재(實在, reality, Wirklichkeit)이다.

실재의 모든 가능한 관계 중에서도 '이름이 붙여진 관계'가 개체화된 관계이며 이 관계의 이름은 대표적으로 타동사에 의해 표현된다. 아래 (4.32)에서는 관계의 이름들의 의의를 정의하는 예들을 보여주고 있다.

(4.32a)의 타동사 *Love*는 개체 간의 2자 관계를 정의하고 있는 '관계의 이름'이다. *John loves the girl*이라는 문장에서 타동사 *loves*는 *John*이나 *the girl*이 가리키는 개체 간의 2자 관계를 정의하고 있다.

그런데 (4.32b)의 타동사 *Give*는 개체 간의 3자 관계를 정의하고 있는 '관계의 이름'이다. *The mother gives the girl a dress*라는 문장에서는 타동사 *gives*는 *the mother, the girl*, 그리고 *a dress*가 가리키는 개체 간의 3자 관계를 정의하고 있다.

(4.32) a. *Love* is the relationship in which the subject is the lover and the object is the loved.

b. *Give* is the relationship in which the subject is the giver, the indirect object is the receiver, and the direct object is the thing that is given.

위 (4.31)과 (4.32)의 예들은 설명의 편의상 보여준 것인데 의의를 완전하게 풀이하는 것은 불가능하다. 여러 가지 이유가 있지만 가장 본질적인 문제는 의의를 정의하는 것이 '무한 과정'(無限 過程, endless process)의 덫에 빠지기 때문이다. 가령 (4.32a)에서처럼 *Love*를 'the relationship in which the subject is the lover and the object is the loved'로 정의했다고 치자. 여기서 정의하는 데 동원된 단어들을, 예를 들자면, *relationship, subject, lover, object, loved* 등을 또다시 정의해야 하며, 이들을 정의하는 데 쓰인 단어들을 또다시 정의해야 한다. 이 과정이 무한히 반복되므로 무한 과정이라 부르며, 이것이 의의를 완전하게 정의하는 것이 불가능한 이유이다.

앞의 (4.30c)의 과학을 하는 세 번째 방법에서 '지시물 없이 의의만 있는 개체(대상, 속성, 관계)의 이름을 찾아 정리하기'라고 할 때, '정의하기'가 아니라 '정리하기'라고 한 이유는 완전하게 의의를 정의할 수 없기 때문이었다. 그런데 의의를 정의하는 것이 비록 완전하지는 못하지만 필요하다.

첫째, 교육 현장에서 의의를 많이 쓰고 있고, 둘째, 소위 말하는 사전적 정의라는 것이 모두 의의에 해당하기 때문이다. 그래서 현재의 과학 수준에서는 의의를 완전하게 정의할 수 없지만 '정리'해둘 필요가 있다. 언어학과 뇌 과학이 더 발전하면 언젠가는 가능하게 되리라.

의의의 불완전성을 간파한 몬테규는 '몬테규 문법'(Montague Grammar)에서 개체를 정의할 때 어휘가 가리키는 지시물 중심으로 정의했다. 이 정의는 Frege가 어휘의 정의를 의의와 지시물이라는 두 차원으로 나눈 것 중에 의의는 무시하고 지시물에만 초점을 맞춘 이론이다.

그러나 이 책은 의의와 지시물 모두 중요하며 특히 의의의 집을 살리는 것이 창의성을 기르는 방법의 하나임을 역설하고 있다. 이 점에 대한 자세한 이야기는 5.3장에 펼쳐질 것이다.

의의의 문제는 접어두고 지시물 중심으로 어떻게 정의하는지를 살펴보자. 예로서 *Love* 관계를 형식의미론에서 어떻게 정의하는지를 보여주기 전에 '관계'에 대해서 좀 더 생각해 보기로 한다.

위에서 '관계'라고 쉽게 언급했지만 '관계'를 연구하는 것은 실로 엄청난 문제이다. 개체(대상, 속성, 관계)와 개체(대상, 속성, 관계)와의 관계이니, 등장하는 개체 수는 총 6개이다. 개체 수가 6개이면 가능한 관계의 수는 15(= n + {n × (n−3)} ÷ 2)가지 관계를 상상해 볼 수 있는데 아래 (4.33)에 제시되어 있다.

(4.33) 개체₁과 개체₂의 가능한 15가지 관계들

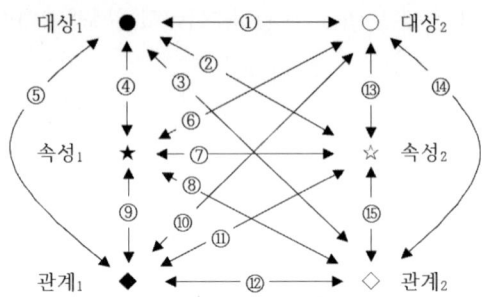

우선 대상₁(●)을 중심으로 한 다음 다섯 가지 관계이다.

① 대상₁(●)과 대상₂(○)의 관계,
② 대상₁(●)과 속성₂(☆)의 관계,
③ 대상₁(●)과 관계₂(◇)의 관계,
④ 대상₁(●)과 속성₁(★)의 관계,
⑤ 대상₁(●)과 관계₁(◆)의 관계.

두 번째로 속성₁(★)을 중심으로 한 다음 네 가지 관계이다.

⑥ 속성₁(★)과 대상₂(○)의 관계,
⑦ 속성₁(★)과 속성₂(☆)의 관계,
⑧ 속성₁(★)과 관계₂(◇)의 관계,

⑨ 속성₁(★)과 관계₁(◆)의 관계.

세 번째로 관계₁(◆)을 중심으로 한 다음 세 가지 관계이다.
⑩ 관계₁(◆)과 대상₂(○)의 관계,
⑪ 관계₁(◆)과 속성₂(☆)의 관계,
⑫ 관계₁(◆)과 관계₂(◇)의 관계.

네 번째로 대상₂(○)를 중심으로 한 다음 두 가지 관계이다.
⑬ 대상₂(○)와 속성₂(☆)의 관계,
⑭ 대상₂(○)와 관계₂(◇)의 관계.

마지막으로 속성₂(☆)를 중심으로 한 다음 한 가지 관계이다.
⑮ 속성₂(☆)와 관계₂(◇)의 관계.

위의 15가지 관계를 모두 예시하기가 힘들므로 문장의 주어 자리에 대상₁이 오는 다섯 가지 *Love* 관계를 예시해 보면 (4.34)와 같다. (4.34a)에서는 대상₁(John)과 대상₂(Mary)의 관계, (4.34b-d)에서는 대상₁(John)과 속성₂(red, run, fast)의 관계, (4.34e) 에서는 대상₁(John)과 관계₂(hate)의 관계, (4.34f-h)에서는 대상₁(John)과 속성₁(blue, walk, slowly)의 관계, 그리고 (4.34i)에서는 대상₁(John)과 관계₁(like)의 관계를 보여주고 있다.

(4.34) a. John loves *Mary*.   ← Love(John, Mary)
b. John loves the color *red*.   ← Love(John, red)
c. John loves *running*.   ← Love(John, run)
d. John loves moving *fast*.   ← Love(John, fast)
e. John loves *hating*.   ← Love(John, hate)
f. John loves the color *blue*.   ← Love(John, blue)
g. John loves *walking*.   ← Love(John, walk)
h. John loves moving *slowly*.   ← Love(John, slowly)
i. John loves *liking*.   ← Love(John, like)

지금까지의 논의를 통해서 개체(대상, 속성, 관계)의 속성과 개체 간의 관계를 정의하는 작업이 실로 엄청난 작업임을 알게 되었을 것이다. 사고와 언어를 하는 인간의 뇌는 이렇게 엄청난 일을 하는 것이다.

위에서 말로써 말을 의의 차원에서 완전하게 풀이하는 것은 불가능함을 지적하였다. 그렇다면 형식 의미론에서 *Love* 관계 자체를 어떻게 정의하는지 살펴보자.

말로써 말을 완전하게 풀이하는 것이 불가능하므로 언어학자들은 대신에 우리가 *Love*라는 관계를 알고 있다면 무엇을 할 수 있는가를 설명하는 우회적인 방법을 쓴다. 가령 *Love* 관계를 알고 있다면 다음 두 가지 작업을 할 수 있음을 의미한다.

첫째, 삼라만상의 모든 것들 중에서 사랑하는 관계에 있는 것들을 {(John愛Mary), (Mary愛John), (영철愛순자), (영수愛앞산)}처럼 쌍으로 묶은 리스트를 만들 수 있다. 물론 (John愛Mary)는 "John loves Mary."를 나타낸다. 네 쌍만 열거했지만 현실에서는 훨씬 더 많은 쌍이 있다.

둘째, 리스트에 있는 모든 쌍들의 관계의 공통점을 찾을 수 있다. 찾아진 관계의 공통점, 그것이 *Love*에 대한 지시물 차원의 정의이다. 이 두 가지 일을 할 수 있다면 그 용어의 지시물 차원의 정의를 알고 있는 것으로 언어학에선 인정한다. 물론 보다 더 완전한 정의는 위에서 말한 지시물 차원의 정의와 (4.32a)에서 내린 의의 차원의 정의를 합한 것이다.

Love(사랑하다)의 정의가 이러하다면 결국 사람마다 다소 다른 정의를 갖게 된다. 각자가 열거하는 쌍의 리스트가 다르기 때문이다. 그런데 어떻게 의사소통이 될까? 그것은 열거된 쌍의 리스트 자체보다 열거된 쌍들이 갖는 관계의 공통점이 더 중요하기 때문이다. 리스트엔 차이가 있을지라도 찾아낸 관계의 공통점엔 큰 영향이 없다. 그래서 의사소통엔 지장이 없다.

위에서 (John愛Mary), (Mary愛John)을 동시에 열거했다. 서로 사랑한다는 뜻이다. 그런데 (영철愛순자)에선 그 반대 쌍이 없다. 영철이 짝사랑하고 있다. 그리고 (영수愛앞산)처럼 의식이 없는 어떤 것을 사랑한다면 그 역은 성립될 수 없다. 평생 짝사랑인 것이다.

만일 두 사람이 각자가 사랑하는 쌍의 리스트를 만든다면 거기엔 두 사람의 인생관·세계관이 드러난다. (철수愛산)이지만 (영희愛바다), (철수愛돈)이지만 (영희愛명예)일 수가 있다.

사랑도, 우정도 고정된 개념이 아니다. 사랑이 변한다는 것은 *Love*(사랑하다)를 나타내는 쌍의 리스트에 변화가 생겼다는 뜻이다. 주목할 점은 리스트에 변화가 생겨도 우리가 지닌 사랑의 개념은 거의 그대로 유지된다는 것이다. 리스트엔 수많은 쌍이 있고 그중에 한두 쌍이 사라지거나 더해져도 추출되는 공통 속성엔 큰 영향을 주지 못하기 때문이다.

요약하자면, 과학을 한다는 것은 (4.21')을 하는 일이다. 더 구체적으로는 (4.30)에 열거한 세 가지 작업이다. 새로운 것(대상, 속성, 관계)을 찾아 개체화하고, 의의뿐만 아니라 지시물이 있는 개체(대상, 속성, 관계)의 속성을 더 바르게 정의하고, 지시물 없이 의의만 있는 개체(대상, 속성, 관계)의 이름을 찾아 정리하는 일이다.

새로운 것을 찾아 이름 짓는, 즉 개체화하는 작업은 인식의 세계를 확장하는 일이다. 의의뿐만 아니라 지시물이 있는 개체(대상, 속성, 관계)의 속성을 더 바르게 정의하고 의의만 있는 개체(대상, 속성, 관계)의 이름을 찾아 정리하는 작업은 인식의 세계를 맑게 하는 작업이다. 인식을 확장하고 맑게 하는 일은 우리가 이 세상을 더 잘 이해하고 지배하는 작업이며 인류의 생존을 위한 숭고한 작업이다.

명왕성을 탐사한 뉴호라이전스호(號)가 전송해 준 사진은 명왕성에 있는 온갖 새로운 지형지물을 보여주고 있다. 그리고 과학자들은 그곳에 있는 한 평원에 스푸트니크라는 이름을 지어 주었다. 스푸트니크 평원은 새로운 대상의 이름이며 그 이름이 가리키는 대상은 이제 인류의 인식 세계의 일부가 된 것이다. 그리고 우리는 스푸트니크 평원과 모종의 관계를 맺어가고 있다.

　시인 김춘수가 꽃이라는 시에서 "내가 그의 이름을 불러 주기 전에는 그는 다만 하나의 몸짓에 지나지 않았다. 내가 그의 이름을 불러 주었을 때, 그는 나에게로 와서 꽃이 되었다."라고 읊었듯이 네이밍(naming), 즉 이름 짓기는 '몸짓'으로 표현한 '무의미한 어떤 것'을 '꽃'으로 표현한 '유의미한 개체'로 개체화하는 작업이었으며 인식 밖의 어떤 것을 인식의 세계로 불러들이는 작업이었다. 우리는 그 꽃이라는 대상과 모종의 관계를 맺어가고 있다.

5. 창의성과 창의성을 기르는 방법들

 '창의성' 함양이 시대의 화두가 되고 있다. 그러나 '창의성' 혹은 "창의성이 있다"라는 말의 의미가 무엇인지, 그리고 어떻게 해야 창의성을 기를 수 있는지에 대해서는 구체적인 언급을 회피한 채 막연하게 혹은 맹목적으로 창의성을 강조하고 있다. 이러한 상황에서 창의성 함양 교육이 제대로 될 리가 없다.

 '창의성이 있다'는 말은 앞 장의 (4.30)에서 제시했던 세 가지 과학을 하는 행위를 잘한다는 의미이다. 더 구체적으로 이야기하자면 세 가지 행위에서 스스로 문제를 잘 찾아내고 찾아낸 문제를 잘 푸는 학생이 창의력이 있는 학생이다.

 본 장에서는 이러한 행위를 잘할 수 있는 아홉 가지 방법을 제시해 보고자 한다. 이것은 새로운 것을 찾아 이름을 짓는 작업과 존재하는 용어들을 정리하는 작업을 잘하게 도와주는 것이다. 즉 과학을 잘하는 방법론이다. 사람마다 특이성이 있으므로 아래에 지적한 사항들을 참조하여 본인에게 맞는 방법을 찾길 바란다.

5.1. 창의, 상상 및 공상력 키우기[24]

2장에서 의식은 뇌가 느낄 수 있는 모든 것(설명하기 힘든 느낌 및 통증까지도 포함하여)이며 사고는 의식의 핵이며 중추(hub)라고 했다.

사고는 다시 '사실적 사고'와 '비사실적 사고'로 나뉜다. '사실적 사고'가 되려면 생각하는 주체가 사실이라고 믿어야 하고 현실에 그러한 실체가 존재해야 한다. 가령 뜰에 핀 목련을 바라보며 "저 꽃이 눈처럼 희다"라는 생각이 참(眞, truth)이 되려면 생각하는 주체가 그것을 사실로 믿고 있고, 실제로 그러한 꽃이 존재해야 하는 것이다.

'창의'(創意, creativity), '상상'(想像, imagination) 및 '공상'(空想, an idle fancy)은 모두 '비사실적 사고'의 영역에 속한다. '비사실적 사고'는 '화성에 사람이 산다'와 같이 생각하는 주체가 그런 생각을 할지라도 아직 현실에 그러한 실체가 존재하지 않으므로 위(僞, falsity)로 판명되는 것이다.

---

[24] 본 장의 일부 내용은 2017년 3월 3일자 경북대신문에 '창의, 상상 그리고 공상'이라는 제목으로 발표했음을 밝힌다.

창의, 상상 및 공상의 경우에는 생각하는 주체도 자신이 생각하는 것이 아직 사실이 아님을 스스로 인지하고 있는 경우이다. 정신병적 이상 현상을 나타내는 용어인 망상(妄想, delusion)은 '자신이 생각하는 것이 사실이 아니며 그것이 사실로 실현될 가능성도 없지만 그것을 사실이라고 믿는 것'을 가리키는데 이에 대해서는 더 이상의 논의를 생략한다.

위에서 지적하였듯이 창의, 상상 및 공상은 '비사실적 사고'라는 점에서 본질적으로 같다. 차이점은 '비사실적 사고'의 실현 가능성에 달려있다. 실현 가능성이 높으면 '창의'가 되고, 실현 가능성이 덜 높으면 '상상'이 되며, 실현 가능성이 거의 없어 보이면 '공상'이 되는 것이다.

'공학적 혹은 자연과학적 상상력'도 말은 되지만 이 표현보다는 '공학적 혹은 자연과학적 창의성 혹은 창의력'이라는 말이 더 자주 쓰이며 더 자연스럽게 들리는 이유는 무엇인가? 반대로 '인문학적 창의성'이라는 표현도 가능은 하지만 이 표현보다도 '인문학적 상상력'이라는 표현이 더 자주 쓰이며 더 자연스럽게 들리는 이유는 무엇인가?

'공학적 혹은 자연과학적 창의'가 자연스러운 것은 학문의 성격상 실험이나 창조(創造, creation), 즉 신제품 생산을 통해 실현 가능성을 입증할 수 있는 확률이 높기 때문이다. 특허 수가 1,000종을 넘을 정도로 많은 발명을 한 발명가 에디슨(T. Edison)을 설명할 때 '뛰어난 상상력'이라는 표현보다는 '뛰어난 창의력'이라는 표현이 더 어울리지 않은가? 그것은 에디슨의 창의가 곧 백열전구와 같은 신제품의 창조로 연결될 수 있었기 때문이다.

한편 판타지 소설인 해리포터 시리즈를 쓴 로울링(J. Rowling)을 묘사할 때 '뛰어난 창의력'보다는 '뛰어난 상상력'이라는 표현이 더 어울리지 않는가? 그 내용이 공상에 가까워 실현될 가능성이 낮기 때문이다. 실현 가능성의 낮음에 주목하는 사람들은 로울링을 '공상가' 혹은 '공상 소설가'로 부를 수도 있다.

'실현 가능성'에 대한 평가는 시대에 따라 달라질 수 있다. 그래서 현재로선 실현 가능성이 없고 헛된 생각처럼 보이는 공상도 긍정적이며 유익할 수가 있다. 강기헌(2015)의 중앙일보 기사에 따르면 공상과학영화 '스타워즈'에 등장했던 다섯 가지 상상 혹은 공상 중에서 ① 이온 분출로 추진력을 만드는 이온 엔진은 이미 현실화됐고, ② 레이저 무기, ③ 생명체 복제, ④ 홀로그램은 일부 실현되었으며, 마지막으로 ⑤ 중력을 무시하고 자유롭게 날 수 있는 반중력 장치는 아직 불가능한 공상의 영역에 남아 있다.

오늘의 공상이 내일의 상상이 되고 훗날엔 창의가 되어 신제품으로 창조될 수도 있는 것이다. 창의, 상상 및 공상의 의미가 이러하다면 이것들의 능력을 배양하는 것이 왜 중요한가는 자명하다. 이것들은 과학을 하는 첫 번째 방법인 새로운 것(대상, 속성, 관계)을 찾아 이름을 지어 개체화하는 데 나침판 역할을 하기 때문이다.

"지식보다 상상력을 더 믿습니까?"라는 질문에 "지식보다 상상력이 더 중요합니다. 지식은 한계가 있지만 상상력은 온 세상을 다 포함합니다."라고 한 아인슈타인의 대답도 창의, 상상 및 공상을 아우르는 비사실적 사고의 중요성을 역설한 것이다.

5.2. 용어 정리하기

우리가 사용하고 있는 용어를 정리해야 한다. 경북대 철학과 명예교수인 신오현은 1979년 봄 [철학 개론] 강의에서 '철학이 무엇이며 어떻게 철학을 하는가?'라는 주제로 한 학기 내내 강의했다. 그중에서도 다소간 뜬금없어 보이게도 다음과 같은 멘트를 남겼다.

(5.1) 철학을 하려거든 당신 주변의 용어를 정리하라.

필자는 그때 학부 2학년생으로서 수업을 듣고 있었는데 그 말의 뜻을 이해할 수는 없었지만 지금도 머릿속에 또렷하게 남아 있다. 46년이 지난 지금 필자는 (5.1)의 멘트를 다음과 같이 이해하고 있다. 우선 (5.1)에서 '철학'은 개별 과목으로서의 철학뿐만 아니라 전체 학문 내지는 과학을 의미한다고 보았다. 즉 (5.1)을 (5.2)로 전환할 수 있는 것이다.

(5.2) 과학을 하려거든 당신 주변의 용어를 정리하라.

위 (5.2)의 명제 속에 과학을 하는 모든 것이 들어있음을 깨닫는 데 오랜 세월이 걸렸다. 신오현 교수는 오래전에 돌아가셨다. 그래서 확인할 길이 없지만 다음과 같이 생각한다.

4.5장에서 개체는 삼라만상의 모든 것이 아니라 그중에서 이름이 붙여진 모든 것으로 정의했다. 이름은 무엇인가? '이름 명'(名)이라는 자구에 현혹되어 명사 또는 명사구만 이름을 나타낸다고 보면 안 된다고 하였다. 명사뿐만 아니라 형용사, 부사 및 동사까지, 그리고 기능어인 관사, 전치사, 접속사, 법조동사까지 모든 용어가 개체의 이름이라고 했다.

명사 *book*은 대상의 이름이며, 형용사 *red*, 부사 *quickly*, 자동사 *run*은 속성의 이름이다. 그리고 타동사인 *love*나 *give*는 관계의 이름이다. 나아가서 관사 *the*, 접속사 *and*, 법조동사 *must*도 나름의 역할을 하는 이름으로 간주함을 각주에서 밝혔다.

그러면 (5.1)에서 "당신 주변의 용어를 정리하라."는 말은 무슨 뜻인가? 4.6장 (4.30)의 '과학을 하는 방법'에서 과학을 하는 두 번째와 세 번째 작업을 하라는 말이다. 이 작업을 하다 보면 새로운 것을 찾게 될 것이고 이름을 지어야 하니 결국 과학을 하는 4.6장 (4.30)의 첫 번째 작업과도 관련이 된다. 결국 신오현 교수의 말을 넓게 해석하면 (4.30)에 나오는 과학을 하는 방법 세 가지를 꾸준히 실천하라는 뜻이 되는 것이다.

첫째, 4.6장 (4.30)의 '과학을 하는 방법'에서 첫 번째 과학을 하는 방법인 (4.30a)를 설명하기 전에 우선 (4.30b)의 '의의뿐만 아니라 지시물이 있는 개체(대상, 속성, 관계)의 속성을 더 바르게 정의하기'에 관해서 살펴보자. 이것도 대상, 속성, 관계의 이름들, 즉 용어들이 제대로 정의되어 있는가를 살피는 작업이다. 어떤 용어를 안다면 그 용어의 의의를 분명하게 말할 수 있어야 하고 그 용어가 가리키는 지시물이 무엇인지도 분명하게 알아야 한다.

둘째, (4.30c)의 '지시물 없이 의의만 있는 개체(대상, 속성, 관계)의 이름을 찾아 정리하기'에 관해 생각해 보자. 대상, 속성, 관계의 이름들이 가리키는 지시물이 있는가를 생각해 보라. 가리키는 지시물이 없는 용어는 의의만 지닌 것이다. 이러한 것들의 이름들은 의의의 집에 넣어 보관하라는 뜻이다. Zeus(제우스신), Santa Claus(산타 할아버지), dragon(용)이 존재하는가? 아니라면 의의의 집에 넣어 보관해야 할 용어이다.

마지막으로, (4.30a)의 '새로운 것(대상, 속성, 관계)을 찾아 이름을 지어 개체화하기'를 생각해 보자. 이것을 편의상 제일 늦게 설명하지만 사실상 과학을 하는 가장 중요한 부분이다. 새로운 대상, 속성 및 관계를 찾아 학자들은 밤을 밝히고 있다.

과학의 역사는 개체화하기의 역사이며 용어를 정의하는 작업이었다. 새로운 것을 찾아 개체화하는 작업은 우리들의 인식 세계를 넓히는 작업이며, 가리키는 용어를 정의하는 작업은 우리의 인식 세계를 맑게 하는 작업이다.

자신이 쓰는 용어를 담을 상자를 마음속에 3개 정도 준비할 필요가 있다. 첫 번째 상자에는 개념들이 정리가 된, 즉 용어의 의의와 지시물이 분명하게 파악된 용어들을 담고, 두 번째 상자에는 개념을 정리 중인 용어들을 담으며, 세 번째 상자에는 생소하거나 개념 정리가 안 된 용어들을 담을 필요가 있다.

평소엔 생각이 날 때마다 각 상자에 담긴 용어들의 의미를 자신이 제대로 알고 있는지를 점검할 필요가 있다. 시간이 지날수록 세 번째 상자에 담긴 용어들이 두 번째 상자나 첫 번째 상자 쪽으로 이동해 가는 것을 느낄 수가 있을 것이다. 그리고 첫 번째 상자에 있던 용어들, 즉 확실하게 이해했다고 믿었던 용어들조차도 그 개념이 새롭게 정리되는 것도 느끼게 될 것이다.

이렇게 용어들을 정리하면서 자신의 글이나 말속에 가급적 개념 정리가 분명하게 된 용어들을 사용하도록 노력해야 한다. 말을 하는 이유와 글을 쓰는 이유는 상대에게 자신을 이해시키는 것이다. 분명하고 정제된 용어를 쓰는 것, 이것은 과학을 하는 출발점이다.

  요약하자면 용어는 개체의 이름이며, 과학이 '새로운 것을 찾아 개체화하거나, 의의뿐만 아니라 지시물이 있는 개체의 속성을 더 바르게 정의하고, 지시물 없이 의의만 있는 개체의 이름을 찾아 정리하기'라면 용어를 정리하는 작업은 과학을 하는 행위 그 자체가 되는 것이다. 신오현 교수는 과학/철학을 하는 본질적인 방법을 1979년 봄, 경북대학교 철학 개론 강의에서 우리에게 가르쳤다.

5.3. 의의의 집 살리기

  Frege(1892)는 '샛별은 저녁별이다'(=The morning star is the evening star)라는 명제를 예로 들면서 단어나 구의 언어 내적 의미인 '의의'와 단어나 구가 언어 외적으로 가리키는 '지시물'을 구분하였다. 개체의 이름인 용어는 의의뿐만 아니라 지시물을 지닌 것(예, '책', '책상')도 있고, 의의만 지닌 것(예, '용', '일각수'(一角獸))도 있다. 용어의 정의를 생각할 때 이 두 차원을 늘 같이 생각해야 한다. 그리고 의의만 지닌 용어도 중요하므로 '의의의 집'에 정리해 둬야 한다.

  의의와 지시물간 관계에 대해 좀 더 생각해보자. '샛별'(the Morning Star)과 '저녁별'(the Evening Star)은 의의는 다르지만 가리키는 지시물은 동일하다. '샛별'은 '특정 지역에서 특정한 계절의 새벽에 뜨는 특정한 별'이라는 의의를 지녔으며, '저녁별'은 '특정 지역에서 특정한 계절의 저녁에 뜨는 특정한 별'이라는 의의를 지닌 것으로 두 구의 '의의'는 다르다. 그러나 아래 <그림 5.1>에 표시되어 있듯이 '샛별'과 '저녁별'은 '금성'(Venus)이라는 동일한 지시물을 가리킨다.

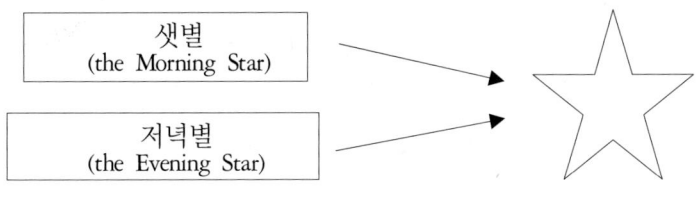

〈그림 5.1〉 표현들과 지시물 간의 관계

언어학에서 '자의성'(恣意性, arbitrariness)은 '특정한 지시물을 그렇게 불러야 할 필연성이 없음'을 나타내는 용어이다. 즉 단어나 구와 그것이 언어 외적으로 가리키는 지시물 간의 관계가 '자의적'이므로 반드시 그렇게 불러야 할 이유가 없다는 것이다.

예를 들자면, 우물에 있는 액체를 가리키면서 '물', 'water', 혹은 'Wasser'라고 언어마다 다르게 부를 수 있기 때문이다. 그런데 '자의성'은 프레게의 이론에서 '단어나 구와 그것이 가리키는 지시물 간의 지시 관계'만을 고려한 용어이다. 즉 단어나 구의 언어 내적 '의의' 차원에서의 차이는 무시된 것이다. 여기서 '의의' 차원의 차이는 항상 무시되어도 좋은지 의문을 제기해 볼 수 있다.

어떤 지시물을 가리키는 단어나 구의 차이가 '물', 'water', 혹은 'Wasser'에서와 같이 언어의 차이에서 오는 가치중립적인 차이일 때는 '의의' 차원의 차이는 무시되어도 문제가 없어 보인다. 그러나 어떤 지시물을 가리키는 표현이 가치중립적이지 않을 때는 A라는 표현을 쓸 때와 B라는 표현을 쓸 때는 중요한 차이가 있을 수 있다.

가령 어떤 독재국가의 최고지도자를 '위대한 영도자'로 부를 수도 있고 반대로 '극악무도한 독재자'로도 부를 수 있는 것이다. 여기서 두 구가 가리키는 언어 외적 지시물은 동일인이지만 두 구는 언어 내적으로 큰 '의의'의 차이가 생기는 것이다. 개인이나 단체에게 좋은 이름을 짓고자 하는 이유, 그리고 개명(改名)하는 이유는 그 개인이나 단체를 '의의' 차원에서 더 좋은 이미지를 지닌 표현으로 포장하기 위해서이다.

서울의 일본 대사관 앞에 <그림 5.2>의 상이 세워졌다. 일본에 끌려갔던 할머니들이 일본 정부를 상대로 위안부 문제의 올바른 해결을 요구하는 항의 집회를 매주 수요일 열어왔는데 아래의 상은 1000번째 수요 집회가 열리던 2011년 12월에 세워졌다.

〈그림 5.2〉 표현들과 지시물 간의 관계

　대한민국에서는 이 상을 '평화의 소녀상' 혹은 줄여서 '소녀상'이라고 부르지만 일본 정부는 굳이 '위안부상'이라는 명칭으로 통일해 부르고 있다. <그림 5.2>의 상을 놓고 한일 간에는 '소녀상'이냐, '위안부상'이냐는 '명칭 전쟁'이 일어났으며 이 문제는 아직도 해결되지 않고 있다.

　정리하자면, 단어나 구는 가리키는 지시물의 유무와 상관없이 단어나 구 그 자체의 의의가 있다. 따라서 현실에 있는 지시물을 이해하는 것도 중요하지만 단어나 구 그 자체의 의의도 잘 이해해야 한다. 극도로 나쁜 의의를 지닌 표현들, 예를 들자면 귀태(鬼胎, 태어나지 말아야 할 사람이라는 뜻으로 고 박정희 대통령을 비하해서 써서 문제가 된 용어), 달창(문재인 대통령을 지지하는 모임인 달빛기사단을 비하하는 말), 나베(일본어로 모 여성 의원을 비하하며 붙인 별명) 등을 쓰지 말아야 설화(舌禍)를 피할 수 있다.

　그리고 4.6장에서 언급했듯이 용어가 가리키는 지시물이 이 세상에 존재하지 않고 의의만 지닌 것 같은 단어들도 지시물이 정말 없는지, 지시물이 없다면 의의는 무엇이고 왜 존재하게 되었는지 파악하려고 노력해야 한다. 이것들이 단서가 되어 우리 사고에 중요한 변화를 줄 수도 있고 위대한 작품(문학, 영화, 미술, 음악) 창작의 계기가 될 수도 있기 때문이다.

이제 본장과 관련하여 응용문제를 내어 본다. 첫째, '소녀상은 위안부상이다'라는 명제가 참이 되는 이유를 설명하시오. 그리고 이 명제가 참인 세상에서 '소녀상은 위안부상이 **아니다**'라는 명제도 참이 되는 이유를 설명하시오. Frege(1892)는 '셋별은 저녁별이다'라는 명제가 참인 이유를 설명했지만 '셋별은 저녁별이 **아니다**'라는 명제도 참이라는 것을 놓쳤다. 이 허점을 보고 필자는 2018년도 경북대학교 입학논술시험(AAT) 언어 문제 출제위원으로서 이 문제를 출제했었다.

5.4. 기초에 충실하기

한 가지 일화를 소개하고자 한다. 필자는 1990년 봄에 Brown 대학의 언어 및 인지 과학학과 대학원생이었다. 언어학에 필요한 기초수학을 공부하기 위해 학부생들이 듣는 수학과의 한 강의를 청강한 적이 있다. 한국에서 고등학교 1학년 때 들었던 공통 수학과 비슷한 내용을 강의하고 있었다. 강의 내용은 쉬웠고 그럭저럭 들을 만하였다. 그런데 과제가 문제였다. 주어진 문제들을 다음 시간까지 풀어야 하는데 나에게는 쉬운 문제가 하나도 없었다. 그중 기억에 남는 한 문제는 '자연수 5가 3보다 크다는/많다는 것을 증명하시오'라는 것이었다.

너무나 당연하게 생각해 왔던 것을 증명하라고 하니 어리둥절할 수밖에 없었다. 그때 받은 충격으로 그 이후 '당연한 것은 없다'라는 구호를 깊이 새기고 있다. 데카르트의 *I think, therefore I am*이라는 명제도 결국 '그 어떤 것도 당연하게 여겨서는 안 된다'는 뜻으로 이해하고 있다. '그 어떤 것'이란 무엇인가? 결국 '그 어떤 개체의 속성과 그것들 간의 관계'이다. '3'과 '5'라는 자연수도 명사(구)이며 개체의 이름들이다. '크거나 작음' 혹은 '많거나 적음'은 그것들 간의 관계이다. 수학 문제와 관련된 개체의 속성과 그것들 간의 관계를 그때까지는 너무나도 당연하게 생각했다.

데카르트의 명제 *I think, therefore I am*에서 타동사 *think* 다음에 목적어가 생략되어 있다. 생략된 목적어는 무엇일까? 감히 제안한다면 그것은 '어떤 것의 이름과 이름이 붙여진 개체들의 속성들과 그것들 간의 관계들'이다. 따라서 *I think* (of the name of a certain thing and the properties of entities and their relationships), *therefore I am.*(=내가 (어떤 것의 이름과 이름이 있는 개체들의 속성들과 그것들 간의 관계들을) 생각/의심하고 있다. 그것이 내가 존재한다는 증거이다.)이 되는 것이다.

그렇다면 5가 3보다 크다는 것을 어떻게 증명할 수 있는가? 필자가 생각해 낸 방법은 피타고라스의 정리를 이용한 방법이다. 수학적으로 더 정치(精緻)한, 즉 정밀하고 치밀한 방법이 있을 수도 있겠지만 그것을 필자는 알지 못한다.

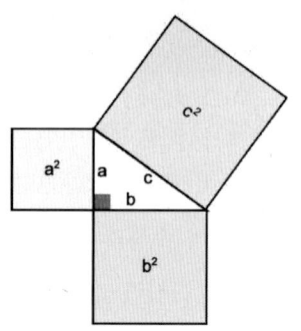

〈그림 5.3〉 피타고라스 정리 1

위 〈그림 5.3〉은 피타고라스의 정리를 설명할 때 쓰는 도형이다. 임의의 직각삼각형에서 빗변 c를 한 변으로 하는 정사각형의 넓이는 a와 b 두 변을 각각 한 변으로 하는 정사각형의 넓이의 합과 같다는 것이 피타고라스의 정리이다.

즉 $c^2 = a^2 + b^2$이라는 것이다. 이것을 시각적으로 나타내면 〈그림 5.4〉가 된다.

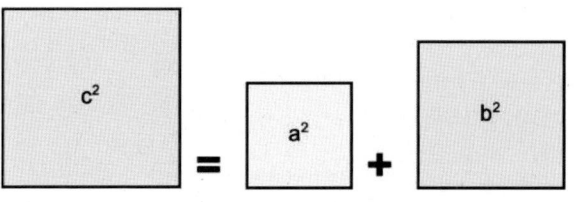

〈그림 5.4〉 피타고라스 정리 2

이제 세 직사각형의 크기를 나타낸 것이 <그림 5.5>이다. 변의 길이가 c인 정사각형 속에 변의 길이가 b인 정사각형이 들어가고, 그 속에 변의 길이가 a인 정사각형이 들어가는 것이다. 이 포함 관계가 $c^2 > b^2 > a^2$을 나타낸다고 본다. 물론 논리 관계의 전이성에 의해 $c^2 > a^2$도 성립한다.

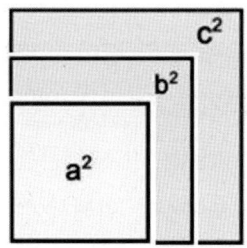

〈그림 5.5〉 피타고라스 정리 3

이제 비교하고 싶은 자연수를 c와 a에 넣고 직각삼각형을 그리면 된다. 문제에서 5가 3보다 크다는 것을 보이라고 했으므로 변항 c에 5를, a에 3을 넣은 직각삼각형을 그리면 된다.

이때 변 b의 값을 구해야 하는데 그것은 (5.3)에 주어져 있다.

(5.3) 변 b의 값
$c2 = a2 + b2$에서 c가 5이고 a가 3이면,
$5^2 = 3^2 + b^2$,
$b^2 = 5^2 - 3^2$,
$b^2 = 16$,
$b = \sqrt{16} = 4$
그러므로 b = 4

결국 $c^2 = a^2 + b^2$이고, 각 변항에 자연수 5, 3, 4를 넣으면 각 변을 5, 3, 4로 하는 정사각형이 그려지며, 변의 길이가 5인 정사각형 속에 변의 길이가 4인 정사각형이, 그리고 변의 길이가 4인 정사각형 속에 변의 길이가 3인 정사각형이 들어가므로 5 > 4 > 3의 크기가 정해지는 것이다.

위의 예를 보여준 까닭은 기초를 튼튼히 하는 것이 창의력을 기르는 기본임을 보여주기 위해서이다. 어쩌면 우리 교육은 학생들에게 이유에 대한 설명도 없이 너무 많은 지식을 머릿속에 집어넣게 하는 것이 아닐까?

5.5. 교수와 학생에 대한 바른 관(觀) 갖기

교수와 학생에 대한 관(觀)을 바르게 가져야 한다. 교수와 학생은 '새로운 것을 찾아 개체화하고, 개체의 속성과 그들 간의 관계'를 밝히려고 애쓰는 동일한 목적을 지닌 사람들이다. 교수는 '가르치는 자'로 학생은 '배우는 자'로 다르게 정의해서는 안 된다. 교수와 학생은 단지 지식과 경험의 양이 다를 뿐이다.

우선 교수는 자신이 가르치려는 주제 혹은 이론이 많은 개체의 이름인 용어들과 용어 간의 관계들로 구성되어 있음을 간파하고 등장하는 용어들의 개념과 그들 간의 관계를 정확하게 이해할 수 있어야 한다. 등장하는 용어가 바르게 정의되어 있는지를, 사용하는 용어가 꼭 필요한지를, 필요한 용어 중에 빠진 것은 없는지 끊임없이 생각해 보아야 한다. 새로운 것에 이름을 붙여 개체화할 필요가 있다면 그 필요성을 입증하고 새로운 개체를 등장시켜야 한다.

학생들은 생각 없이 교수의 설명을 수동적으로 받아 적고 이해하고 암기하는 데 만족해서는 안 된다. 교수의 생각이 옳은지 그른지, 그리고 교수의 논리 전개에 문제가 있는지 없는지를 점검하고 감시하는 자세를 지녀야 한다. 교재의 내용이나 교수의 설명이 진정 옳은지 그른지를 끊임없이 자문해 보면서 의문점이 있다면 과감하게 질의할 수 있어야 하며 그래도 풀리지 않는 의문점은 풀릴 때까지 '그것이 진정 그러한가?'를 되물을 수 있어야 한다.

세상의 모든 문제는 풀리기 위해서 존재한다. 따라서 실제로 대부분이 길지 않은 시간 내에 풀리는 것을 경험하게 될 것이다. 어떤 경우엔 생의 마지막 순간까지도 풀리지 않을 수도 있다. 그래도 실망할 필요가 없는 이유는 우리가 문제를 지니고 살았었고 풀지는 못했지만 훗날 그 누군가가 풀 것이기 때문이다.

5.6. 진리 탐구에 대한 바른 관(觀) 갖기

진리, 혹은 진리 탐구에 대한 올바른 관을 가져야 한다. 인간은 본질적으로 앎을 사랑하고 진리라고 믿는 그 무엇을 찾는 나그네이다. 진리는 이미 찾아졌거나 앞으로 찾아질 수 있는 정적(靜的)인 그 무엇이라기보다는 진리라고 믿는 그 무엇을 찾아가는 과정(過程)이다. 진리, 그것은 이 세상을 구성하고 있는 새로운 사실(事實)을 찾는 작업이고 진리라고 믿어져 왔던 잘못된 진리를 해체하는 작업이다. 더 구체적으로 이야기하자면 과학을 하는 세 가지 행위를 열심히 하는 과정이며 살아있는 한 본능적으로 추구할 수밖에 없는 여행이다. 현재 우리에게 진리처럼 보이는 것들도 내일이면 아니라는 판정이 내려질 수 있고 진리에 대한 이러한 수정 작업은 인류가 존재하는 한 계속될 것이다.

그런데도 우리는 교재나 인쇄된 매체에 등장하는 주장들, 그리고 교수가 강의하는 내용들이 마치 진리인 것처럼 잘못 길들여져 왔다. 책에 있는 지식이 참지식인지, 그리고 교수가 전달한 지식이 참지식인지 알 수가 없지만 그것들이 대단한 의미가 있는 것처럼 포장되어 전달되고 있다. 따라서 교재의 특정 부분이나 강의 내용을 요약해서 암기하는 것이 공부 혹은 연구인 것으로 착각하는 것을 경계해야 한다. 더구나 이러한 것을 잘하는 학생을 우수한 학생으로 그렇지 못한 학생을 열등한 학생으로 평가해서는 안 된다. 강의실은 참지식을 찾는 방법이나 비법의 수련장이 되어야 하며 참지식을 향해 나아가는 과정이어야 한다. 그리고 학생들은 이 과정의 수행 결과에서 우열이 가려져야 한다.

5.7. 적극적 깨달음을 얻기 위해 노력하기

소극적 깨달음이 아닌 적극적 깨달음을 얻기 위해 매진해야 한다. '깨닫는다'는 말은 앞 장에서 열거한 세 가지 과학을 하는 행위 중에서 어떤 한 가지의 문제를 스스로 찾아냈고 풀었다는 의미이다. '소극적 깨달음'은 '타인의 책이나 강의를 통해 배워서 깨닫는 것'을 의미하며, '적극적 깨달음'은 '스스로의 사유를 통해서 세 가지 과학을 하는 행위 중에서 어느 한 가지라도 찾아내는 것'을 의미한다.

소극적 깨달음도 중요하지만 그것에 만족해서는 안 된다. 소극적 깨달음은 그다음 단계, 즉 적극적 깨달음을 얻기 위한 바탕이 될 뿐이다. 적극적 깨달음을 얻기 위해서 매진해야 하며 그것을 위해서는 개체의 속성과 개체 간의 관계를 끝까지 의심하고 생각해야 한다. 그리고 현재의 개체들로 눈앞의 세상을 다 설명할 수 있는지 살펴야 하며 새로운 것들이 필요하다면 이름을 지어 개체화하여야 한다.

윤리 교과서에서 배운 데카르트의 *"I think, therefore I am."* (=내가 생각/의심하고 있다. 그것이 내가 존재한다는 증거이다)과 공자의 '조문도석사가의'(朝聞道夕死可矣, 아침에 도를 깨치면 저녁에 죽어도 좋다)라는 명제들이 교과서적 지식으로만 남아서는 안 된다. 연구자의 가슴속에 데카르트의 명제는 생생하게 살아 있는 외침이어야 하며 깨우치기 위해 석사가의(夕死可矣)할 정도로, 즉 목숨을 걸 정도로 노력해야 한다. 본인이 하고자 하는 개체화 작업, 그리고 개체의 속성과 개체의 관계에 관해 많은 사람들이 이미 연구를 해 놓았을 가능성이 높으므로 새로운 목소리를 내는 일은 결코 쉬운 일이 아니다. 과학을 하는 세 가지 행위 중에서 한 가지에서라도 적극적 깨달음을 얻는 순간 데카르트와 공자의 외침이 가슴속에 살아 있음을 절감할 수 있게 될 것이다.

물론 교수들의 강의도 학생들이 '적극적 깨달음'을 얻을 수 있는 방향으로 유도되어야 하며, Harvard나 MIT 강의실에 앉아 있어도 소극적 깨달음에 만족한다면 그는 3류 학생이요, 3류 대학교 강의실에 앉아 있어도 적극적 깨달음을 얻으려 매진한다면 그가 1류 학생임을 깨우쳐 줄 필요가 있다.

5.8. 끊임없이 생각하고 세상에 알리기

아래 (5.4)에 나오는 라이너 마리아 릴케의 『젊은 시인에게 보내는 편지』의 한 구절을 살펴보자. 아랫글은 1903년 2월에 릴케가 젊은 시인 프란츠 크사버 카푸스에게 보낸 편지의 일부이다.

> (5.4) 당신은 당신의 시가 좋은 것인지를 묻고 계시는군요. (…중략…) 당신은 이전에 다른 사람에게도 물으셨지요. (…중략…) 나는 당신에게 그 모든 것을 포기/중단할 것을 요청합니다. 당신은 밖을 의식하는군요. 당신은 무엇보다도 지금부터 그런 일을 하지 말아야 합니다. (…중략…) 단 한 가지 방법밖에 없습니다. 당신 자신 속으로 돌아가십시오. 당신

에게 쓰라고 시키는 그 원인/근거를 되돌아보십시오. 그리고 그 이유가 당신의 가슴 가장 깊은 곳에 그 뿌리를 내리고 있는가를 조사해 보십시오. 만일 글을 쓰는 것을 못하게 되었을 때 당신이 죽음을 택해야만 한다고 고백할 수 있습니까? 이 점이 가장 중요합니다. 당신은 당신이 [깨어 있는] 밤의 가장 적막한 시간에 '[진정] 써야만 하는가?'를 되물어 보십시오. (= Sie fragen, ob Ihre Verse gut sind. (…중략…) Sie haben vorher andere gefragt. (…중략…) Nun bitte ich Sie, das alles aufzugeben. Sie sehen nach außen, und das vor allem dürften Sie jetzt nicht tun. (…중략…) Es gibt nur ein einziges Mittel. Gehen Sie in sich. Erforschen Sie den Grund, der Sie schreiben heißt; prüfen Sie, ob er in der tiefsten Stelle Ihres Herzens seine Wurzeln ausstreckt, gestehen Sie sich ein, ob Sie sterben müßten, wenn es Ihnen versagt würde zu schreiben. Dieses vor allem; fragen Sie sich in der stillsten Stunde Ihrer Nacht; muß ich schreiben?)

윗글은 자신이 쓴 시가 좋은지 그렇지 않은지를 평해 달라는 한 젊은 시인에게 릴케가 답으로 한 편지글의 일부이다. 요점은 ① 자신으로 돌아가 ② 이 글을 쓰지 않으면 죽을 수도 있는가를 되물어 보고 ③ 진정 그러하다면 남의 시선/평가를 너무 의식하지 말고 발표하라는 것이다.

  필자가 이해하기로 제대로 된 시는 시인이 이 세상의 한 부분을 관찰하고 시인이 깨달은 바를 운문 형식으로 적어 세상 사람들에게 전하는 외침이다. 필자에게는 시인도 과학자이며 시를 쓰는 행위도 과학을 하는 작업이다. 위의 글은 우리에게 두 가지 메시지를 던져 주고 있다.

  첫째, 시인이 글을 쓴 이유가 쓰지 않으면 죽거나 죽을 것 같을 정도라면 그 깨달음은 크고 간절한 것일 것이다. 그러한 깨달음에 도달하기 위해서는 ① '자기 자신으로 돌아가', 즉 자신의 생각 속에서 자신과 묻고 대답하면서 ② '당신이 깨어 있는 밤의 가장 적막한 시간까지', 즉 끝까지 애쓰면서 ③ '죽을 수도 있을 것인가를 되물으면서', 즉 진정성을 가지고 열심히 생각/노력해야 함을 나타내고 있다.

  따라서 홀로 있는 시간을 오히려 즐기며 본인이 가지고 있는 갖가지 의문을 문득문득 떠올려 생각해 보며 '왜?'라는 의문을 끊임없이 던져 볼 것을 주문하고 있다. 밥을 먹다가도, 길을 걷다가도 기회가 있을 때마다 '왜?'라는 의문에 진정성을 가지고 집요하게 매달리다 보면 마침내 '릴케의 새벽'을 맞이하게 될 것이고 "유레카!"(=Eureka!)를 외치며 기쁨의 눈물을 흘리게 될 것이다.

  둘째, '쓰지 않으면 죽을 것 같다면 쓰라'는 말은 곧 자신으로 돌아가 거듭 확인해 봐도 문제가 풀린 것이 확실하다면 세상에 발표하라는 의미이다. 발표는 ① 새로운 사실을 세상에 알릴 기회이며 ② 자신이 발견한 것이 확실한지 아닌지를 세상 사람들로부터 평가받을 기회이기 때문이다. 더구나 깨달음을 표현하고자 하는 욕구는 앎/깨달음을 사랑하는 인간이 지닌 두 번째로 강한 욕구가 아니던가?

삼국유사에서 경문왕의 두건을 만드는 장인이 '임금님의 귀가 당나귀 귀'인 것을 보고 대나무밭에 가서라도 외친 이유가 무엇인가? '인간이 지닌 당나귀의 귀'라는 새로운 개체를 발견하고 이 발견/깨달음을 대나무밭에 가서라도 외치지 않으면 죽을 것 같았기 때문일 것이다. 이처럼 발견/깨달음에 대한 발표 욕구는 강한 것이다. 실제로 동서고금을 막론하고 자신의 깨달음과 목숨을 바꾼 사례는 수도 없이 일어나지 않았던가?

5.9. 메타 자아 활용하기

가끔씩 메타 자아(자신₃)를 동원하여 자신₁과 자아(자신₂)가 하는 일을 감독해 볼 필요가 있다. 연구하는 도중에 멈춰 서서 "파악한 개체의 속성과 개체들의 관계가 바른가?, 필요한 개체들은 모두 동원되었는가?, 불필요한 개체들은 없는가?, 분석·정리하는 과정에 잘못은 없는가?"와 같은 질문을 던지며 수행 중인 과제를 메타 자아의 입장에서 내려다볼 필요가 있다. 나아가는 방향의 지향점과 나아가는 과정을 점검해 보고 수정·보완할 점이 발견된다면 과감하게 수정·보완해야 한다.

요약하자면 ① 창의, 상상 및 공상력을 키우고, ② 사용하는 용어를 정리하며, ③ 의의의 집을 살리고, ④ 기초에 충실할 것이며, ⑤ 교수와 학생에 대한 바른 관을 갖고, ⑥ 진리 탐구에 대한 바른 관을 가질 것이며, ⑦ 소극적 깨달음에 머물지 말고 적극적 깨달음을 얻기 위해 노력할 것이고, ⑧ 끊임없이 생각하고 세상에 알릴 것이며, 마지막으로 ⑨ 자신$_3$인 메타 자아를 동원하여 자신$_1$과 자신$_2$인 자아를 감시·감독하자.

앞에서도 이미 지적하였듯이 새로운 것을 개체화하는 일은 인류의 인식 한계를 넓히는 작업이며 의의뿐만 아니라 지시물이 있는 개체(대상, 속성, 관계)의 속성을 더 바르게 정의하고 지시물 없이 의의만 있는 개체(대상, 속성, 관계)의 이름을 찾아 정리하는 작업은 인류의 인식을 더 맑게 하는 작업이다.

이러한 작업은 인류가 만물의 영장으로 지구상에서 계속해서 생존해 갈 수 있는 바탕을 만들어 준다. 이 일은 힘이 들지라도 이념, 종교 및 시류(時流)로부터 자유로운 가치를 추구하는 사람이라면 매달려볼 만한 일이다.

우리 대학들을 어떻게 일류로 만들 수 있는가? 구성원들, 즉 교수, 학생 및 교직원들 모두가 자기가 처한 현장에서 새로운 것을 찾아 개체화하고 개체들의 바른 속성과 그것들 간의 바른 관계를 좇아 배고픈 승냥이처럼 캠퍼스를 배회하는

날, 그날이 바로 우리 대학이 일류가 되는 날이 아니겠는가? 이 일은 남의 일이 아니라 구성원 모두가 실천하고 노력해야 하는 일이다. '**우배승!**'(=우리 모두 배고픈 승냥이가 되자!)을 대한민국 대학가의 건배사로 제안하는 바이다.

물론 언어학에서도 등장하는 개체들의 속성과 그것들의 관계에 대해 '왜?'라는 의문을 계속 제기해 봐야 한다. 그리고 새로운 것을 찾아 개체화하는 일을 계속해야 한다. 가령, 왜 '명사'인가, 왜 '명사구'인가와 같은 기본적인 질문들, 즉 지금까지 당연하게 여겨져 왔던 것들에 대해서도 계속 질문을 던져 봐야 하는 것이다. 6장 '과학과 창의성의 한 예로서의 언어학'에 제시할 예도 바로 이러한 기본적인 물음의 결과물임을 밝힌다.

6. 과학과 창의성의 한 예로서의 언어학

6.1. 언어의 중요성

언어는 인간을 다른 동물들과 구분해 주는 가장 중요한 기준이다. 인간만이 언어를 사용할 수 있기 때문이다. 이런 의미에서 Lieberman(1991)은 그의 저서를 『Uniquely Human』(=오직 인간만이 할 수 있는)이라고 붙였던 것 같다. 언어의 중요성을 여섯 가지로 정리해 보기로 한다.

첫째, 4장에서 사고와 언어를 거의 동일한 것으로 정의하였다. 언어는 사고의 물리적 결과물이므로 관찰할 수 있지만 사고는 눈에 보이지 않으며 직접 관찰할 수가 없다. 따라서 표현된 그래서 관찰 가능한 언어를 통해 눈에 보이지 않는 사고를 이해할 수 있을 것이므로 Chomsky(1986 : 1) 교수가 철학자 Leibniz의 말을 인용하면서 언어의 중요성을 강조한 이유일 것이다. 즉 언어는 인간의 사고/정신을 가장 잘 나타내주는 거울인 것이다.

> (6.1) 언어는 인간 정신을 가장 잘 나타내주는 거울이다.
> (= Languages are the best mirror of the human mind.)

둘째, 역시 4장에서 지적하였듯이 언어, 특히 그중에서도 명제는 과학의 표현 수단이다. 5장에서는 용어를 정리하는 일이 과학을 하는 방법의 하나이며 창의성을 기르는 방법의 하나임도 지적하였다. 따라서 과학과 창의성의 중요성을 인정한다면 언어의 중요성도 인정하지 않을 수 없게 된다. 결론적으로 사고와 언어, 언어와 과학, 그리고 언어와 창의성의 밀접한 관계를 따져 볼 때 언어는 인류가 만물의 영장이 될 수 있게 하는 가장 중요한 수단인 것이다.

셋째, 신언서판(身言書判)이라는 한자성어가 있다. 예로부터 사람의 능력을 평가하는 기준으로 삼아왔던 말인데 신(身), 즉 용모와 건강을 최우선으로 보았으며, 언(言), 즉 그 사람의 말의 됨됨이를 두 번째로 보았고, 서(書), 즉 그 사람의 글 솜씨와 글 쓰는 능력을 그다음으로 보았고, 마지막으로 판(判), 즉 그 사람의 판단력을 꼽았다.

신(身)이 없으면 언서판(言書判)이 불가능하므로 신(身)을 최우선시할 수밖에 없었던 것 같다. 언서판(言書判)은 신(身)이 지닌 능력을 나열한 것인데 그중에서도 언(言)을 사람이 갖춰야

할 자질 중에서 최상위에 둔 것이다. 언어, 즉 조리가 있는 말솜씨와 언변을 중요시해 왔음을 알 수 있다.

넷째, 언어가 중요하므로 말을 신중하게 조심해서 쓸 것을 당부하는 속담이나 격언이 동서를 막론하고 많이 있다. 이것은 말의 중요성을 '역설적으로'(ironically) 웅변해 주고 있는 것이다.

우리 속담에 '낮말은 새가 듣고 밤말은 쥐가 듣는다', '발 없는 말이 천리 간다'와 같이 말/소문이 쉽게, 그리고 빠르게 전달됨을 강조하면서 말을 바르고 신중하게 할 것을 권면하고 있다. 김천택의 『청구영언』(1728)에서는 '말로써 말 많으니 말 말을까 하노라'라는 구절이 담긴 작자 미상의 시조가 실려 있는데 말로 인한 설화(舌禍)를 극도로 경계하고 있는 것이다. 서양 격언에도 "말이 밖으로 나가면 그것은 다른 사람의 소유다."(=When the word is out it belongs to another.)와 "오늘 생각하고 내일 말하라."(=Think today and speak tomorrow.)라는 말들이 있는데 한 번 뱉은 말은 되돌릴 수 없으니 신중하게 말할 것을 당부하고 있다. 잘 알려진 "침묵은 금이고 웅변은 은이다."(=Speech is silvern, silence is golden.)라는 격언도 마찬가지이다.

물론 "말 한마디에 천 냥 빚을 갚는다."라고 옳고 적절한 말의 중요성을 강조하는 격언도 있지만 대부분의 격언은 말을 조심해서 신중하게 할 것을 조언하고 있다. 말 한마디로 자신의 운명을 좌우할 수도 있으며 수많은 사람을 죽일 수도 있고 살릴 수도 있으므로 "혀 아래 도끼 들었다."라는 말을 명심할 필요가 있다. 말/언어가 그만큼 중요하기 때문이다.

다섯째, 인간은 진화의 역사를 통해 언어 습득이 자신의 생명 유지와 직결되어 있음을 깨달았다. 사람은 태어나서 1년간 체중과 신장을 급격하게 늘린다.

이재연 외(1997)에 따르면 신생아의 평균 체중은 남자아이는 3.4kg, 여자아이는 3.3kg에서 1년 뒤에는 남녀 각각 10.3kg과 9.82kg으로 늘어난다고 한다. 체중이 약 300%로 늘어나는 것이다. 신생아의 평균 신장은 남자아이는 50.8cm, 여자아이는 50.1cm에서 1년 뒤에는 남녀 각각 77.7cm와 76.6cm로 성장한다고 한다. 신장이 약 27cm, 비율로는 약 150%나 성장하는 것이다.

이후 사춘기 때에도 이러한 급격한 성장은 나타나지 않는다. 왜 신생아가 이렇게 급성장하는가는 자명하다. 자신의 생명을 보호하기 위해서 무엇보다도 신체상의 급성장이 필요했기 때문이다.

주목할 점은 신생아에서 1세까지는 육체적 성장에 매진하다가 약 1세부터 4세까지는 육체적 성장뿐만 아니라 언어 습득에 매진한다는 점이다. 사람은 태어나서 5~6개월 때부터 약 1세까지 옹알이기(babbling period)를 거친다. '마', '바', '가'와 같은 간단한 음절의 말을 내뱉으며 알아들을 수 없는 말을 억양에 실어 옹알거린다. 그 이후 한단어기(one-word stage)를 거쳐 약 4세가 되면 모국어를 구사하는 기본 능력을 갖추게 된다. 언어 구사 능력을 놀랍게도 빠른 시기에 갖추게 되는 것이다.

언어 구사 능력에 비해 생식기관은 비교적 늦게 발달한다. 그것은 사춘기인 12 혹은 14세 이후에 급성장을 보인다(이재연 외(1997) ; Tanner(1970)). 여기서 주목할 점은 '왜 인간은 언어 구사 능력의 습득을 생식능력을 갖추는 것보다 우선순위에 두었는가?'이다.

생명체에게 가장 중요한 것은 무엇인가? 그것은 ① 생명 보존과 ② 종족을 유지하는 것이다. 이 둘 모두가 중요하지만 둘 중에 더 중요하고 절실한 것은 무엇인가? 그것은 자신의 생명 보존이다. 자신의 생명이 보존된 이후에야 종족의 보존을 생각할 여유가 생기는 것이다.

인간은 진화 과정에서 신체를 성장시키는 것과 언어를 습득하는 것이 자신의 생명 보존 문제와 직결되어 있음을 절감했던 것이다. 그리하여 태어나서 1년간은 신체를 키우는 데 매진하고 그 이후 약 3년간은 신체를 키우는 데도 노력을 기울이지만 언어 습득에 더욱 정진하는 것이다.

30m 거리에서 놀고 있는 자식의 등 뒤로 살금살금 접근하는 맹수를 본 부모는 어떻게 해야 하는가? 손짓과 같은 몸동작으로는 시각상의 장애물 때문에 위험을 제때 제대로 알리지 못할 수도 있다. 위험을 알리려고 비명을 지를지라도 아이에게 위험의 종류까지 알려서 신속하게 대피시키는 데는 한계가

있다. '호랑이, 피해!'라는 언어를 사용하는 것이 위험을 구체적으로 그 종류까지 알리는 가장 효율적인 방법이며 경고를 듣고 피하는 아이는 그렇지 못한 아이보다 훨씬 생존율이 높아진다.

언어의 습득, 그것은 자신의 생명 보존 문제와 직결되어 있기 때문에 그렇게 일찍 습득하도록 진화해 온 것이다. 생식 문제, 즉 후손을 보는 문제는 그 이후에 갖춰도 늦지 않기 때문이다. 요약하자면 언어 습득을 신체적 파워를 기르는 일에 버금가는 중요한 생명 유지를 위한 도구로 인식해 온 것이다.

마지막으로, 신약성서의 요한복음은 다음의 명제들로 시작된다.

> (6.2) 태초에 말씀이 있었으며, 말씀은 하나님과 같이 있었고, 말씀이 곧 하나님이었다.
> (= In the beginning was the word, and the word was with God, and the Word was God.)

요한복음 저자의 입장으로 돌아가 보면 그도 '태초에 무엇이 있었을까?'를 놓고 고뇌했을 것이다. 천지가 창조되기 전에, 즉 온 천지가 무(無, nothing)였던 시절에 하나님은 어디에 계셨던 걸까? 어딘가에 계셨다면 세상은 무(無)가 아니었을 것이고 세상이 무(無)였다면 하나님은 어디에 계셨던 건가? 하나님의 거소(居所)와 형상(形象)을 놓고 많은 고민을 했을 것이다. 어쩌면 그런 것을 생각하는 것이 불경스럽게 여겨질 수도 있었을 것이다. 하나님의 거소와 형상을 생각한다는 자체가 하나님의 존재를 의심하는 태도로 보일 수도 있기 때문이다.

그런데 복음의 저자는 이미 존재하고 있었던 구약성서의 창세기를 잘 알고 있었을 것이다. 창세기 1장 1절과 3절은 다음과 같다.

> (6.3) 태초에 하나님이 천지(天地)를 창조하셨다(1.1). 그리고 하나님이 "빛이 있으라!"고 하셨고 빛이 있었다(1.3).
> (=In the beginning God created the heavens and the earth(1.1). And God said, "Let there be light.", and there was light(1.3).)

창세기 1장 1절이 보여주는 바는 하나님은 태초부터 존재했다는 것이다. 하나님의 존재를 이미 인정해 놓고 그분이 하신 일을 기술한 것이다. 그런데 1장 1절에서는 어떻게 그런 일을 하셨는지는 밝히지 않았다. 창세기 1장 3절이 보여주는 것은 빛을 창조하는 과정인데 중요한 점은 창조의 수단을 밝혔다는 점이다. 그냥 그렇게 되라고 '말씀하신(=said)' 것이다. 요한복음의 저자는 이 부분에서 '아! 말씀으로 빛을 만드셨구나!'하고 깨달았을 것이다. 하나님의 거소와 형상을 생각하는 것조차 불경스럽게 여길 정도로 신앙이 깊었던 요한복음의 저자는 창세기에 밝혀진 사실들을 믿었을 것이다.

따라서 태초부터 하나님은 계셨고 말씀하실 수가 있었음을 깨달았던 것이다. 그 결과 [하나님=말씀]이라는 인식을 갖게 되었고 (6.2)에 나온 요한복음 1장 1절을 써 내려갔을 것이다.

필자가 성서 구절들을 인용하고 길게 설명을 붙인 이유는 언어의 중요성을 종교적으로도 인정하고 있음을 지적하고 싶었기 때문이다. 성서적으로 본다면 창조의 수단이 되었던 언어가 없었다면 이 세상 자체가 존재할 수 없었을 것이다. 더구나 요한복음 1장 1절에서는 '말씀을 곧 하나님'으로 정의하고 있다. 이보다 더 극명하게 언어의 중요성을 나타낼 수는 없을 것이다.

6.2. 언어학은 무엇인가?

언어학은 언어 자료(corpus, linguistic data)에 숨어있는 법칙들을 찾는 과학이다. 미국 MIT 언어학과 Chomsky 교수가 20세기 중반부터 주도해 온 현대 언어학은 인간이 언어 능력을 생득적으로 타고난다고 보고 있다. 언어 습득은 수리 능력과 같은 지적 능력의 학습과는 본질적으로 다른 특성을 보인다.

첫째, 앞 장에서 지적하였듯이 모국어는 수학과 같은 다른 지적 능력을 학습할 수 없는 매우 이른 시기, 즉 1세에서 4세 경까지 거의 모든 기본적인 것들을 습득한다. 성인의 언어와 4세경의 유아가 쓰는 언어를 비교해 보았을 때 어휘의 수와 난이도에는 차이가 있을지라도 기본 문장들을 잘 구사할 수 있다는 면에서는 별 차이가 없다. 모국어가 아닌 다른 지적 능력의 학습이 이 시기에 거의 불가능한 것과 비교해 보면 모국어 학습/습득은 매우 특이하다.

둘째, 역시 앞 장에서 지적하였듯이 모국어 습득은 매우 빠르게 진행된다. 즉 1세에서 4세라는 짧은 기간에 일어나는 것이다. 이 점에서도 수학과 같은 다른 지적 능력의 학습이 보이는 특성과는 차이가 난다.

셋째, 모국어는 매우 쉽게 습득하며, 그것도 모국어를 가르쳐주는 교사나 특별한 교육 없이도 가능하다는 것이다. 어린이가 쓰는 어법이 어른과 다를 때 부모가 어법을 고쳐주려고 시도해도 전혀 효과가 없다는 연구는 언어 습득 분야에서 이미 오래전에 발표되었다(Foss & Hakes 1978 : 280).

가령 McNeill(1966)이 보고한 (6.4)에 나오는 예를 살펴보자.

(6.4) Child(아이) : Nobody don't like me.[25]

---

[25] 아이가 *Nobody doesn't* 대신 *Nobody don't*라고 한 것도 성인 영어와는 다르다.

(= 아무도 나를 좋아하지 않아.)

Mother(어머니) : No, say 'nobody likes me.'

(= 아냐, 'nobody likes me.'라고 말해.)

Child(아이) : Nobody don't like me.

(= 아무도 나를 좋아하지 않아.)

위의 대화를 여덟 번 반복함

Mothe(어머니) : No, now listen carefully; say 'nobody likes me.'

(= 아냐, 잘 듣고 'nobody likes me.'라고 말해.)

Child(아이) : Oh! Nobody don't like me.

성인들의 문법에서는 '이중 부정'(double negatives)이 허용되지 않는다. 그러나 *Nobody don't like me.*(=아무도 나를 좋아하지 않아.)와 같은 이중 부정문을 아이들은 자연스럽게 쓴다. 어머니가 여덟 번 내지 아홉 번을 반복해서 가르쳐도 아이는 자기 나름의 문법에 맞춰 끝까지 자기 식으로 말하는 것이다. 즉 아이들은 쉽게, 가르쳐주는 사람이 없어도 자기 스케줄에 맞춰 말을 배워나가는 것이다.

마지막으로 모국어 습득은 거의 모든 사람들에게 가능하다. 특별히 지능지수가 낮은 소수의 장애인을 제외하고는 지능지수의 차이에 상관없이 모든 사람들에게 가능한 것이다. 이 문제에 관하여 Chomsky(1990)는 '아이의 언어 습득 능력은 지능지수에 영향을 받지 않는다. 별로 재능이 없는 아이도 언어 능력은 정상적이다'라는 견해를 밝혔다. 언어란 것은 신체의 성장과 마찬가지로 적당한 때에 저절로 습득되는 생물학적 현상인 것이다.

위에서 지적한 모국어 습득 과정에 나타나는 특징들을 설명하기 위해 Chomsky(1965)는 인간은 언어 능력을 생득적으로 타고난다는 가설을 세웠다. 즉 우리 뇌 속에 '언어 습득 장치'(Language Acquisition Device)라는 것을 가지고 태어나므로 모국어를 매우 어린 나이에, 매우 빠르게, 특별한 노력도 없이, 그것도 지능지수에 상관없이 습득할 수 있다고 본 것이다. Chomsky 교수의 가설은 사실로 받아들여지고 있다. 이미 2.5장에서 보았듯이 우리 뇌 속에는 언어 습득을 위해 마련된 특성화된 여러 언어 센터들이 실제로 존재하기 때문이다.

뇌 속의 언어 습득 장치나 언어 센터들의 역할을 직접 연구하면 발화 과정과 청취 과정을 더 잘 이해하게 될 것이다. 그리고 발화된 문장 내에서 작동하는 원리들도 더 잘 이해할 수 있게 될 것이다. 그런데 뇌 과학자들이 언어 습득 장치나 언어 센터들의 역할을 연구하고 있지만 한계가 있다. 현재의 연구 수준이 걸음마 단계이며, 인간 두뇌의 속성상 마음대로 갈라볼 수도 없으며, 갈라본다고 해도 이미 뇌는 정상적인 작동을 멈춘 상태여서 원하는 바를 밝히기가 어렵기 때문이다.

따라서 언어학자들은 언어 습득 장치나 언어 센터들의 역할을 직접 연구하는 대신 그것들의 '결과물'을 연구하고 있다. '결과물'은 발화된 표현이나 문장들이다. 언어 자료라고 불리는 발화된 표현이나 문장들을 분석하여 그 속에 어떤 법칙들이 작동하는지를 찾아내는 작업을 하고 있는 것이다. 찾아진 법칙들이 제대로 된 법칙들이라면 언어 습득 장치나 언어 센터들은 그러한 법칙들을 가능하게 하는 하드웨어(hardware)인 것으로 역으로 추정해 볼 수 있을 것이다. 언어 습득 장치나 언어 센터들과 같은 하드웨어가 실제로 그러한 역할을 하는지는 뇌 과학의 발달과 더불어 점점 더 구체적으로 밝혀질 것이다.

지구상에 존재하는 동물들 중에서 인간만이 말을 할 수 있다. 인간만이 생득적으로 타고나는 언어 능력의 실체를 규명하는 일은 인간의 정신을 이해하는 데 가장 직접적이고 중요한 것이다. 뇌를 직접 연구하는 것은 뇌 과학자들에게 맡기고 언어학자들은 발화된 표현이나 문장들을 분석하여 그 속에 어떤 원리들이 작동하는지를 찾고 있다. 이러한 작업을 하는 언어학은 인간 정신을 연구하는 인문과학 내의 꽃이요, 백미(白眉)이다.

6.3. 언어학은 과학인가?

4.4장에서 '사고와 언어의 역할과 마찬가지로 과학의 역할도 이름이 없는 어떤 것에는 이름을 지어 개체화하고, 개체는 그 속성을, 개체 간에는 그 관계를 정의하는 것'으로 정의했다. 그리고 4.6장에서 과학을 하는 방법에 세 가지가 있는데 첫째는 '새로운 것(대상, 속성, 관계)을 찾아 이름을 지어 개체화하기'이고, 둘째는 '의의뿐만 아니라 지시물이 있는 개체(대상, 속성, 관계)의 속성을 더 바르게 정의하기'이며, 셋째로는 '지시물 없이 의의만 있는 개체(대상, 속성, 관계)의 이름을 찾아 정리하기'로 정의했다.

과학과 과학을 하는 방법이 이렇게 정의되면 이제 언어학은 과학인가를 생각해 볼 때이다. 인문과학의 한 분야인 언어학을 과학으로 보는 이유는 언어학사를 통해 일어난 유의미한 업적들이 대부분, 혹은 모두 위의 세 가지 행위의 결과이기 때문이다. 이를 증명하기 위해서는 4.6장 (4.30)에 열거된 세 가지 행위들의 결과물을 최소한 각각 한 가지씩 보일 필요가 있다.

한 가지를 자세히 설명하려면 최소 4~50쪽 이상의 지면이 요구되므로 이 책에서는 두 번째 행위인 '의의뿐만 아니라 지시물이 있는 개체(대상, 속성, 관계)의 속성을 더 바르게 정의하기'의 예만을 6.4.장에 제시할 것이다. 나머지 두 가지 예들을 포함한 더 많은 예들은 필자가 준비 중인 『언어학, 개체의 속성과 관계의 미학』에서 제시할 것이다.

6.4. 개체들의 속성을 바르게 정의하기

본 장에서는 개체 중에서 명사나 명사구로 이름이 지어진 대상들의 속성, 즉 대상들의 개념을 바르게 이해하는 것이 얼마나 중요한가를 영어 '고유 명사(?)'의 재분석을 통해서 제시하고자 한다. 여기서 '고유 명사'라는 말에 '?'를 붙인 이유는 '고유 명사'라는 용어를 제대로 정의해서 쓴 것이 아니라 '고유 명사'와 '고유 명사구', 그리고 '보통 명사'와 '보통 명사구'의 개념을 뒤섞어 잘못된 개념으로 써왔기 때문이다.

한국 내, 그리고 전 세계 학교문법에 지대한 영향을 끼친 Quirk, Greenbaum, Leech & Svartvik(1972, 1985)이나 Greenbaum & Quirk(1990)과 같은 책에서 범해진 초보적인 실수가 그대로 국내외에 전수되어 학교문법에 얼마나 큰 문제를 일으키는지를 보여줄 예정이다.

요약하자면 '어휘'(word), '구'(phrase), '고유 명사'(proper noun), '보통 명사'(common noun), '고유 명사구'(proper noun phrase), '보통 명사구'(common noun phrase)라는 용어들은 대상들의 이름들이다. 이것들의 속성들을 바르게 정의하는 일은 이것들이 어떤 표현들을 가리키는지를 정확하게 정의하는 작업이다. 대상들의 이름들을 대충 정의했을 때 엄청난 문제가 생기지만 대상들의 이름을 바르게 정의하고 나면 문제들이 저절로 해결됨을 보이고자 한다.

6.4.1. 문제 제기

Greenbaum & Quirk(1990 : 86-87)은 고유 명사는 '사람(Gorbachev), 장소(Tokyo), 기관(Thames Polytechnic)의 이름이다'고 정의하였다. 그러나 사람, 장소, 기관명에 고유 명사가 많지만 모든 사람, 장소, 기관명이 고유 명사인 것은 아니다. 그러나 Quirk, Greenbaum, Leech & Svartvik(1972, 1985)과 Greenbaum & Quirk(1990)은 고유 명사를 의미에 의존해 정의한 다음 모든 사람, 장소, 기관명을 고유 명사로 처리하였다.

그래서 다음 (6.4a-b)에 나오는 모든 표현을 고유 명사로 본 것이다. (6.4a-b)의 표현들을 모두 고유 명사로 잘못 처리해 놓은 다음 왜 (6.4a)의 표현들에는 정관사 *the*가 붙지 않는데 (6.4b)의 표현들에는 정관사 *the*가 붙는지를 설명해야 하는 문제에 부닥치게 된 것이다.

그들은 제대로 된 설명을 할 수 없었고 정관사 *the*를 붙이는 고유 명사와 붙이지 않는 고유 명사를 별도의 리스트를 만들어 학생들에게 암기시킬 수밖에 없었던 것이다. 이들의 이론이 전 세계의 수많은 영문법 교실에서 가르쳐지고 있으며 가르치는 교사도 배우는 학생도 제대로 된 원리를 파악할 수 없으므로 결국 기억에 의존하게 되는 것이다.

(6.4) a. Lake Michigan   b. the Great Lakes
        America   the United States
        President Clinton   the British Channel

결론부터 이야기하자면 이전 연구들은 두 가지 문제를 지니고 있다. 첫째, 어휘(word)와 구(phrase)의 개념을 정확히 정의하지 않았다. 이전 연구들은 (6.4)에 나오는 표현들을 단순한 어휘로 취급하였을 뿐 (6.4)의 표현들이 모두 구를 형성하고 있음을 인지하지 못했다. 이전 연구들이 (6.4)의 표현들을 '고유 명사'로 부른 것은 그것들을 모두 어휘로 취급하고 있고 그들이 지닌 어휘와 구의 개념이 분명하지 않음을 나타낸다. 한 단어로 된 America조차도 명사이면서 명사구를 형성함을 보여줄 것이다. 결국 (6.4)의 모든 표현들이 명사구들임을 주목해 주기 바란다.

둘째, 이전 연구들은 고유 명사(구)를 제대로 정의하지 못했다. 따라서 (6.4)의 모든 표현들을 '고유 명사'로 잘못 분류하였다. 고유 명사(구)를 '의미가 아닌 표현 자체'를 보고 제대로 정의하고 나면 (6.4a)의 표현들만 참 고유 명사구로 분류되며 (6.4b)의 표현들은 고유 명사구가 아닌 보통 명사구로 분류됨을 주목해야 한다.

결과적으로 6.4.6에서 밝힐 이유 때문에 고유 명사구인 *John*에 관사가 붙지 않듯이 고유 명사구인 (6.4a)의 표현들에도 관사는 붙지 않아야 하는 것이다. 그리고 6.4.5에서 밝힐 이유 때문에 보통 명사구인 *the first page*에 정관사 *the*가 붙었듯이 보통 명사구인 (6.4b)의 표현들에도 정관사가 붙을 뿐인 것이다. 요약하자면 이전 연구들은 대상의 이름들에 대한 잘못된 이해 때문에 문제가 아닌 것을 되레 문제로 만들었던 것이다.

6.4.2. 어휘와 구

이전 연구에서는 '명사'(名詞, noun)라는 어휘와 '명사구'(名詞句, noun phrase)라는 구의 개념을 명확하게 구분하지 않고 있는데 우선 이 오류를 바로 잡아야한다. 결론부터 말하자면, '명사가 수식어와 같이 쓰일 때만 명사구를 형성하는 것이 아니라 명사가 홀로 문장에 쓰여도 명사구를 형성한다'는 것이다.

> (6.5) 명사가 수식어와 같이 쓰일 때만 명사구를 형성하는 것이 아니라 명사가 홀로 문장에 쓰여도 명사구를 형성한다.

학교문법에서는 아래 (6.6a)의 밑줄 친 *Cars*와 같이 명사가 홀로 쓰였을 때는 '명사구'가 아닌 '명사'라고 칭하고, (6.6b-e)

의 *Used cars*, *A used car*, *The used car*, *The used cars*처럼 수식어가 붙어서 두 단어 이상이 되었을 때 '명사구'라는 말을 쓰고 있다. 이러한 잘못은 '명사는 한 단어로 구성되어 있으며, 명사구는 두 단어 이상으로 구성된 것이다'라는 잘못된 견해에서 유래된 것이다. 이 잘못된 견해로 인해 한 단어로 구성된 *Cars*가 명사구를 형성하지 않는다는 잘못된 인상을 심어 주고 있다.

  (6.6) a. <u>Cars</u> are dangerous.
      b. <u>Used cars</u> are dangerous.
      c. <u>A used car</u> is dangerous.
      d. <u>The used car</u> is dangerous.
      e. <u>The used cars</u> are dangerous.

 (6.6a)의 *Cars*처럼 명사가 홀로 문장에 쓰여도 명사구를 형성한다고 봐야 한다. 그 이유는 밑줄 친 (6.6a-e)의 것들이 문장에서 하는 역할, 즉 '주어'(主語, subject)로서의 역할이 같기 때문이다. (6.6)에 나오는 평서문들에서 제일 먼저/왼쪽에 나오는 명사구가 문장 내에서 하는 역할을 가리켜 주어라 부른다.

 만약 (6.6a)의 *Cars*는 명사구가 되지 못하는 명사이고, (6.6b-e)에서 밑줄 친 것들은 명사구를 형성한다면, 다시 말해서 *Cars*와 나머지 것들의 '범주'(範疇, category)가 다르다면, 범주가 다른 것들이 왜 주어로서 하는 역할은 동일한가를 설명할 수가 없게 된다.

 범주란 개체들을 그 특성에 따라 분류해 놓은 이름을 말하며 학교문법에 쓰이는 명사, 동사와 같은 개별 품사의 이름도 범주이다. 나아가서 개별 품사가 형성하는 명사구, 동사구, 형용사구, 부사구, 전치사구뿐만 아니라 문장까지도 범주의 예들이 된다.

 쉬운 예를 들자면 생명체를 그 성(性, gender)에 따라 남성과 여성으로 분류하는데, 이때 '남성'과 '여성'이라는 것이 범주이다. 어떤 두 개의 생명체가 범주가 같다면, 즉 같은 남성이라면 공통점이 있을 것이요, 범주가 다르다면 차이점이 있을 것을 기대하게 된다. (6.6a)의 *Cars*와 (6.6b-e)에서 밑줄 친 것들이 문장 내에서 하는 역할이 항상 같다면 우리는 그것들의 범주도 같다는 결론을 내리는 것이다.

 따라서 아래 (6.7)에 예시되어 있듯이 한 단어로 구성된 명사 *Cars*도 두 단어 이상으로 구성된 나머지 구들과 마찬가지로 그 자체로써 명사구를 형성한다고 보는 것이다. 이렇게 보면 (6.6a-e)에서 밑줄 친 부분들은 '명사구'로서 범주 내지는 이름이 같으며, 범주 내지는 이름이 같기 때문에 문장 내에서 하는 역할도 같다는 자연스러운 설명을 할 수 있게 된다.

(6.7) 명사구
|
명사
|
Cars

위의 논리를 다시 (6.4)의 예들에 적용해 보기로 하자. 우선 (6.4)에는 *America*와 같이 홀로 쓰인 것도 있고 *the United States*와 같이 수식어를 동반한 것도 있지만 모두 명사구를 형성한다고 보아야 한다. 우선 세 단어로 구성된 *the United States*가 명사구임에는 의심의 여지가 없을 것이다.

그런데 한 단어로 된 *America*도 명사이면서 명사구를 형성한다고 보는 이유는 문장 내에서 *the United States*가 나타날 수 있는 곳에는 *America*도 항상 나타날 수 있기 때문이다. 즉 이 둘의 문장 내에서의 역할이 꼭 같기 때문에 이 둘의 범주도 같은 것으로 봐야 하는 것이다. (6.4)에 있는 나머지 표현들도 모두 동일한 이유로 궁극적으로는 명사구를 형성한다고 봐야 한다.

요약하자면 명사가 수식어를 동반하지 않고 홀로 쓰여도 명사구를 형성한다. 즉 *America*는 아래 (6.8)에 표시되어 있듯이 명사이면서 동시에 명사구도 형성한다. 이전 연구들이 (6.4)에 나온 표현들을 부주의하게 어휘인 명사들로 간주하였지만 엄밀하게 정의하면 모두 명사구들이다.

(6.8)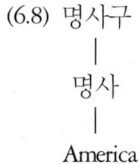

6.4.3. 고유 명사구와 보통 명사구

이전 연구들은 (6.4)의 모든 표현들을 '고유 명사'인 것처럼 다루었다. (6.4)의 모든 표현들은 명사보다 더 상위의 단위인 명사구를 형성한다. 더욱 놀라운 사실은 (6.4a)의 표현들만 고유 명사구가 되며 (6.4b)의 표현들은 보통 명사구라는 것이다. 이전 연구들은 '구(phrase)의 이름은 어디에서 유래하는가?'라는 기본적인 의문을 정치(精緻)하게 이해하지 못한 것으로 보인다.

아래 (6.9)에서처럼 형용사와 명사로 구성된 구의 이름을 '왜 형용사구라고 하지 않고 명사구라고 하는가?'라는 근본적인 질문을 학생들은 제기할 수 있어야 하며 선생님들도 명확하게 설명할 수 있어야 한다. 이것은 언어학의 기본인데 이러한 기본적인 것이 간과될 때 큰 오류를 범할 수 있음을 독자들은 목격하게 될 것이다.

(6.9)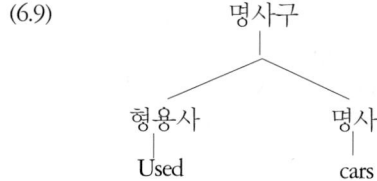

구의 이름은 '주요어'(主要語, head)의 이름을 따서 짓는데 (6.9)의 구를 '형용사구'가 아닌 '명사구'라고 부르는 이유는 '명사'를 주요어로 간주하기 때문이다.[26]

(6.10) 구의 이름은 주요어의 이름을 따라서 짓는다.
'명사구'라고 부르는 이유는 그 구들의 주요어가
'명사'이기 때문이다.

(6.9)에서 형용사인 *Used*는 '수식어'(修飾語, modifier)로 분류되고 *cars*는 주요어로 분류된다. 주요어인 *cars*의 품사가 명사이기 때문에 (6.9)의 구는 명사구가 되는 것이다.

물론 여기서 *cars*의 품사가 왜 명사인지 보다 근본적인 의문을 품는 독자도 있을 것이다. 언어학에서는 단어의 '형태'(form)나 문장 내에서의 '위치'(position)를 보고 품사를 결정하는데 주어진 단어에 복수형 어미인 -(*e*)*s*를 붙일 수 있으면 그 단어는 명사로 간주된다. 그래서 *Car-s*에 붙은 복수형 어미 -*s*가 *Cars*가 명사로 분류되는 증거가 된다.

위에서 '수식어'와 '주요어'라는 용어를 여러 번 사용하였는데, 이제 수식어와 주요어의 개념을 정리해 보자. 결론부터 말

---

[26] 1987년 Abney의 MIT 박사논문 이후 명사구의 주요어를 문법적 기능을 가진 관사(Determiner)로 보고 명사구(NP, Noun Phrase)가 아닌 관사구(DP, Determiner Phrase)로 보는 것이 정설이 됐다. 이 책은 선통분법 측면에서 새로운 설명을 시도하므로 전통문법의 틀을 따라 관사가 아닌 명사를 '주요어로 보고 논의를 전개하고 있음을 밝힌다.

하자면 수식어는 주인인 주요어를 '수식' 혹은 '꾸미는' 단어이며, 주인인 주요어는 이러한 역할을 하지 않는 단어이다.

> (6.11) 수식어는 주인인 주요어를 '수식' 혹은 '꾸미는' 단어이며, 주인인 주요어는 이러한 역할을 하지 않는 단어이다.

영어의 'modify'라는 단어는 그 기본 뜻이 '바꾸다'(change)라는 것이다. 이 *modify*를 문법에서는 '수식한다, 꾸민다'라는 말로 번역하는데, 그 뜻은 '주인 되는 단어가 가리킬 수 있는 개체의 범위를 좁혀준다'라는 의미이다. 주인 되는 주요어를 꾸미는 단어를 'modifier'라고 하는데, 이것을 '수식어' 혹은 '꾸미는 말'이라고 한다.

예를 들자면, *cars*라는 말이 가리킬 수 있는 것들, 즉 세상의 자동차들을 모두 모아서 아래 <그림 6.1>에서처럼 한 집단(group)으로, 다시 말해서 한 집합(set)으로 만들었다고 가정해 보자. <그림 6.1>에서 C는 '자동차'를, $1, 2, 3\cdots$ 일련번호는 '자동차의 나열 순서'를, n은 '새 자동차'를, 그리고 u는 '중고 자동차'를 나타낸다. 새 자동차든 중고 자동차든 모두 *cars*가 가리키는 개체가 될 수 있으므로 <그림 6.1>의 집합에는 새 자동차와 중고 자동차가 모두 포함되어 있다.

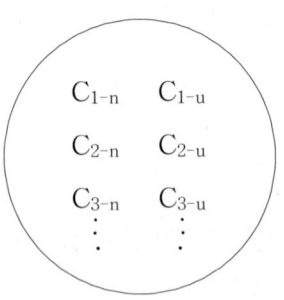

〈그림 6.1〉 cars가 가리킬 수 있는 개체들의 집합

이제 cars라는 말에 used라는 단어를 더해서 used cars라는 구를 만들고, used cars라는 구가 가리킬 수 있는 대상들의 집합을 만들어 보자. 아래 〈그림 6.2〉에 표시되어 있듯이, 이때는 〈그림 6.1〉의 집합(점선으로 표시된 전체집합)에 포함된 자동차들 중에서 '새 자동차'를 제외한 '중고 자동차'만을 포함하는 작은 원으로 표시된 집합(실선으로 표시된 부분집합)이 될 것이다. 이때 더해진 단어 used를 '수식어' 혹은 '꾸미는 말'이라고 하는데 그 역할은 cars가 가리킬 수 있는 대상의 범위를 줄여주는 것이다. 문법에서는 used를 '수식어'라고 하고, 이러한 역할을 하지 않으면서 used로부터 꾸밈을 받는 cars를 주요어라고 부른다.

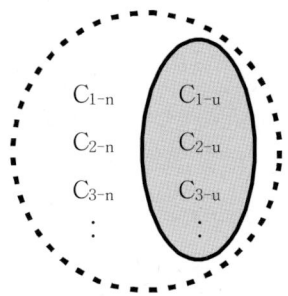

〈그림 6.2〉 Used cars가 가리킬 수 있는 것들의 집합

 마지막으로 홀로 쓰인 어휘가 형성하는 구의 이름을 생각해 보기로 하자. 위에서 지적하였듯이 수식어는 주요어를 꾸미는 단어이며, 주인인 주요어는 이러한 역할을 하지 않는 단어이다. 홀로 쓰인 어휘는 다른 어떤 어휘를 수식할 수가 없으므로 수식어가 될 수가 없다. 따라서 그 자체가 주요어가 된다. 위에서 Cars나 America와 같이 홀로 쓰인 명사들은 그 자체들이 각각 주요어가 되어 각각 명사구를 형성하게 된다.
 이전 연구들이 (6.4)의 모든 표현들을 '고유 명사(?)'로 잘못 분류하였다. 그러나 독자들은 (6.4)의 모든 표현들이 명사가 아닌 명사구를 형성함을 인지하게 되었을 것이다. 더구나 이 책은 (6.4a)의 표현들만 고유 명사구이고 (6.4b)의 표현들은 보통 명사구라고 주장하고 있다.
 이제 (6.4)로 돌아가 왜 그렇게 분류되는지를 살펴볼 차례이다. (6.4)의 자료는 편의상 아래에 (6.4')에 다시 제시한다.

(6.4') a. Lake <u>Michigan</u>　　　b. the Great <u>Lakes</u>
　　　　　<u>America</u>　　　　　　　the United <u>States</u>
　　　　　President <u>Clinton</u>　　　the British <u>Channel</u>

　이전 연구들은 고유 명사와 고유 명사구를 정확하게 구분하지 않았고 의미에 의존해서 분류하는 과정에서 고유 명사구와 보통 명사구를 하나의 범주로 분류하는 실수를 범했다. 고유 명사구인지 보통 명사구인지는 막연하게 뜻에 의존해서 구분하는 것이 아니라 그 구의 주요어를 보고 판단해야한다.

　위 (6.4')에서 주요어는 밑줄로 표시되어 있는데 영어 명사구에서는 후치 전치사구 수식어가 있는 경우를 제외하고는 (예 : the President of General Motors에서는 President가 주요어임) 구의 마지막 단어가 주요어이다.

　주요어를 중심으로 보면 (6.4'a)야 말로 진짜 고유 명사구이며 (6.4'b)는 고유 명사구가 아님이 확실하게 드러날 것이다. 이때 주의할 점은 단어의 첫 글자가 대문자이냐, 아니냐는 언어 외적 요인임으로 그것이 고유 명사이냐, 아니냐를 판단하는 기준으로 삼아서는 안 된다는 것이다. 본래 그 명사가 특정한 사람, 장소, 기관만을 가리키기 위해 만들어진 것이냐 아니냐가 기준이 되어야 한다.

　'고유 명사'는 특정한 사람, 장소, 기관만을 가리키기 위해 만들어진 것이기 때문에 가리키는 대상이 하나이고 가리키는 대상이 정해져 있는 것이다. (6.4'a)의 *Michigan*, *America*, 그리고 *Clinton*이 특정 지역이나 인물을 가리키기 위해 만들어진 순수 고유 명사임을 부정하는 사람은 없을 것이다.

그러나 (6.4'b)에서 밑줄 쳐진 단어를 살펴보면 모두 보통 명사인데 그 이유는 다음과 같다. 고유 명사와 달리 보통 명사는 그 명사가 가리킬 수 있는 대상이 하나로 고정된 것이 아니라 2개 이상 존재한다. 주어진 명사가 2개 이상의 대상을 가리킬 때는 명사를 복수형으로 만들어 써야 하는데, 그래서 복수형이 가능한지 아닌지는 그 명사가 보통 명사인지 아닌지를 가리는 중요한 기준이 된다. (6.4'b)의 *lake*, *state*, *channel*은 경우에 따라 *lakes*, *states*, *channels*와 같이 복수형이 만들어질 수 있다. 따라서 *books*와 같은 유형의 보통 명사들이며 이것들이 주요어가 되어 만들어진 구는 보통 명사구인 것이다.

독자들 중에서는 가령 the *United States*도 가리키는 대상이 하나밖에 없으며 따라서 고유 명사구가 아니냐고 반문하는 사람이 있을 것이다. *The United States*는 정관사 *the*가 쓰인 명사구이므로 정관사류 명사구이다.

정관사류 명사구는 모두 가리키는 대상이 하나밖에 없는 명사구이다. 어떤 사람이 *the first page*라고 말했을 때도 이 명사구가 가리키는 대상은 하나밖에 없다. 따라서 명사구가 가리키는 대상이 하나밖에 없다는 이유로 그 명사구를 고유 명사구로 분류하는 것은 타당하지 못하다. 그렇게 할 경우 모든 정관사류 명사구들이 고유 명사구들이 되기 때문이다. 이 책에서는 고유 명사구와 고유 명사를 다음과 같이 정의한다.

> (6.12) 고유 명사구는 그 구의 주요어가 고유 명사인 구를 의미한다. 고유 명사는 '태생적으로' 가리킬 수 있는 대상의 집합이 하나밖에 없으며 그 개체가 무엇인지가 정해져 있는 명사이다.

(6.10)에서 이미 구의 이름은 주요어의 이름을 따라서 짓는다고 정의하였으므로 '고유 명사구는 그 구의 주요어가 고유 명사인 구를 의미한다'는 말은 더 이상의 설명이 필요하지 않을 것이다.

그리고 고유 명사를 '가리킬 수 있는 대상의 집합이 하나밖에 없으며 그 대상의 집합이 무엇인지가 정해져 있는 명사다'라는 부분도 이전의 모든 연구들이 받아들이고 있는 정의이다. 그러나 여기서 단순하게 '대상'이라고 하지 않고 '대상의 집합'이라고 하는 이유는 독자들을 위해 설명할 필요가 있다.

Dowty(1979)가 소개한 Montague의 형식의미론(Formal Semantics)에서는 어휘의 의미를 집합으로 나타내고 있다. 이것의 장점은 6.4.5장에서 분명하게 드러날 것이다. 따라서 *the book*이 *book₁*을 가리킨다면 *book₁* 자체가 아니라 *book₁*을 원소로 가지는 집합 {book₁}으로 나타냄을 주목해 주길 바란다. 물론 원소가 하나일 지라도 집합이 됨은 설명이 더 필요 없으리라고 본다.

그리고 (6.12)의 정의에서 두 번째로 주목할 점은 첨부되어 있는 '태생적으로'라는 수식어이다. 이 수식어를 붙인 이유는 (6.4'a)의 진짜 고유 명사구와 (6.4'b)의 정관사류 보통 명사구를 구분하기 위해서이다.

(6.4'a)의 진짜 고유 명사구와 (6.4'b)의 정관사류 보통 명사구가 지닌 공통점은 가리키는 개체의 집합이 하나라는 점이다. (6.4'a)의 *Lake Michigan, America, President Clinton*이 가리키는 개체를 집합으로 나타내면 {미시간 호}, {미국}, 그리고 {클린턴 대통령}이라는 각각 1개의 원소를 지닌 집합을 가리킨다.

(6.13) Lake Michigan → {미시간 호}
America → {미국}
President Clinton → {클린턴 대통령}

정관사류 보통 명사구들인 (6.4'b)의 *the Great Lakes, the United States, the British Channel*도 가리키는 대상을 집합으로 나타내면 각각 1개의 집합이 된다. 미국에 있는 5대호를 가리키는 *the Great Lakes*는 {Ontario, Erie, Huron, Michigan, Superior}라는 5개의 호수들을 원소로 지닌 집합을 가리키며, 미국을 가리키는 *the United States*는 *Alaska*주부터 *Hawaii*주까지 50개의 주를 원소로 하는 집합을 가리키며, 영국해협을 가리키는 *the British Channel*은

{영국해협}이라는 단일 원소를 지닌 집합을 가리키는 것이다.

(6.14) the Great Lakes → {온타리오 호, …, 이리 호}
the United States → {알라스카 주, …, 하와이 주}
the British Channel → {영국해협}

위 (6.13)과 (6.14)에서 보았듯이 (6.13)의 고유 명사구들이나 (6.14)의 정관사류 보통 명사구들도 모두 가리키는 대상을 집합으로 표시하면 각각 1개의 집합뿐이다. 따라서 '가리키는 대상, 혹은 가리키는 대상의 집합이 하나뿐인 것'이라는 애매모호하고 불완전한 정의에 의존해서는 (6.13)과 (6.14)의 표현들을 구분할 수가 없게 되는 것이다.

이제 (6.12)의 정의에서 '태생적으로'라는 수식어를 붙인 이유를 살펴보자. 그 이유는 (6.4'a)의 진짜 고유 명사구와 (6.4'b)의 정관사류 보통 명사구를 구분하기 위해서이다. 고유 명사구의 주요어는 고유 명사이다. 밑줄 친 *Michigan, America, Clinton*과 같은 어휘들인데 이것들은 처음 출발할 때부터 특정한 개체를 가리키기 위해서 만들어진 용어이다. 이러한 명사들이 '태생적으로' 가리킬 수 있는 개체의 집합이 하나밖에 없다고 보는 명사들이며 글자 그대로 고유 명사들인 것이다.

그러나 (6.4'b)에 나오는 정관사류 보통 명사구의 주요어는 *lakes, states, channel*이며 이것들은 특정한 호수, 주(州), 혹은 해협을 가리키기 위해 만들어진 용어가 아니다. 이것들은 이 세상의 어떤 호수든, 주든, 해협이든 간에 가리킬 수 있으며 필요시엔 복수형이 만들어 질 수 있는 보통 명사들이다. 따라서 이것들이 주요어인 구는 보통 명사구이며 이것들이 특정한 개체(들)의 집합을 가리키게 된 것은 정관사 *the*가 첨부된 정관사류 명사구이기 때문이다.

이제 독자들은 (6.4'a)의 표현들만이 고유 명사구이며 (6.4'b)에 나오는 표현들은 보통 명사구임을 이해하게 되었을 것이다. 명사구 전체를 놓고 고유 명사구냐 아니냐를 따져서는 혼돈만 야기할 뿐이다. 명사구의 주요어가 고유 명사인지 아닌지를 보고 판단해야하며 고유 명사는 태생적으로 가리키는 대상(들)의 집합이 하나뿐이라고 믿는 것이며 보통 명사는 그 명사가 가리킬 수 있는 대상들의 집합이 두 개 이상 존재한다고 보는 것이다.

이제 보통 명사와 고유 명사가 구가 되는 과정을 살펴볼 때이다. 다음 장에서는 구가 되는 절차, 이 책에서는 '의식'이라고 비유적으로 표현한 것을 살펴보고, 6.4.5장에서 부정관사와 정관사의 기본 기능을 살펴보고 나면 명사와 명사구에 대한 이해가 더욱 깊어질 것이다.

6.4.4. 보통 명사가 명사구가 되는 의식

보통 명사는 '헤아릴 수 있는 명사'(countable noun)의 한 종류이다. '헤아릴 수 있는 명사'는 복수형이 가능한 명사를 의미하며 *book*과 같은 보통 명사와 *family*와 같은 집합 명사가 여기에 속한다. 보통 명사와 집합 명사가 명사구가 되는 과정은 동일한데 보통 명사에 우리의 관심이 있으므로 여기서는 보통 명사가 명사구가 되는 과정을 살펴보기로 한다.

명사가 명사구가 되어 문장에 나타날 때는 수(數)와 관사성(冠詞性)이 반드시 정해진 상태로 나타나야 한다. 수에는 단수와 복수, 그리고 관사성에는 정관사성(定冠詞性)과 부정관사성(不定冠詞性)이 있다.

> (6.15) 명사가 명사구가 되어 문장에 나타날 때 수(數)와 관사성(冠詞性)이 반드시 정해진 상태로 나타나야 한다.

명사는 명사구가 되기 이전 단계를 의미하며 영어사전에 기록된 형태를 가리킨다. 명사들은 그 종류에 따라 수와 관사성에 관한 정보를 다르게 지니고 있다. 헤아릴 수 있는 명사들, 즉 보통 명사와 집합 명사들은 수와 관사성에 관한 정보를 전혀 갖지 않고 있다. 따라서 이것들은 명사구가 되는 과정, 즉 명사구가 되는 문법의 터널(tunnel)을 패스(pass)하는 과정에서 수와 관사성이 정해져야만 하는 것이다. 김노주(2007)가 제안한 보통 명사구 문법의 모형은 다음 (6.16)과 같다.

(6.16) 보통 명사구 문법의 모형

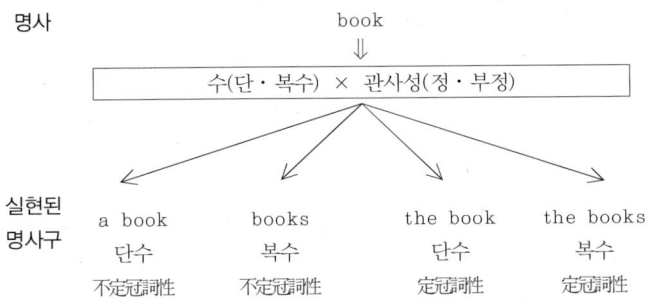

예를 들자면 사전에 기록된 보통 명사 *book*은 수와 관사성에 대한 정보가 없다. 이것을 명사원형이라 불러도 좋은데 명사원형은 '개념의 덩어리'이며 이것은 아직 세상에 있는 대상을 가리킬 수 없는 상태이다. 이것이 수와 관사성이라는 옷을 입을 때 비로소 이 세상의 대상(들)을 가리킬 수가 있게 된다.

명사원형 *book*의 개념을 안다는 것은 무엇일까? 여기서 '개념'을 안다는 것은 Frege식으로 이야기하면 *book*의 '의의'를 안다는 말과 같다. 개념/의의를 앎은 세상의 삼라만상 중에서 *book*이 가리킬 수 있는 대상과 그렇지 않은 것들을 나눌 수 있음을 뜻한다. 즉 세상에서 *book*의 대상이 되는 것을 골라 부분집합을 만들 수 있다는 의미이다. 아래 <그림 6.3>에 제시되어 있듯이 책이 3권뿐인 세상이라면 전체집합 U에서 책 세 권을 골라 'O' 속에 넣어 부분집합을 만들 수 있다는 것이다.

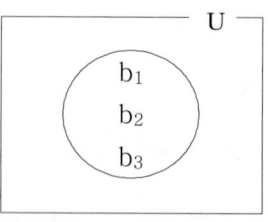

〈그림 6.3〉 *book*이 가리킬 수 있는 대상들의 집합

이것이 명사구가 되어 문장에 나타날 때는 단수와 복수라는 수의 두 요인(factor)과 정·부정관사성이라는 관사성의 두 요인이 만드는 4가지 경우의 의복 중에서 어느 하나를 반드시 걸치고 나와야 한다.

예를 들면 *book*이라는 명사는 아래 (6.17b)에서처럼 단수 부정관사류 명사구인 *a book*, (6.17c)에서처럼 복수 부정관사류 명사구인 *books*, (6.17d)에서처럼 단수 정관사류 명사구인 *the book*, 그리고 (6.17e)에서처럼 복수 정관사류 명사구인 *the books* 중의 어느 한 형태로 문장에 나타나게 된다. 그러나 (6.17a)처럼 격식을 갖추지 못하고 원형 그대로 나타나면 그 문장은 비문이 되고 마는 것이다. 여기서 주어진 표현 앞에 별표 "*"를 붙인 것은 그 표현이 문법적으로 잘못된 것임을 나타낸다.

    (6.17) a. *<u>Book</u> is interesting.
               b. <u>A book</u> is interesting.
               c. <u>Books</u> are interesting.

d. The book is interesting.

e. The books are interesting.

요약하자면 보통 명사는 수와 관사성에 관한 정보를 지니고 있지 않다. 수와 관사성에 관한 정보는 명사구를 만들어 주는 문법의 터널을 패스하는 과정에서 부여된다. 수에는 단수와 복수라는 두 요인이 있으며 관사성에는 정관사성과 부정관사성이라는 두 요인이 있다. 각각 두 요인들이 결합해서 만드는 네 가지 경우의 의복이 있으며 4가지 경우의 의복 중에서 어느 하나를 걸치고 명사구가 되어 문장에 나타나야 한다. 이제 네 종류의 명사구의 의미를 생각해 보자.

6.4.5. 정관사 및 부정관사의 기본 기능

보통 명사구의 의미는 그 구가 가리키는 대상(들)의 집합으로 표시된다. 영어 관사의 본질은 정관사(定冠詞, definite article) 및 부정관사(不定冠詞, indefinite article)라는 관사들의 이름 속에 잘 표현되어 있으며, 이 용어들을 제대로 이해하는 것이 영어 관사를 이해하는 거의 전부임을 보이고자 한다.

(6.18) a. a book
b. ø books
c. the book

d. the books

(6.18)의 구들의 의미를 정의하기 전에 우선 몬테규 문법의 특징 중 하나인 '세상의 모형(model)에 바탕을 둔 의미론'(model-theoretic semantics)을 이해할 필요가 있다. 세상은 너무 복잡하다. 책만 따져도 어디에 몇 권이 있는지 알 수 없다. 그래서 실제 세상을 대상으로 언어학의 이론을 정립하기가 어렵다. 그래서 Montague는 세상이라는 작은 모형(model)을 만들어 놓고 이론을 전개한다. 작은 모형 속에서 완벽한 이론을 만들면 그것을 실제 세계에 확대적용하면 되고, 이 적용의 문제는 언어 이론 밖의 문제임을 알게 될 것이다.

가령 책이 수십억 내지 수조권에 달할 것이다. 그러나 이 책에서는 우선 3권만 있는 세상을 모형으로 하여 정·부정관사의 기능을 설명할 것이다. 이 설명을 1억 권이 있는 세상이나 1조 권이 있는 세상에 적용하는 문제는 언어학이 아닌 수학의 문제이다.

이 책에서는 관사의 기능을 '집합' 개념으로 푼다. 이 방법을 이용해서 25년 넘게 영어 명사구 문법을 강의해 왔다. 이전의 어떤 연구에서 본 것이 아니다. 필자의 사색으로 얻은 결론인데 만약 동일한 선행 연구가 있다면 공적을 그 저자에게 기꺼이 넘길 것이다. 그러나 아래 방법은 필자가 25년 이상 사용해 왔지만 책이나 논문으로 발표한 적은 없다. 이것을 개정증보판의 본 장에서 설명하고자 한다.

이미 위에서 설명했지만 'book'이 세 권인 세상에서 책의 개념을 아는 사람은 삼라만상의 많은 대상들 중에서 아래의 세 권을 골라 부분집합을 만들 수 있을 것이다. 그리고 명사원형 *book*은 개념의 덩어리일 뿐 아직 이 세상에 존재하는 어떤 *book*을 가리킬 수가 없다. 그래서 <그림 6.4>에서 *book*과 *book*의 집합을 점선으로 연결해 놓았다.

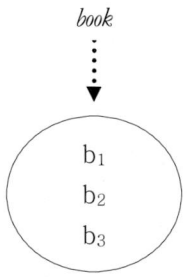

〈그림 6.4〉 *book*의 개념을 아는 사람이 만든 집합

위의 상황에서 부정관사류 명사구 *a book*과 *books*의 의미를 생각해 보자. 부정관사 *a(n)*는 단수 보통 명사 앞에서만 나타난다. 복수 보통 명사 앞에는 아무 것도 나타나지 않는다. 이것을 (6.18b)에는 'ø'(zero)로 표시했다.

여기서 우선 영어 *a(n)*이 부정관사인가라는 의문을 제기할 수 있다. *a(n)*를 부정관사류 수사 'one'이 약화된 형태로 볼 수도 있다. 수사인 'one'과 'a(n)'은 형태상의 차이만 있을 뿐 기능상에는 차이가 없기 때문이다. 이렇게 보면 영어에서 수사 역할을 하는 'one'과 'a(n)'는 존재할지라도 진정한 부정관사는 없다고 볼 수도 있다. 이 논쟁은 이 책의 범위를 벗어나므로 더 이상 언급하지 않기로 한다. 단순하게 $a(n)$는 단수 보통 명사 앞에, 'ø'(zero)는 복수 보통 명사 앞에 나타나는 부정관사로 보고 명사구 *a book*과 ø *books*의 의미를 살펴보기로 한다.

책이 세 권 있는 <그림 6.4>의 세상에서 *a book*의 의미는 (6.19ab)에 정의되어 있듯이 '$\{b_1\}$ or $\{b_2\}$ or $\{b_3\}$'이고 ø *books*의 의미는 '$\{b_1, b_2\}$ or $\{b_2, b_3\}$ or $\{b_1, b_3\}$ or $\{b_1, b_2, b_3\}$'이다. 단수 명사구 *a book*은 $\{b_1\}$이든, $\{b_2\}$든, $\{b_3\}$든 간에 어떤 한 권의 책의 집합을 가리키고 '수학적으로 오류가 없는 완전한' 정의는 (6.19a)이다. 복수 명사구 ø *books*는 $\{b_1, b_2\}$든, $\{b_2, b_3\}$든, $\{b_1, b_3\}$든, $\{b_1, b_2, b_3\}$든 간에 두 권 이상의 책을 원소로 하는 집합을 가리키며 마찬가지로 오류가 없는 완전한 정의는 (6.19b)이다.

(6.19) a. a book = $\{b_1\}$ or $\{b_2\}$ or $\{b_3\}$
b. ø books = $\{b_1, b_2\}$ or $\{b_2, b_3\}$ or $\{b_1, b_3\}$ or $\{b_1, b_2, b_3\}$

위에서 '수학적으로 오류가 없는 완전한'이라는 말을 했는데 이것에 대해 좀 더 생각해 보자. 집합의 원소가 세 개라면 부분집합의 수는 2^3이므로 총 여덟 개다. 이 여덟 개 중엔 원소가 없는 공집합 '{ }'도 포함되어 있다. 그래서 공집합을 제외하고 나면 일곱 개의 부분집합이 있다. 위 (6.19)에는 단수 명사구가 가리킬 수 있는 집합 세 개와 복수 명사구가 가리킬 수 있는 집합 네 개를 총 망라하고 있다.

필자의 실제 강의에서는 책을 나타내는 집합의 원소가 네 개인 세상에서 *a book*과 ø *books*의 의미를 정의해 오라는 과제를 낸다. 원소가 4개이면 부분집합은 2^4, 즉 16개이고 그중에 공집합 하나를 빼고 나면 15개의 집합이 되기 때문에 *a book*은 '원소가 하나인 집합'(singleton set) 4개가 접속사 'or'로 연결된 것이고, ø *books*는 원소가 2개 이상인 집합 11개가 'or'로 연결된 것이다. '부정'(不定, indefinite)이라는 말은 글자 그대로 '가리키는 것이 정해져 있지 않은' 것을 나타내며, 이 '부정(不定)한' 정의를 접속사 'or'로써 부정(不定)하게 정의한 것이다.

이 세상에 책이 1억 권이 있다면, 아니 1조 권이 있다면 어떻게 될까? 시간을 충분히 주면 마찬가지 방법으로 정의를 내릴 수 있다. 숫자의 문제는 언어학의 문제가 아니라 수학의 문제인 것이다. 부정관사와 부정명사구의 정의를 살펴보았으니 이제 정관사와 가리키는 것이 정해진 정(定)명사구를 살펴보자.

정관사류 보통 명사구의 의미는 가리키는 개체(들)의 집합이 하나밖에 없다. 예로써 다시 *book*이 3권인 세상으로 돌아가 보자. 단수 정관사류 보통 명사구인 *the book*은 책 1권을 원소로 한 집합 {book1}, {book2}, 그리고 {book3} 중에서 어느 집합을 가리키는지가 정해진 상태에서 쓰인다.

어떤 화자가 *Bring me the book!*(=그 책을 가져와!)라고 명령을 한 상황이라면 화자와 청자는 세 권의 책 중에서 어느 것을 가리키는지 분명하게 인식하고 있는 상황에서 내려진 명령이어야 한다. 가령 ① 어제 서점에서 화자 청자가 같이 사온 책이든, ② 화자가 손으로 가리키는 상황이든, ③ 화자가 책의 크기나 표지를 설명해 주는 상황이든지 간에 청자는 어느 책을 가리키는지 정확하게 이해한 상황에서만 명령을 바르게 수행할 수 있는 것이다.

만약 *the book*이 어느 책을 가리키는지 청자에게 불확실한 상황이라면 청자는 '*Which book do you want me to bring?*(=어느 책을 가져오기를 원하십니까?)'라고 되물어서 어느 책인지 확인한 다음에 그 책을 가져와야 한다. 이렇게 *the book*과 같은 단수 정관사류 보통 명사구는 책 1권을 원소로 한 집합 {book1}, {book2}, 그리고 {book3} 중에서 어느 집합을 가리키는지가 정해진 상태에서 쓰이는 것이다.

*The books*같은 복수 정관사류 보통 명사구는 책 2권 이상을 원소로 한 집합 중에서 어느 집합을 가리키는지가 정해진 상태에서 쓰인다. 책이 3권인 세상에서 책 2권 이상을 원소로

갖는 집합은 아래 (6.20)에 열거된 바와 같이 총 4개이다. 어떤 화자가 *Bring me the books!*(=그 책들을 가져와!)라고 명령을 한 상황이라면 청자가 *the books*가 아래 4개의 집합 중에서 어느 집합을 가리키는지 분명하게 인식하고 있는 상황이어야 한다. 그래야만 청자가 명령에 따라 의무를 성공적으로 수행할 수 있는 것이다.

(6.20) a. {$book_1$, $book_2$}
 b. {$book_1$, $book_3$}
 c. {$book_2$, $book_3$}
 d. {$book_1$, $book_2$, $book_3$}

요약하자면 책이 3권인 세상에서 단수 부정관사류 명사구는 원소가 하나인 집합 3개가 접속사 'or'로 연결된 것이고, ø *books*는 원소가 2개 이상인 집합 4개가 'or'로 연결된 것이다. 정관사류 보통 명사구는 원소가 하나인 집합 세 개 중에 어느 집합을 가리키는지, 그리고 원소가 2개 이상인 집합 네 개 중에 어느 것을 가리키는지가 정해진 상태에서 쓰인다.

이제 (6.14)의 예들을 다시 살펴보자. 편의상 아래 (6.14')에 예들을 다시 제시하였다. 복수 정관사류 보통 명사구인 *the Great Lakes*나 *the United States*는 각각 원소가 2개 이상이며 이 세상에 하나밖에 없는 집합을 가리키고 있다. 그리고 단수 정관사류 보통 명사구인 *the British Channel*은 원소가 하나인 이 세상에 하나밖에 없는 집합을 가리키고 있다. 여기에 *the*가 쓰인 이유는 위의 *the book*이나 *the books*에 *the*가 붙은 것과 마찬가지다.

이것들은 보통 명사구들이고 *the*가 붙어 정관사류 명사구들이 된 이유는 각각의 명사구들이 가리키는 집합이 하나밖에 없는 상황에서 쓰였기 때문이다. 정관사 *the*가 이상하거나 예외적으로 쓰인 경우가 결코 아닌 것이다.

  (6.14') the Great Lakes → {온타리오호, …, 이리호}
     the United States → {알라스카주, …, 하와이주}
     the British Channel → {영국해협}

같은 유형의 더 많은 예들이 아래 (6.21)에 열거되어 있다. 밑줄 친 주요어 중심으로 보면 모두 보통 명사구들이다. 여기에 *the*가 붙은 것은 이것들이 가리키는 대상(들)의 집합이 각각 하나밖에 없는 정관사류 보통 명사구이기 때문이다. *The Great Lakes*나 *the first page*에 *the*가 붙었듯이 아래의 보통 명사구에도 마찬가지 이유로 *the*가 붙었을 뿐인 것이다.

  (6.21) a. the British Isles → {영국제도에 속한 섬들}
     b. the Taebaek Mountains → {태백산맥의 산들}

       c. the Tennessee Valley → {테네시 계곡}
       d. the East Sea → {동해}
       e. the Han River → {한강}

6.4.6. 고유 명사구에 관사가 없는 이유

이제 (6.13)의 예들을 다시 살펴보자. 편의상 아래 (6.13')에 예들을 다시 제시하였다. 앞 장의 (6.14')에 나오는 정관사류 보통 명사구들과 마찬가지로 아래의 고유 명사구들도 가리키는 개체의 집합이 하나밖에 없다.

    (6.13') Lake Michigan → {미시간 호}
           America → {미국}
           President Clinton → {크린튼 대통령}

이제 고유 명사구는 가리키는 개체의 집합이 하나밖에 없는데도 왜 정관사 *the*가 붙지 않는지를 생각해 볼 때이다. 학교 현장에서는 선생님들이 막연하게 혹은 무조건적으로 '고유 명사엔 본래부터 관사가 쓰이지 않는다'는 식의 설명이 아닌 선언을 하고 있고 학생들은 더 이상의 이유를 생각을 해 볼 기회를 가질 수가 없는 것이 현실이다. 혹시 '왜?'라는 질문을 했다가는 '고유 명사엔 본래부터 관사가 쓰이지 않는다'는 기본 법칙도 모르는 멍청한(?) 학생으로 찍히고 말 것이기 때문이다.

앞 장의 (6.12)에서는 고유 명사를 아래 (6.12')처럼 정의하였다.

> (6.12') 고유 명사는 '태생적으로' 가리킬 수 있는 대상의 집합이 하나밖에 없으며 그 대상이 무엇인지가 정해져 있는 명사이다.

이제 '태생적으로 가리킬 수 있는 대상의 집합이 하나밖에 없으며 그 대상이 무엇인지가 정해져 있는 명사이다'라는 말의 의미를 다시 생각해 보자. 첫째, (6.12')의 정의에는 '대상의 집합'이라고 하였을 뿐 '대상들의 집합'이라는 말을 쓰지 않았다. 즉 집합이 하나밖에 없을 뿐만 아니라 집합의 원소인 대상도 하나밖에 없다는 의미이다. 즉 고유 명사가 가리키는 집합의 원소가 하나밖에 없기 때문에 수가 [단수]인 명사이다.

둘째, 고유 명사는 '고유 명사가 가리키는 개체가 무엇인지가 정해져 있는 명사'라고 하였다. 즉 *America*라는 고유 명사는 {미국}이라는 개체를 가리키도록 정해져 있다는 의미이다. 가리키는 개체가 정해져 있다는 말은 결국 명사 *America*가 '정관사성' 명사라는 의미이다.

요약하자면 고유 명사는 '태생적으로 수는 [단수]로 관사성은 [정관사성]으로 정해져 있는 명사'를 의미하는 것이다.

(6.22) 고유 명사는 태생적으로 수는 [단수]로 관사성은 [정관사성]으로 정해져 있는 명사이다.

앞 장의 (6.16)에 필자(2007)의 보통 명사구 문법의 기본 틀이 제시되었다. 보통 명사는 수와 관사성의 정보를 지니고 있지 않으며 보통 명사구가 되는 과정, 즉 명사구 문법의 터널을 지나는 동안에 수와 관사성이 정해진다고 하였다.

그런데 고유 명사처럼 태생적으로 수와 관사성이 정해진 명사에게는 명사구가 되는 과정에서 어떤 일이 일어나는 걸까? 결론부터 이야기하자면 명사에 이미 [단수, 정관사성]이 표시되어 있으므로 명사구가 되는 과정에서, 즉 [수(단·복수) × 관사성(정·부정)]의 부여 단계에서 수나 관사성이 다시 부여되는 것이 금지된다.

결과적으로 고유 명사는 고유 명사구가 되는 과정에서 아무런 일도 일어나지 않게 되는 것이다. 따라서 출발할 때와 같은 모습의 명사구가 되는 것이다. 아래 (6.23)에서 수와 관사성이 정해지는 문법의 터널(tunnel)을 그냥 통과함을 보여주기 위해 박스에 음영을 넣었음을 밝힌다.

(6.23) 태생적으로 단수와 정관사성이 표시된 고유 명사가 명사구가 되는 과정

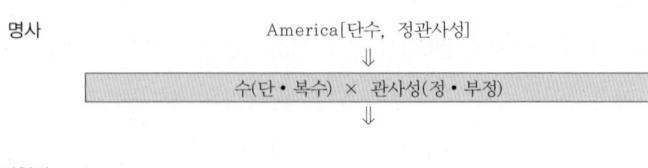

고유 명사 *America*가 고유 명사구 *America*가 되는 과정에서 아무런 일도 일어나지 않았음을 비유적으로 설명하자면 고유 명사의 행태는 비상시의 군인들의 모습과 같다. 보통사람들은 잠을 잘 때 외출 시에 입었던 옷을 벗어 두고 잔다. 그런 사람들은 외출 시 적절하게 의복을 갖춰야만 한다. 보통 명사의 행태가 이와 같았던 것이다.

그런데 보통사람이 아닌 군인들은 비상시에 어떻게 하는가? 군복과 온갖 장비들을 갖춘 상태에서 잠을 자지 않는가? 비상벨이 울리면 잠 잘 때의 모습 그대로 뛰어나가는 것이다. 그들에겐 잠자리의 복장과 연병장에서의 복장이 동일하다. 고유 명사는 수와 관사성이라는 옷을 입고 잤으므로 그대로 연병장으로, 즉 문장 속으로 명사구가 되어 뛰어나가는 것이다. 군복을 입고 완전무장을 한 채 잠을 자던 군인이 군복을

한 벌 더 껴입고 나가지 않듯이 고유 명사도 더 이상의 옷을 걸치지 않고 문장에 등장하는 것이다.

이미 정해지면 같은 종류의 값이 다시 부여되지 않는다는 것은 언어학에서 '유·무표성이론'((un)markedness theory)으로 잘 알려져 있다(Jakobson 1963; Greenberg 1966; Chomsky & Halle 1968; Prince & Smolensky 1993). 명사원형에 표시된 정보를 '유표적'(marked)으로 보고 문법의 터널에서 부여되는 값을 '무표적'(unmarked)으로 보면 같은 종류의 값이 문법에서 다시 부여되지 말아야 한다. 즉 유·무표성 값이 상충될 때, 유표성 값을 항상 우선시해야 하며, 일단 유표성 값이 표시된 곳에 무표성 값이 적용될 수 없다.

아직도 고유 명사에 관해 또 다른 의문을 제기할 수 있다. 즉 고유 명사와 고유 명사구가 모양이 같다면 고유 명사는 없고 고유 명사구만 존재한다고 볼 수는 없는가? 그렇다면 문법의 터널을 통과할 필요가 없어지며 유·무표성이론을 사용할 필요도 없어지기 때문이다.

결론부터 이야기하면 'America[단수, 정관사성]'을 '이중성'(dual role)을 띤 것으로 보아야 한다. 왜냐하면 *Great America*, *President Clinton*과 같은 고유 명사구를 만들 수 있기 때문이다. 만약 완성된 고유 명사구로만 보면 그 앞에 형용사 수식어가 왜 붙을 수 있는지 설명할 수가 없다. 따라서 소위 고유 명사라는 것은 고유 명사와 고유 명사구라는 이중성을 띠는 것으로 간주해야 한다.

요약하자면, 막연하게 의미에 의존하여 고유 명사(구)와 보통 명사(구)를 이해해서는 안 된다. 고유 명사(구)와 보통 명사(구)는 철저하게 그 구들이 가리키는 표현을 보고 구분해야 한다. 의미에 의존하면 *America*와 *the United States*는 모두 {미국}이라는 나라를 가리키므로 구분이 되지 않는다. 그러나 표현 중심으로 보면 이 둘은 확실하게 구분 된다. 두 명사구의 주요어를 보라! 첫 번째 명사구의 주요어인 *America*와 두 번째 명사구의 주요어인 *states*를 보면 뚜렷이 구분되지 않는가?

'어휘'와 '구', 그리고 '주요어'와 '수식어' 등의 용어는 언어학의 ABC다. 그럼에도 불구하고 *America*와 *the United States*를 구분하지 못하는 사람들이 왜 많겠는가? 자신들이 쓰는 용어들이 제대로 정리되어 있지 않고 이전 학자들의 설명을 옳은 것으로 당연하게 받아들인 후 더 이상 '그것이 진정 그러한가?'를 되묻지 않기 때문이 아니겠는가?

6.4.7. 보통 명사구의 고유 명사구화

사람, 장소, 기관을 가리키는 보통 명사구가 점점 언중(言衆)에게 널리 알려지는 과정에서 고유 명사구화가 일어난다. 그 과정에서 첫째, 주요어를 생략하는 경우, 둘째, 정관사를 생략하는 경우가 발견된다.

우선 고유 명사구화가 일어나는 첫 번째 경우인 주요어의 생략에 대해서 살펴보기로 하자. 이 경우에도 주요어 생략이 수의적(隨意的, optional)인 경우와 의무적(義務的, obligatory)으로 생략하고 쓰는 경우가 있다. 전자보다는 후자에서 고유 명사구화가 더 많이 진행된 것으로 보인다. 다음의 예들은 모두 Greenbaum & Quirk(1990 : 89)에서 인용한 것인데, 모두 주요어를 괄호 속에 넣어서 수의적인, 즉 생략이 가능한 것들임을 밝혔다.

다음의 것들은 매우 많이 알려진 표현인데, 한국어 화자에게는 생소하게 보이는 것이 있을지라도 적어도 영국 London 거주자들에게는 잘 알려진 곳들임에 틀림없다. 아래 명사구들에서 괄호 속에 든 주요어는 모두 보통 명사이다. 따라서 전체 구는 보통 명사구이고 구가 가리키는 대상이 정해져 있으므로 여기에 *the*가 붙은 것은 당연한 것이다.

(6.24) a. the Potomac (River)
　　　 b. the Atlantic (Ocean)
　　　 c. the Sahara (Desert)
　　　 d. the Hilton (Hotel)
　　　 e. the Aldwych (Theatre)
　　　 f. the Huntington (Library)
　　　 g. the Ashmolean (Museum)
　　　 h. the Middlesex (Hospital)
　　　 i. the Tate (Gallery)

여기서 왜 주요어를 생략하고도 쓸 수 있느냐가 문제인데 그것은 언중(言衆)에게 널리 알려져 주요어를 생략해도 의미 전달에 어려움이 없기 때문이다. *The Potomac*이라고 해도 특정한 강 이름으로 언중이 이해한다는 것이다. 그러나 대한민국의 '한강'이나 '낙동강'을 *the Han*, 혹은 *the Naktong*으로 표현하기엔 아직 이른 감이 든다. 왜냐하면 *the Han*을 *the Han River*로 *the Naktong*을 *the Naktong River*로 서양인들이 이해해 줄 가능성이 적기 때문이다.

언중에게 더 많이 알려진 경우에는 주요어를 완전히 생략하는 경우도 있다. 아래의 예들도 모두 Greenbaum & Quirk(1990 : 89)에서 인용한 것이다. 아래 (6.25)의 예에서 *the Thames*, *the Rhine*은 주로 주요어 *River*(강) 없이, *the Rhur*는 주요어 *Museum*(박물관) 없이, 세계 7대 불가사의에 속한다는 *the Taj Mahal*은 주요어 *Mausoleum*(陵, 능) 없이, *the Bosphorus*는 주요어 *Channel* 없이, 그리고 *the Crimea*는 주요어 *Peninsula*(반도) 없이 쓰였는데 이것은 주요어가 생략되어도 이해하는 데 어려움이 없다는 뜻이다.

중요한 점은 이들 구들도 주요어가 생략되기 전에 보통 명사구에서 출발하여 이 세상에 하나밖에 없는 개체의 집합을 가리키므로 정관사 *the*가 쓰일 수밖에 없었다는 것이다. 주요어가 생략되었을 뿐이며 정관사 *the*가 예외적으로 쓰인 것이 아니다.

(6.25) a. the Thames
　　　 b. the Rhine
　　　 c. the Rhur
　　　 d. the Taj Mahal
　　　 e. the Bosphorus
　　　 f. the Crimea

　참고로 서울의 신라호텔을 *Hotel*이라는 주요어를 생략한 채 *the Shilla*로, 대구의 그랜드호텔을 역시 주요어를 생략한 채 *the Grand*로 영어 이름을 붙인 것은 그 호텔들이 고유 명사화가 진행될 정도로 대중에게 널리 알려져 있다는 자부심을 나타내고 있으며 그런 의미에서 잘된 번역으로 판단된다. 물론 이 경우에도 상대방이 그것이 *Hotel*을 가리키는지를 모를 가능성이 있을 때는 주요어 *Hotel*을 붙여서 써야 될 것이다.

　(6.24)와 (6.25)에서는 주요어가 단수 명사였다. 이 경우 수의적으로든 혹은 의무적으로든 주요어를 생략하고 쓸 수 있음을 보았다. 그런데 생략된 주요어가 복수형 명사일 경우에는 '복수형'이었음을 알릴 필요가 있게 된다. 이런 경우엔 복수형 어미 -(e)s는 생략되지 않고 그 흔적을 남아있는 수식어에 남기게 된다. 그래서 아래 (6.26)에 나오는 *the Alps*(알프스산맥), *the Himalayas*(히말라야산맥), *the Pyrenees*(피레네산맥)와 같은 표현이 주요어 *Mountains*의 생략으로 생겨난 것이다.

(6.26) a. the Alps
b. the Himalayas
c. the Pyrenees

위 (6.26)과 유사한 경우가 국가명 중에서 *the Philippines*이다. 복수인 국가명에는 무조건 *the*를 붙이라는 것은 제대로 된 설명이 아니다. '무조건'이란 말이 설명이 될 수 없기 때문이다. *The Philippines*는 *the Philippine Islands*의 변형이다. 역사상 스페인이 서기 1565년부터 필리핀을 식민지화 하였는데 *Philippine*은 스페인의 왕 Philip 2세의 이름에서 나온 형용사이다. Philip 2세 때에 지금의 필리핀 군도의 대부분을 정치적으로 통일하였는데 그래서 나라명이 *the Philippine Islands*(필립왕의 섬들)였다.

여기서 위 (6.26)의 유명한 산맥이름의 경우와 같이 주요어가 생략되면서 주요어에 붙어 있던 복수형 어미가 남아 있는 수식어에 붙게 된 것이 오늘날의 *the Philippines*이다. 철저하게 표현 중심으로 보면 *the Philippines*는 보통 명사구이며 *the*가 쓰인 것도 결코 예외가 아니다.

(6.27) the Philippines

이제 (6.27)과 겉으로는 비슷하게 보이지만 실제로는 다른 *the Netherlands*를 살펴보기로 하자. *Webster's Third New International*

*Dictionary*에 따르면 *nether*라는 형용사는 본래 'down' 혹은 'downward' 혹은 'lying beneath or in the lower part'라는 뜻이었다. 따라서 *netherland*는 '저지대의 땅 조각'이라는 뜻을 지닌 보통 명사였다. '특정한 지역에 있는 저지대의 땅 조각의 집합'이 그 나라를 형성하였고 보통 명사의 복수형인 *netherlands*가 그 나라에 포함된 모든 저지대 땅 조각을 원소로 갖는 하나뿐인 집합을 가리키는 상황에서 정관사 *the*가 필요했던 것이다. 여기서도 *the*의 용법이 조금도 예외적이거나 이상한 점이 없으며 *the*가 쓰여야 할 곳에 마땅히 쓰인 것일 뿐이다.

(6.28) the Netherlands

이제 독자들에게 간단한 퀴즈를 내보자. 미국의 뉴욕시는 5개의 구들(boroughs)로 구성돼 있다. (6.29a-d)에 제시되어 있듯이 고유 명사이고 관사가 없다. 그런데 왜 (6.29e)의 *the Bronx*에는 *the*가 붙어 있는가?

(6.29) a. Manhattan
      b. Brooklyn
      c. Queens
      d. Staten Island
      e. the Bronx

*The Bronx*는 정관사성 보통 명사구에서 출발했다. 그 지역은 본래 유럽의 부호였던 Bronk씨의 땅이었다. 즉 *The Bronk's Residencial Area/Woods*라는 표현이었다. 여기서도 주요어가 생략되고 *The Bronk's*만 남았다. '*k's*'를 쓰려니 얼마나 불편했겠는가? 그래서 그것을 '*x*'로 대치시켜 *The Bronx*가 된 것이다. 모든 것에는 이유가 있다. 함부로 예외라고 일컬어서는 안 된다.

지금까지는 주요어가 생략되는 예들을 살펴보았는데 마지막으로 수식어가 생략된 예를 살펴보자. 국제사법재판소가 있는 네덜란드의 도시 이름은 *the Hague*이다. 이제 왜 이 도시 명에 정관사를 붙여 *the Hague*라고 하는지를 조사해 보기로 하자.

이 도시는 13세기 중엽 Holland의 백작인 Floris 4세가 자신의 사냥터(hunting residence/grounds)로 구입한 땅이다. *The Hague*는 네덜란드어 *Den Haag*의 번역인데 *Haag*는 'hunting grounds/residence/woods'라는 뜻이었고 보통 명사였다. 따라서 the Hague는 the (Count's) *Hunting Grounds/Residence/Woods*라는 뜻을 지닌 도시 이름이었다. 본래 도시 명엔 *Count's*에 해당하는 단어가 있었으나 나중에 생략되었다고 한다. 이 경우엔 수식어가 생략된 것이다. 어쨌든 본래의 도시 이름인 *Hague*는 보통 명사였으며, 여기서도 *the*가 마땅히 붙을 곳에 붙었을 뿐 전혀 예외가 아님을 밝힌다.

(6.30) the Hague

이제 보통 명사구가 점점 언중에게 널리 알려져서 고유 명사화가 일어나는 두 번째 경우인 관사의 생략에 대해서 살펴보기로 하자. 아래 (6.31)의 예들도 모두 Greenbaum & Quirk (1990 : 91)에서 인용된 것들이다. 구에서 밑줄 친 주요어 *Avenue, Street, Station*, 그리고 *Cathedral*은 모두 보통 명사이다.

지금까지 보통 명사가 주요어이고 그 앞에 수식어를 붙여 특정한 것을 가리킬 때는 정관사 *the*를 붙였다. 그러나 아래의 표현 중에 *the Old Kent Road*를 제외하고는 관사가 쓰이지 않았다. (6.31)의 예들은 그 지역의 사람들에겐 잘 알려진 곳이다. 이 책은 아래의 예들을 보통 명사구가 언중에게 널리 알려져서 고유 명사화하는 과정 중의 하나로 본다.

(6.31) a. Fifth Avenue
b. Oxford Street (but the Old Kent Road)
c. Waterloo Station
d. Canterbury Cathedral

(6.31)과 유사한 예들이 국내에서도 발견되는데 아래 (6.32)의 예들이 그것들이다. 여기서도 주요어 *University*나 *Station*은 보통 명사이므로 논리적으로 보면 *the*를 붙여야 한다. 그러나 이들 기관들은 잘 알려진 곳이고 따라서 *the*를 굳이 붙여도 되겠지만 붙이지 않는 것이 더 좋다고 본다. 그 이유는 언어

나 언어학 외적인 것인데 *the*를 생략함으로써 그만큼 널리 알려진 기관이라는 기관의 자부심을 드러내고 있다고 본다.

(6.32) a. Kyungpook National University
b. Catholic University of Daegu
c. Ohio State University
d. Dongdaegu Station

흥미로운 점은 *Ohio State University*의 공식 명칭엔 *the*가 쓰이고 있다는 것이다. 약 200년 전에 이 대학이 설립되었을 때 기관의 관계자들은 *the Ohio State University*라고 이름 붙였고, 따라서 지금도 공식 서류나 졸업생의 학위기에 새겨진 이름은 *the Ohio State University*이며 한국연구재단의 외국대학분류에도 *the Ohio State University*로 되어 있다.

그러나 지금 그 학교 관계자들 중에 *the*를 붙여 쓰는 사람은 없으며, 그 대학 교수들의 연구논문에서 소속을 밝힐 때 *the*를 쓰는 경우는 없다. 현재 *the*를 생략하는 이유는 그 기관이 그동안 널리 알려졌기 때문에 *the*를 생략해도 되는 단계로 원어민 화자들이 받아들이고 있는 것이다. 위 (6.32b)에서도 Greenbaum & Quirk(1990 : 91)는 *Oxford Street*이라 하지만 *the Old Kent Road*라고 부른다고 하였다. 그들은 예만 제시했을 뿐 설명은 붙이지 않았다. 왜 차이가 날까? 차이가 나는 이유를 이 책은 *Oxford Street*

보다 the Old Kent Road가 훨씬 덜 알려진 작은 길 이름이기 때문에 고유 명사화가 일어나지 않았기 때문으로 본다.

그런데 어떤 경우에는 주요어를 생략하고 어떤 경우에는 (6.31)과 (6.32)에서처럼 정관사를 생략할까? 고유 명사구화 되는 정도의 차이라고 본다. 주요어를 생략하는 경우가 정관사 the를 생략하는 경우보다 고유 명사화가 더 많이 일어난 경우라고 본다.

요약하자면, 4장에서 과학을 하는 세 가지 행위 중에서 두 번째가 '의의뿐만 아니라 지시물이 있는 개체(대상, 속성, 관계)의 속성을 더 바르게 정의하기'임을 밝혔다. 어휘, 구, 고유 명사, 보통 명사, 고유 명사구, 보통 명사구와 같은 명사나 명사구들은 대상들의 이름들이다. 대상들의 이름들을 대충 정의했을 때 엄청난 문제가 생기며 대상들의 이름을 제대로 정의하고 나면 문제들은 저절로 해결됨을 보여 주었다.

(6.24)이하와 (6.32)이하처럼 보통 명사구가 점점 언중에게 더 많이 알려지는 과정에서 고유 명사구화가 일어난다. 그 과정에서 첫째, 주요어를 생략하는 경우, 둘째, 정관사를 생략하는 경우가 발견되는데 고유 명사구화가 전자 쪽에 더 많이 진행된 것으로 본다. 대구 사람들에겐 *Kyungpook National*이, 서울 사람들에겐 *Seoul National*이라 부르며 주요어 *University*까지 생략하고 완전한 고유명사구로 쓰는 경우를 종종 볼 수 있다.

이제 관사에 관한 세 가지 응용문제를 내본다.

[응용1] 다음 문장 a와 b에서 부정관사류 명사구인 *A dog*과 *Dogs*가 종대표(generic usage)로 쓰이는 이유는 무엇인가? 그리고 문장 c에서 정관사류 명사구인 *The dog*도 종대표로 쓰이는 이유는 무엇인가? 그러나 문장 d의 *The dogs*는 특별히 언급된 개들을 가리키는, 즉 '특별한 것들을 가리키는 용법'(specific usage)으로는 쓰일 수 있지만 종대표로는 쓰이지 못하는 이유는 무엇인가? 아래에서 '*'는 종대표를 나타내지 못한다는 의미이다.

a. **A dog** is a faithful animal.
b. **Dogs** are faithful animals.
c. **The dog** is a faithful animal.
d. *****The dogs** are faithful animals.

[응용2] *The Koreans*는 '앞 문장에서 언급한 다섯 명의 한국 사람들'을 가리킬 수가 있다. 그런데 아무런 전제가 없이 쓰였다면 '한국사람 전체'를 가리키게 된다. 그 이유를 설명하시오. Grice(1975)의 '양의 격률'(Maxim of Quantity)과 관련이 있다.

[응용3] *The sun, The moon, the earth, the environment, the sky* 등에

the가 붙는 진짜 이유가 무엇인가? 보통 설명하는 '이 세상에 있는 유일한 자연물을 가리키기 때문에'라는 설명은 터무니없이 잘못된 설명이다.

7. 맺음말

　이 책은 '사고,' '언어,' '과학,' 그리고 '창의성'이라는 것들이 별개의 개념들이 아니라 거의 동일한 것들임을 보여 주었다. 사고, 언어, 과학은 첫째, 새로운 것(대상, 속성, 관계)을 찾아 이름을 지어 개체화하기, 둘째, 의의뿐만 아니라 지시물이 있는 개체(대상, 속성, 관계)의 속성을 더 바르게 정의하기, 그리고 셋째, 지시물 없이 의의만 있는 개체(대상, 속성, 관계)의 이름을 찾아 정리하기이다. 한마디로 과학은 '이름 짓기'와 '용어 정리하기'이다.

　그리고 창의성이 있다는 말은 이러한 것들을 잘 한다는 것이다. 이름 짓기는 우리의 인식의 세계를 확장하는 길이며, 용어 정리는 우리의 인식을 맑게 하는 작업이다. 이 작업은 우리가 이 세상을 이해하고 지배하는 작업이며 인류의 생존을 위한 작업이다.

이 책을 마치며 '사실'과 '진리'라는 용어를 좀 더 정리해 보자. 사실은 '우리가 참이라고 믿는 어떤 것'이다. 가령 "해가 동쪽에서 뜬다."와 같은 것은 한 가지 사실이다. 사실을 헤아릴 수 있는 것으로 간주하며, 따라서 '두 가지 사실들', '열 가지 사실들'이라고 할 수 있다.

필자는 이러한 '사실들의 덩어리'를 '진리'라고 부를 것이며, '진리'를 영어의 family와 같은 집합 명사로 쓸 것이다. 어떤 한 가족의 구성원이 열 명이라도 '가족'이라고 부르듯이 비록 내가 지닌 사실들의 덩어리가 여러 개의 사실들로 구성되어 있을지라도 '진리'라고 부를 것이다.

이렇게 보면 내가 참이라 믿는 사실들과 상대가 참이라고 믿는 사실들이 다를 수가 있다. 즉 나의 진리가 상대의 진리와 같지 않을 수 있다. 따라서 지구엔 사람의 숫자만큼 많은 진리들이 공존할 수 있으며, 우리는 서로의 다름을 인정하지 않을 수 없게 된다. 개인의 존재가 이렇게 귀하고 독특하므로 개인을 소우주(小宇宙)에까지 비교한다고 본다.

그리고 우리의 인식과 생각은 끊임없이 변하고 있으며 어제 믿었던 사실이 오늘은 사실이 아닌 것으로 판명될 수도 있다. 따라서 어제의 진실, 즉 사실들의 덩어리가 오늘의 진실과 같을 수 없는 것이다.

그래서 필자가 정의하는 진리는 '고정된 상태가 아니라 우리가 참이라고 믿는 어떤 것을 찾아가는 과정'이다. 영어로 다시 정의하면 Truth is 'not a fixed state but a process, in which we are trying to find something that, we believe, is true.'이 된다. 이렇게 진리를 정의하면 다음과 같은 장점이 있다.

첫째, 진리가 먼 나라의 것도 아니고, 특수계층의 전유물은 더욱 아니다. 우리 모두는 '사실들의 덩어리', 즉 진리와 더불어 살고 있다. 그리고 그 '사실들의 덩어리', 즉 진리를 매일 새롭게 바꿈으로써 우리 모두는 진리를 추구하는 학생이 되는 것이다. 결국 우리는 진리와 더불어, 진리를 찾는 학생으로서, 당당하게 자부심을 갖고 살 수 있게 되는 것이다.

둘째, 공부 방법과 교수법에 혁명을 가져올 수 있다. 책이나 논문엔 당분간 또는 특정 시기에 특정인이 참이라 믿는 사실들이 실려 있다. 그러나 엄밀한 의미에서 그것들이 진정 참인지 아닌지는 아무도 알 수 없다. 따라서 책이나 논문이 진리를 담고 있다고 믿어서는 안 되며 그것들의 내용을 암기하는 것은 별 의미가 없다.

좋은 공부 방법은 책 속에 있는 주장에 이르는 과정을 이해하고, 그 과정이 옳은지 그른지를 판단하는 것이다. 옳다고 판단되더라도 그것을 확고한 사실로 간주해서는 안 되며 그러한 주장이 그러한 과정을 거쳐 도출되었다는 정도로 이해해야 한다. 주장과 관련된 다른 자료들이 확인되면 처음의 주장은 얼마든지 바뀔 수 있으며, 학문의 세계에서 그러한 수정은 매일 일어나고 있다.

그리고 공부 방법의 변화는 그에 상응하는 교수법의 변화를 불러온다. 수업과 강의가 '맞는지 그른지도 모르는 지식'의 전달 수단이어서는 안 된다. 수업과 강의는 학생들에게 어떤 주장에 이르는 과정을 보여주고 그 과정이 옳거나 그르다는 것을 증명하는 행위예술이며 교수와 학생은 다 같이 진리를 찾아가는 동반자들이다.

셋째, 진리가 과정이라면 진리추구는 일신우일신(日新又日新)하면서 죽기 전까지 좇을 수밖에 없다. 이렇게 하면 평생교육, 독서의 생활화 등도 자연히 실현되며 삶이 더욱 풍요로워질 것이다. 진리 추구를 멈추는 것, 그것을 필자는 '정신적 죽음'이라 부른다.

끝으로, '진리'라는 말이 때로는 격이 너무 높아져서 신성(神性)을 얻은 소수의 전유물처럼 여겨지기도 하며, 보통 사람들은 감히 가까이 할 수 없는 그 무엇으로 간주하기도 한다. 진리에 미신적·종교적·이념적 색채가 더해지면 많은 사람들을 현혹시키는 수단으로 타락할 수도 있다.

진리를 과정으로 이해하면 우리를 혹세무민(惑世誣民)하는 헛소리에 더 이상 현혹되지 않을 수 있으며 생의 당당한 주인이 될 수 있다. 이것을 니체 철학으로 바꿔 표현하면 위버멘쉬(Übermensch)가 되는 길로 나아가는 것이 된다. 자신의 능력을 최대로 고양시키고, 존재의미를 충실하게 구현하며, 주인의식을 갖춘 당당한 삶을 살 수 있게 되는 것이다.

진리가 과정이라면 본 개정증보판에서도 부족한 부분이 발견 될 것이다. 독자들의 질책을 겸허히 받아들이고 필자의 생각이 변해서 재개정증보판을 낼 수 있기를 바란다.

참고문헌

김노주. 2007. '영어명사원형과 명사구의 재해석.' 『현대영어영문학』 51.4집, 23-46.
_____. 2012. '언어학, 개체와 관계의 미학.' 『신영어영문학』 51집, 201-240.
김진우. 2010. 『언어 : 이론과 그 응용』. 서울 : 탑 출판사.
김천택. 1728. 『청구영언』. 국립한글박물관 소장 자료.
김화수・김성수・박현주・성수진・성수진・표화영・한진순 역. 2007. 『의사 소통 장애 : 전 생애적 조망』. 서울 : 시그마프레스. (= Owens, Robert E., Dale Evan Metz, & Adelaide Haas. 2007. *Introduction to Communication Disorders : a lifespan perspective*. Pearson Education, Inc.)
박문호. 2008. 『뇌, 생각의 출현 : 대칭, 대칭의 붕괴에서 의식까지』. 서울 : 휴머니스트출판그룹.
성명희・한호・권나영 역. 2001. 『심리언어학』. 서울 : 도서출판 박이정. (= Scovel, Thomas. 1998. *Psycholinguistics*. Oxford; Oxford University Press.)
손리사. 2019. 『메타인지 학습법 : 생각하는 부모가 생각하는 아이를 만든다』. 경기도 파주 : 21세기북스.
심현섭・김영태・김진숙・김향희・배소영・신문자・이승환・이정학・한

재순·윤혜련·김정미·권혜선. 2010. 『의사소통장애의 이해』. 서울 : 학지사.

이미숙·김수련 역. 2020. 『인지-의사소통장애 : 정보 처리 접근』. 서울 : 학지사. (= Peach, Richard K. & Lewis P. Shapiro. 2012. *Cognition and Acquired Language Disorders : an information procession approach*. Mosby, an imprint of Elsevier Inc.)

이승복·이희란 역. 2010. 『신경언어학 : 언어처리와 언어장애의 신경과학적 이해』. 서울 : 시그마프레스. (= Ingram, John C. L. *Neurolinguistics : An introduction to spoken language processing and its disorders*. Cambridge : Cambridge University Press.

이영의 역. 1998. 『이반 데니소비치, 수용소의 하루』. 서울 : 민음사 세계문학전집 13권. 49쪽.

이재연·강문희·김매희·이혜상·강성희·김정화. 1997. 『영유아기 발달』. 서울 : 양서원.

장성준 역. 2010. 『뇌』. 경기도 파주 : 21세기북스. (= Carter, Rita, Susan Aldridge, Martyn Page and Steve Parker. 2009. *The Human Brain Book*. London, New York; Dorling Kindersley Ltd.)

조두진. 2023. 『도모유키』. 서울 : 한겨레엔 (2005년 제10회 한겨레문학상 수상작 개정판). 326-327쪽.

조현욱 역. 2015. 『사피엔스』. 경기도 파주 : 김영사. (= Harari, Yuval Noah. 2011. *Sapiens : A Brief History of Humankind*. London : Penguin.)

채은진 역. 2008. 『무엇이 우리를 인간이게 하는가?』. 서울 : 말·글 빛냄. (= Pasternak, Charles Ed. 2007. *What Makes Us Human?* London; Oneworld Publications.)

촘스키 노암. 1990. '사람은 말하는 능력을 타고난다.' 강위석 역. 1992. 『20세기를 움직인 사상가들』. 서울 : 한국경제신문. (= Sorman, Guy. 1990. *Freedom on Bail; the Real Thinkers of the Twentieth Century*. Noida, Uttar

Pradesh, India : Vikas Publishing House.)

Abney, Steven Paul. 1987. *The English Noun Phrase in its Sentencial Aspect*. Cambridge, Massachusetts : MIT Ph.D. Dissertation.

Akmajian, Adrian, Richard A. Demers, Ann K. Farmer and Robert M. Harnish. 2010. *Linguistics; An Introduction to Language and Communication*. Cambridge, Massachusetts : The MIT Press.

Baars, Bernard J. and Nicole M. Gage (Ed.). 2007. *Cognition, Brain, and Consciousness; introduction to cognitive neuroscience*. London, New York : Elsevier Ltd.

Baddeley, Alan David. 2000. Short-term and working memory. In E. Tulving and F. I. M. Craik (Eds.), *The Oxford Handbook of Memory*. New York : Oxford University Press. Pp. 77-92.

Bolinger, Dwight L. 1977. *Meaning and Form*. London : Longman.

Brodmann, Korbinian. 1909. Vergleichende Lokalisationslehre der Grosshirnrinde (= Localization in the Cerbral Cortex). Leipzig : Barth-Verlag.

Carter, Rita, Susan Aldridge, Martyn Page and Steve Parker. 2009. *The Human Brain Book*. London, New York : Dorling Kindersley Ltd.

Chomsky, Noam. 1957. *Syntactic Structures*. The Kague : Mouton.

_____. 1959. Review of 'Verbal behavior' by B. F. Skinner. *Language, 35*, 26-58.

_____. 1965. *Aspects of the Theory of Syntax*. Cambridge, Massachusetts : The MIT Press.

_____. 1981. *Lectures on Government and Binding*. Dordrecht : Foris.

_____. 1986. *Knowledge of Language; Its nature, origin and use*. New York : Praeger Publishers.

_____. 1990. Language and problems of knowledge : the managua lectures. *The Modern Language Review, 85*, 889-890.

Chomsky, Noam & Morris Halle. 1968. *The Sound Pattern of English*. New

York : Harper and Row.

Damasio, A. R. and H. Damasio. 1992. Brain and language. *Scientific American* 267, Pp. 88-95.

Dlugan, Andrew. 2012. What is the average speaking rate? An article on google.co.kr.

Dowty, David R. 1979. *Word Meaning and Montague Grammar*. Holland, D. Reidel : Dordrecht.

Edelman, Gerald G. 2004. *Wider than the Sky; The phenomenal gift of consciousness*. New Haven and London : The Yale University Press.

Ehrman, M. Elizabeth. 1966. *The Meanings of the Modals in Present-day American English*. The Hague : Mouton & Co.

Foss, Donald J. & David T. Hakes. 1978. *Psycholinguistics : An Introduction to the Psychology of Language*. Englewood Cliffs, N. J. : Prentice-Hall.

Frege, Gottlob. 1892. On Sense and Reference(= Über Sinn und Bedeutung). *Zeitschrift für Philosophie und philosophische Kritik, vol. 100*, Pp. 25 – 50.

Gazdar, G., E. Klein, G. K. Pullum, and I. Sag. 1985. *Generalized Phrase Structure Grammar*. Oxford : Basil Blackwell Publisher Ltd.

Geschwind, N. 1979. Specializations of the human brain. *Scientific American* 241.3, 180-99.

Goldberg, Elkhonon. 2001. *The Executive Brain; Frontal lobes and the civilized mind*. New York : The Oxford University Press.

Goldstein, E. Bruce. 2005. *Cognitive Psychology; Connecting mind, research, and everyday experience*. Belmont : Thomson and Wadsworth.

Greenbaum, Sidney and Randolph Quirk. 1990. *A Student's Grammar of the English Language*. London : Longman Group Ltd.

Greenberg, Joseph. 1966. *Universals of Language*. Cambridge, Massachusetts :

MIT Press.

Grice, H. Paul. 1975. Logic and Conversation. In Peter Cole & Jerry L. Morgan (Eds.) *Syntax and Semantics : Speech Acts, 3*. New York : Academic Press. Pp. 41-58.

Hayakawa, S.I. 1939/1978. *Language in Thought and Action*. Enlarged Ed. San Diego : Harcourt, Brace and Jovanovich, 1978. Originally published as Language in Action.

Jakobson, Roman. 1963. Essais de Linguistique Générale. *Les Etudes Philosophiques* 18(4), 465-465.

Kim, No-Ju. 1985. *A Basic-Meaning Analysis of English Modality and Modulation*. MA Thesis, Seoul National University.

Kwon, Ah-Lum. 2014. *Chinese speakers perceptibility of the Korean voiceless obstruents*. Journal of Linguistic Studies 19, 233-253.

Ladefoged, Peter. 2006. *A Course in Phonetics* (5th Ed.). Boston, MA : Thomson & Wadsworth.

Lieberman, Philip. 1968. *Primate vocalizations and human linguistic ability*. Journal of the Acoustical Society of America 44, 1157-64.

_____. 1991. *Uniquely Human; The evolution of speech, thought, and selfless behavior*. Cambridge, Massachusetts : Harvard University Press.

Lieberman, Philip and Sheila E. Blumstein. 1988. *Speech Physiology, Speech Perception, and Acoustic Phonetics*. Cambridge : Cambridge University Press.

Lieberman, Philip and E. S. Crelin. 1971. On the speech of Neanderthal man. *Linguistic Inquiry* 2, 206-222.

Lieberman, Philip, E. S. Crelin and D. H. Klatt. 1972. Phonetic ability and related anatomy of the newborn, adult human, Neanderthal man and the chimpanzee. *American Anthropologist* 74, 287-307.

Luria, A. R. 1966. *Higher Cortical Functions in Man*. New York : Basic Books.

MacLean, P. D. 1967. The brain in relation to empathy and medical education. *Journal of Nervous and Mental Disorders* 144, 374-382.

_____. 1985. Evolutionary psychiatry and the triune brain. *Psychological Medicine* 15, 219-221.

McNeill, David. 1966. Developmental psycholinguistics. F. Smith & G. A. Miller (Eds.) *The Genesis of Language : A Psycholinguistic Approach*. Cambridge, Mass. : MIT Press. Pp. 18-84.

Mihalicek, Vedrana and Christin Wilson (Eds.). 2011. *Language Files*. Columbus : The Ohio State University Press.

Negus, V. E. 1949. *The Comparative Anatomy and Psychology of the Larynx*. New York : Hafner.

Oakley, Lisa. 2004. *Cognitive Development*. London & New York : Routledge.

Piaget, Jean. 1950. *The Psychology of Intelligence*. London : Routledge & Kegan Paul.

_____. 1967. Language and intellectual operations. In H. Furth (Ed.) *Piaget and Knowledge*. Englewood Cliffs, N. J. : Prentice-Hall.

Prince, Alan & Paul Smolensky. 1993. *Optimality Theory; Constraints interaction in generative grammar*. MS. Rutgers University & University of Colorado.

Quirk, Randolph, Sidney Greenbaum, Geoffrey Leech and Jan Svartvik. 1972. *A Grammar of Contemporary English*. London : Longman Group Ltd.

_____. 1985. *A Comprehensive Grammar of the English Language*. London : Longman Group Ltd.

Raphael, Lawrence J., Gloria J. Borden and Katherine S. Harris. 2007. *Speech Science Primer; Physiology, acoustics, and perception of speech* (5th Ed.). Philadelphia : Lippincott Williams & Wilkins.

Reber, A. S. 1995. *Penguin Dictionary of Psychology*. New York : Penguin.

Richman, B. 1976. Some vocal distinctive features used by gelada monkeys. *Journal of the Acoustical Society of America* 60, 718-724.

Sapir, Edward. 1929. The study of language as a science. *Language,* 5, 207-214.

Schane A. Sanford. 1973. *Generative Phonology*. Englewood Cliffs, New Jersey : Prentice-Hall, Inc.

Scovel, Thomas. 1998. *Psycholinguistics*. Oxford : Oxford University Press.

Stageberg, C. Norman and Oaks, D. Dallin. 2000. *An Introductory English Grammar* (5th Ed.). New York : Harcourt College Publishers.

Stern, William. 1914. *Psychologie der fruehen Kindheit*. Leipzig: Quelle and Meyer.

Stevens, K. N. 1972. Quantal nature of speech. In E. E. David, Jr and P. B. Denes (Eds.), *Human Communication; A unified view*. New York : McGraw-Hill. pp.51-66.

Tanner, J. M. 1970. Physical growth. In P. H. Museen (ed.), *Carmichael's Manual of Child Psychology* (3rd, Vol. 1). New York : Wiley.

Thomas, R. Murray. 2000. *Comparing Theories of Child Development* (5th Ed.). Belmont : Wadsworth.

Vygotsky, Lev. 1962. *Thought and Language* (Revised and edited by Alex Kozulin). Cambridge, Mass. : MIT Press.

Wernicke, Carl. 1874/1969. The symptom complex of aphasia; A psychological study on an anatomical basis. In Cohen, Robert S. and Marx W. Wartofsky (Eds.), *Boston Studies in the Philosophy of Science*. Dordrecht : D. Reidel Publishing Company. Pp. 34-97.

Whorf, Benjamin Lee. 1956. *Language, Thought, and Reality Selected Writings of Benjamin Lee Whorf*. New Yotk : John Wiley.

Wittgenstein, Ludwig. 1922. *Tractatus Logico-Philosophicus; Translated from the German by C. K. Ogden with an introduction by Bertrand Russell*.

London : Routledge & Kegan Paul Ltd.
Yamanda, J. E. 1990. Laura : A Case for the Modularity of Language : Cambridge, Mass. : MIT Press.
Zaidel, Eran, Asa Kasher, Nachum Soroker, Gila Batori, Rachel Giora and David Graves. 2000. Hemispheric contributions to pragmatics. *Brain and Cognition* 43, 438-443.

〈신문 자료〉

강기헌, 2015, 루카스 감독의 상상, 얼마나 현실이 됐나. 2015년 11월 17일 중앙일보 사회면 기사.
임귀열, 2010, Speech rate and production(= 말의 속도). 2010년 3월 20일 한국일보 문화면 기사.
Harrison, K. David. 2013, Linguist K. David Harrison Helps Endangered Languages Re-emerge, 2013년 7월 13일자 Swarthmore 대학 News and Events에 실린 기사.

저자 색인

ㄱ …

강기헌　213
공자　230
김노주　173, 281
김진우　129
김천택　239

ㄷ …

데카르트　27, 223, 230

ㄹ …

릴케　231

ㅂ …

박문호　23, 24

ㅅ …

성명희　59
손리사　151
솔제니친　102
신오현　214
심현섭　66, 69, 70

ㅇ …

이승복　62
이재연　240
임귀열　146

ㅈ ...

조두진   102
조현욱   115

ㅊ ...

채은진   124

ㅍ ...

파스칼   27
피타고라스   224

A ...

Abney   258
Akmajian   57

B ...

Baars & Gage   32, 35, 104
Baddeley   107
Bolinger   24

Broca   55
Brodmann   38

C ...

Chomsky   80, 92, 237, 244, 247

D ...

Dickinson   108, 167
Dlugan   147
Dowty   264

E ...

Edelman   24, 98, 108, 150
Ehrman   173

F ...

Frege   198, 218, 269

G

Gazdar, Klein, Pullum & Sag 45
Goldberg 40, 104, 105, 115
Greenbaum & Quirk 45, 250, 251, 285, 286
Grice 95

H

Harrison 136
Hayagawa 153
Hesse 151

K

Kim 173
Kwon 142

L

Ledoux 34
Leibniz 237
Lieberman 32, 116, 125, 132, 133, 237
Lieberman & Crelin 133
Luria 37

M

MacLean 33
McNeill 245
Mead 150
Montague 264, 272

N

Negus 133

O

Oakley 83
Ogden 159

P

Philip 2세 288
Piaget 79

Q

Quirk, Greenbaum, Leech & Svartvik 250, 251

R

Raphael 147

S

Sapir 79
Stageberg & Oaks 45
Stern 83

T

Thomas 81

V

Vygotsky 80, 96

W

Wernicke 60
Whorf 78
Wittgenstein 80, 91, 155, 159

Y

Yamanda 79

학술용어 색인

ㄱ ...

ㄱ자 발음기관 123
각회 70, 76
간섭 110
감탄문 40
감탄문 44, 170
강한 언어 상대성 가설 78
개념 90, 269
개념적 사고 단계 89
개체 28, 186, 194
개체의 종류 차이 185
개체화 28, 156
거짓인 명제 168, 170, 182
거짓인 생각 163, 167
경부 118
계획 세우기 106
고유 명사

고유 명사 250, 251, 252, 262, 264, 266, 267, 280
고유 명사구 250, 264, 265
고유 명사구화 284
고차 의식 149, 154
공상 156, 212
과학 155, 185
과학의 역할 182
과학하기 196
관계 187, 192, 194
관사 271
관사성 268
구강음 123, 129
구포유류층 33
굴절접미사 58
궁속 68, 76, 144
그림 이론 170
기능어 58
기본 세 모음 130

기저신경절 33
깨달음

ㄴ …

내적 언어 84
내적 언어 단계 84
네안데르탈인 133
논리관계의 전이성 166
논리적 그림 92, 162
뇌 51
뇌 구조 32

ㄷ …

단수 268
단수 정관사류 보통 명사구 276
대상 187, 194
대상 199
대상피질 35
두정엽 36
따라 말하기 56, 67

ㅁ …

망상 212
멍때리기 99
메타인지 152
메타자아 152, 234
메타자아 156
명령문 41
명사 190, 253
명사구 190, 191, 252, 253, 256
명사원형 269
명제 95, 161, 166, 167, 172, 175, 182, 194
명제의 범위 172
목적격 보어 190
몬테규 문법 203, 272
무성음 126
무의식 24
무표적 283
문법파괴 실어증 59
물건 187, 194

ㅂ …

반복 가능성 180
발음기관 115

범주 255
법조동사 173
베르니케 영역 60, 76
베르니케 장애 62
변연계 33
보어 190
보통 명사 26, 250, 263, 267, 271
보통 명사구 250, 252, 263, 268, 271, 278
보통 명사구 문법의 모형 269
복문 49
복수 268
복수 정관사류 보통 명사구 276
복합개체 189
복합적 사고 단계 89
부분집합 269, 273, 275
부사 188
부정관사 273
부정관사류 명사구 273
부정관사성 268
분절음 57, 136, 139, 143
브로카 영역 39, 55, 76, 144
브로카 장애 56
비강 117
비개념적 언어 90

비고츠키의 나무 블록들 86
비사실 주장 44
비사실 표현
비사실적 사고 156
비사실적 사고 156, 211
비언어적 사고 90
비언어적 소리 136
비조직적 사고 단계 89

ㅅ ···

사고 27, 156, 169
사고 발달 3단계 81, 88
사고의 흐름 100
사람의 후두상부 120
사례 159
사실 193
사실 주장 43
사실 표현
사실적 사고 156, 211
사태 164, 193
사회과학 179
사회적 언어 단계 83
상상 156, 212
상태 187, 194

생각 91, 162, 167
설골 117
설근 122
성대 124
성도 116
성문 126
세상 167, 180
세상과 사고의 관계 167
소극적 깨달음 229
소뇌 74, 145
속성 187, 194
속성 29, 156, 199
수 268
수식어 258, 259
수의적 188
시각피질 75
시상 33
식도 119
신포유류층 35
신피질 35
실비안열 75
실어증
실재 201
실행 결과 감독 109
실행 명령 전달 114
실행 순서 결정 108

실현 가능성 212
심볼 153

○ ・・・

약한 언어 상대성 가설 79
양심 150
어휘 153
언어 53, 95, 156, 161, 169, 170, 237
언어 발달 4단계 81
언어 센터들 51
언어 습득 240, 244
언어 습득 장치 247
언어 자료 244
언어적 사고 90
언어적 소리 136
언어학 244
연구개 117
연상적 사고 52
엽 36
옹알이기 240
외적 언어 단계 83
용어 31, 215, 218
우뇌 52, 76

운동 언어장애 56
운동 이론 141
운동피질 76, 145
운동피질들 37
유·무표성이론 283
유성음 127
유익한 간섭 113
유표적 283
음소 착어 61
음절 138, 146
음절문자 138
음조 128
의문문 41
의미 착어 61
의식 23, 24, 98
의식 전환 113
의식 전환 기능 112
의식의 흐름 25, 98
의의 198, 202, 218
의의의 집 199
이름 186, 215
이름 대기 56, 66, 73
이름 짓기 50
이중 부정 246
인강 118, 122, 129
인구어족 147

인두 129
인문과학 179
일반화된 타자 150
일자관 129
입천장 117

ㅈ ···

자기중심적 언어 단계 83
자동사 188
자동사구 188
자신$_1$ 150, 234
자신$_2$ 150, 234
자신$_3$ 152, 234
자아 150, 234
자아 156
자아 정체성 149
자아 정체성 150
자연과학 177, 180
자의성 219
작업 기억 107
적극적 깨달음 230
전도 실어증 68
전두엽 37
전보체 58

전전두엽피질들 37, 73
전전두엽피질들의 역할 104
전체집합 269
정관사 271
정관사류 명사구 263
정관사류 보통 명사구 265
정관사성 268
좌뇌 51, 76
좌뇌 청각피질 134
주격 보어 190
주어 254
주요어 258, 259
주의 99, 111
중립 위치 128
중문 49
중앙열 76
지시물 153, 198, 203, 218
지휘소 109
진리 228
진릿값 163
진전 74
집합 272
집합 명사 26, 159

ㅊ ···

참인 명제 168, 170, 182
참인 생각 163, 167
창의 156, 212
창의 211
창의성 210
창조 212
청각피질 75
초기 심리적 언어 단계 82
초보적 언어 단계 81
측두엽 36
측두엽 74
침팬지와 사람의 후두 상부의 차이 119
침팬지의 후두 상부 117

ㅌ ···

타동사 193

ㅍ ···

파충류뇌층 33
편도 34, 75

평균 발화 속도 147
평서문 40
평서문1 44, 170
평서문2 44, 170
평서문의 형식 45
폐 118
포유류의 뇌 32
표음문자 67
표의문자 67
표현 언어장애 56
프라트 138
피타고라스의 정리 224

ㅎ

학교문법 253
한단어기 240
해로운 간섭 억제 기능 110
해마 33
헤아릴 수 있는 명사 267
혀 117, 122
현상 187, 194
형용사 188
형용사구 188
호모 로쿠엔스 116

호모 사피엔스 116
화용론 95
후골 127
후두 118, 119
후두개 118
후두엽 36

기타

1형식 47
2형식 47
3형식 48
4형식 48
5형식 48
1차 의식 149, 154
Montague의 형식의미론 264